智能网联汽车

环境感知技术

主编　邓志君
参编　林艳艳　曾子铭
主审　崔胜民

机 械 工 业 出 版 社

本书共6个模块，分别为智能网联汽车环境感知概述、环境感知技术认知及产品应用、传感器标定、多传感器信息融合、环境感知与识别、环境感知与识别模型训练及仿真；同时，将百度 Apollo 感知的内容融入其中。本书的内容与目前智能网联汽车环境感知技术的发展相吻合，列举了智能网联汽车最新的环境感知技术和应用示例。

本书内容新颖，图文并茂，通俗易懂，实用性强，可作为职业教育本科的智能网联汽车工程技术以及本科院校的车辆工程和智能车辆工程专业的教材，还可供汽车行业的工程技术人员及汽车爱好者参考和阅读。

为便于教学，本书配有电子课件、试卷及答案等教学资源，凡使用本书作为授课教材的教师可登录机械工业出版社教育服务网（www.cmpedu.com），注册后免费下载。咨询电话：010-88379375。

图书在版编目（CIP）数据

智能网联汽车环境感知技术 / 邓志君主编. -- 北京 : 机械工业出版社，2025. 2. -- ISBN 978-7-111-77939-1

Ⅰ. U463.67

中国国家版本馆 CIP 数据核字第 2025JZ9126 号

机械工业出版社（北京市百万庄大街22号　邮政编码100037）
策划编辑：葛晓慧　　　　责任编辑：葛晓慧
责任校对：梁　园　李　杉　　封面设计：马若濛
责任印制：邓　博
天津市银博印刷集团有限公司印刷
2025年6月第1版第1次印刷
184mm×260mm · 12印张 · 290千字
标准书号：ISBN 978-7-111-77939-1
定价：50.00元

电话服务　　　　　　　　网络服务
客服电话：010-88361066　　机　工　官　网：www.cmpbook.com
　　　　　010-88379833　　机　工　官　博：weibo.com/cmp1952
　　　　　010-68326294　　金　　书　　网：www.golden-book.com
封底无防伪标均为盗版　　机工教育服务网：www.cmpedu.com

PREFACE 前言

目前，L2 级智能网联汽车的乘用车新车渗透率超过了 30%，而且正在快速发展，预测至 2025 年年底，L2 级新车渗透率将达到 80%。随着智能网联汽车驾驶自动化级别的提高和渗透率的增加，对环境感知技术的要求也越来越高。环境感知技术已经成为智能网联汽车的核心技术之一，近年来发展迅猛。

本书在结合智能网联汽车环境感知技术知识体系的基础上，以模块化的形式组织及编写。全书共分为六个模块：模块 1 智能网联汽车环境感知概述，主要认知智能网联汽车的技术架构、智能网联汽车的环境感知系统，介绍智能网联汽车环境感知技术的发展趋势；模块 2 环境感知技术认知及产品应用，主要介绍目前主流的环境感知技术，包括超声波雷达技术、毫米波雷达技术、激光雷达技术、视觉传感器技术、V2X 技术等，以及相关产品的应用情况；模块 3 传感器标定，主要介绍视觉传感器与激光雷达的标定方法、百度 Apollo 传感器联合标定方法；模块 4 多传感器信息融合，主要介绍多传感器同步理论、多传感器融合理论、基于 V2I/V2N 的感知融合系统技术、BEV 感知融合技术；模块 5 环境感知与识别，主要介绍图像处理技术、人工智能技术以及道路识别技术、车辆识别技术、行人识别技术、交通标志识别技术、交通信号灯识别技术的实现方法及实例；模块 6 环境感知与识别模型训练及仿真，主要介绍自动驾驶仿真系统构成和自动驾驶仿真软件，提供了环境感知与识别技术的各种仿真实例，介绍了道路交通图像数据采集、数据清洗和标注方法，以及道路交通图像识别模型训练与测试实例。

本书以职业能力要求为目标，提供了许多仿真实例与应用实例，图文并茂，以点带面，促进学生理论紧密联系实际，提高学生的工程实践能力和技术应用能力。

通过对本书的学习，学生能够掌握智能网联汽车环境感知所涉及的新知识和新技术，为从事智能网联汽车的相关工作奠定基础。

本课程的教学参考时数为 64 学时，各学校可根据实际情况对内容进行删减，灵活安排。

本书由邓志君任主编，崔胜民任主审。林艳艳编写了模块 5 的应用实例，曾子铭编写了模块 6 的单元 3，其他内容由邓志君编写。本书在编写过程中，得到了百度公司、深圳职业技术大学等单位和曹耿华、李卫霞等个人的大力支持与帮助，在此一并表示感谢。

本书在编写过程中，引用了一些企业技术资料、网上资料及参考文献中的部分内容，特向相关企业和作者表示诚挚的谢意。

由于编者学识有限，书中不当之处在所难免，恳盼读者给予指正。

编　者

INDEX 二维码索引

（续）

名称	图形	页码	名称	图形	页码
微课					
行人识别		116	自动驾驶仿真系统构成与仿真软件介绍		140
交通标志识别		126	环境感知与识别仿真举例		149
交通信号灯识别		130	环境感知模型训练与测试		163
实训案例					
道路识别		104	环境感知模型训练和测试资源介绍		165
车辆识别		111	行人、交通灯和限速标志识别模型训练		168
交通信号灯识别		136	行人、交通灯和限速标志识别模型测试		177
道路交通图像数据标注		164			

CONTENTS 目 录

模块1

智能网联汽车环境感知概述

【教学目标】

通过对本模块的学习，学生能够掌握智能网联汽车的技术构成和环境感知系统基础知识，了解智能网联汽车环境感知传感器和智能网联汽车环境感知技术的发展趋势。

【教学要求】

单元	要求	参考学时
智能网联汽车的技术架构认知	掌握智能网联汽车的技术架构，了解百度 Apollo 的技术架构，以及百度 Apollo 8.0 端到端自动驾驶开发流程的特点	2
智能网联汽车的环境感知系统认知	掌握环境感知系统的定义、环境感知的对象和环境感知的传感器，了解百度 Apollo 感知模块，了解智能网联汽车环境感知技术的发展趋势，能够分析目前智能网联汽车环境感知技术的现状	2

【导入案例】

智能网联汽车通过感知周围环境，识别道路标志、交通信号灯、车辆和行人等信息，使用自主决策算法进行路线规划、避障和控制车辆行驶。同时，智能网联汽车还需要配备高精度地图和定位系统，确保车辆行驶的精度和安全性，如图 1-1 所示。

图 1-1　智能网联汽车

智能网联汽车的技术架构是怎样的？环境感知系统包括哪些传感器？环境感知技术的发展趋势是怎样的？通过对本模块的学习，读者可以得到答案。

单元 1 智能网联汽车的技术架构认知

智能网联汽车的技术架构认知

智能网联汽车是指搭载先进的车载传感器、控制器和执行器等装置，并融合现代通信与网络技术，实现车与 X（车、路、行人、云端等）智能信息交换、共享，具备复杂环境感知、智能决策、协同控制等功能，可实现车辆“安全、高效、舒适、节能”行驶，并最终可实现替代人来操作的新一代汽车。《汽车驾驶自动化分级》（GB/T 40429—2021）把智能网联汽车驾驶自动化分为 0 级（应急辅助）、1 级（部分驾驶辅助）、2 级（组合驾驶辅助）、3 级（有条件自动驾驶）、4 级（高度自动驾驶）和 5 级（完全自动驾驶）。智能网联汽车的驾驶自动化级别不同，其技术架构也不同。

一、智能网联汽车的技术架构

智能网联汽车的核心可以分为感知、规划和控制三个部分，这些部分的交互以及其与车辆硬件、其他车辆的交互可以用图 1-2 表示。

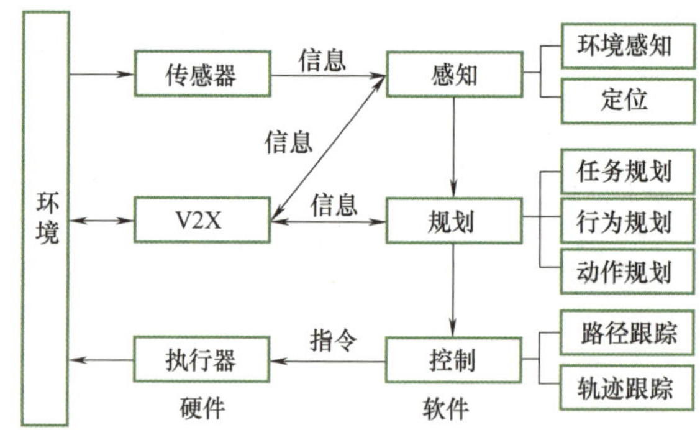

图 1-2 智能网联汽车的技术架构

1. 感知

感知是指智能网联汽车从环境中收集信息并从中提取相关知识的能力，包括环境感知和定位。

（1）环境感知　环境感知特指对于环境的场景理解能力，如障碍物的位置、道路车道线的检测、行人和车辆的检测等数据的语义分类。为了确保智能网联汽车对环境的理解和把握，智能网联汽车的环境感知部分通常需要获取周围环境的大量信息，包括障碍物的位置、速度以及可能的行为，可行驶的区域，交通规则等。智能网联汽车通常是通过激光雷达、毫米波雷达、超声波雷达、视觉传感器或多种传感器的融合来获取这些信息的。

（2）定位　定位是智能网联汽车确定其相对于环境位置的能力。在智能网联汽车感知层面，定位非常重要。智能网联汽车需要明确自己相对于环境的一个确切位置，这里的定位要求是不能超过 10cm 的误差。试想一下，如果智能网联汽车定位误差是 30cm，那么这将是一辆非常危险的智能网联汽车（无论是对行人还是乘客），因为智能网联汽车的规划层和执行层并不知道它存在 30cm 的误差，它们仍然按照定位精准的前提来做出规划和控制，那么对某些情况做出的规划就是错误的，从而造成事故。由此可见，智能网联汽车需要高精度的定位。

2. 规划

规划是为了某一目标而做出一些有目的性的决策的过程，对于智能网联汽车而言，这个目标通常是指从出发地到达目的地，同时避免障碍物，并且不断优化驾驶轨迹和行为，以保证乘客的安全舒适。规划层通常又细分为任务规划、行为规划和动作规划三层。

（1）任务规划　任务规划通常也被称为路径规划或者路由规划，其负责相对顶层的路径规划，如从起点到终点的路径选择。

（2）行为规划　行为规划有时也称为决策制定，主要的任务是按照任务规划的目标和当前的局部情况（其他车辆和行人的位置和行为，当前的交通规则等），做出下一步智能网联汽车应该执行的决策，可以把这一层理解为车辆的副驾驶人，它依据目标和当前的交通情况指挥驾驶人是跟车还是超车、是停车等行人通过还是绕过行人等。

（3）动作规划　动作规划是指通过规划一系列的动作，以达到某种目的（如规避障碍物）的处理过程。

3. 控制

控制是智能网联汽车精准地执行规划好的动作的能力，包括路径跟踪和轨迹跟踪。

（1）路径跟踪　路径跟踪是指跟踪空间某特定曲线，只考虑每一个离散点的偏差，不考虑时间。

（2）轨迹跟踪　轨迹跟踪是指跟踪某条与时间相关的曲线，即某时刻必须在某点，相当于跟踪一辆与前边相同驱动结构的车。

控制层作为智能网联汽车的最底层，其任务是将规划好的动作予以实现，所以控制模块的评价指标为控制的精准度。

二、百度 Apollo 的技术架构

1. 百度 Apollo 的版本

百度 Apollo 自 2017 年问世以来，经过多年的发展，相继推出了百度 Apollo1.0、百度 Apollo1.5、百度 Apollo2.0、百度 Apollo2.5、百度 Apollo3.0、百度 Apollo3.5、百度 Apollo5.0、百度 Apollo5.5、百度 Apollo6.0、百度 Apollo7.0、百度 Apollo8.0 共 11 个版本。

1）百度 Apollo1.0 主要实现循迹功能，也称为自动全球定位系统（GPS）航点跟踪，可在封闭的场地（如测试跑道或停车场）工作。

2）百度 Apollo1.5 主要增加了巡航功能，适用于固定车道巡航，通过添加激光雷达，车辆可以更好地感知周围环境，并且可以更好地绘制其当前位置并规划其轨迹，从而在车道上进行更安全的操纵。

3）百度 Apollo2.0 主要增加了城市避障、换道、信号灯停车功能，支持在简单的城市道路上自动驾驶车辆。车辆能够安全地在道路上行驶，避免与障碍物碰撞，在交通信号灯处停车，以及在需要时改变车道，以到达目的地。

4）百度 Apollo2.5 主要增加了高速车辆保持功能，允许车辆通过摄像头在障碍物高速公路上自主行驶，以进行障碍物检测。车辆能够保持车道控制、行驶，并避免与前方车辆发生碰撞。

5）百度 Apollo3.0 主要增加了封闭园区低速控制功能，重点是为开发人员提供一个在封闭场所低速环境中进行构建的平台。车辆能够保持车道控制、行驶，并避免与前方车辆发生碰撞。

6）百度 Apollo3.5 主要增加了市区 360°环视功能，能够导航复杂的驾驶场景，如住宅区和市区。该版本具有 360°可视性，并具有升级的感知算法，可以应对不断变化的城市道路状况，从而使汽车更安全。基于场景的计划可以在复杂的场景中导航，包括未保护的转弯和狭窄的街道，这些街道通常出现在居民区和带有停车标志的道路中。

7）百度 Apollo5.0 主要增加了全面感知深度学习模型，旨在支持地理围栏自动驾驶的批量生产。该版本具有 360°可视性，并具有升级的感知深度学习模型，可以处理复杂路况的变化情况，从而使汽车更加安全和更好地感知。基于场景的计划已得到增强，以支持其他场景，如过马路和穿越交叉路口。

8）百度 Apollo5.5 主要增加了点到点城市自动驾驶功能，通过引入路边设备后，对道路的驾驶支持，增强了复杂的城市道路自动驾驶能力。该版本具有完整的 360°可视性，以及升级的感知深度学习模型和全新的预测模型，可应对复杂道路和交汇处场景的变化情况，从而使汽车更安全。

9）百度 Apollo6.0 开始迈向无人化自动驾驶，Apollo6.0 在算法模块上，引入了三个新的基于深度学习的模型，在感知上引入了基于 Point Pillars 的激光点云障碍物识别模型，在预测上引入了基于语义地图的低速行人预测模型，在规划上引入了基于语义地图的模仿学习；集成了无人驾驶的相关内容；将主要工具、依赖库都升级到了最新版本；对 5.0 发布的云服务也进行了全面升级；对 V2X 车路协同方案做了重大升级，首发对象级别的车端感知与路侧感知融合。

10）百度 Apollo7.0 实现了共创汽车机器人连接。自动驾驶开放平台作为百度多元汽车机器人落地的重要支撑，百度 Apollo7.0 实现了从代码到工具、从开源平台到工具化平台的里程碑式进化。在云端服务、开源软件、硬件开发、车辆认证四大开源平台基础上，提供了包括一站式实践云平台 Apollo Studio、业内领先仿真服务、高效新模型在内的一系列升级，不仅代码开放，更能提供自动驾驶全栈工具链，更易用、更领先、更高效地帮助开发者运用平台能力。在云端服务平台层面，Apollo7.0 将 Apollo6.0 版本中的“数据流水线”服务正式升级为 Apollo Studio，涵盖开发者从上机到上车实践的全流程云端工具链，为开发者提供一站式实践平台体验；在仿真平台层面，Apollo7.0 推出 PnC 强化学习模型训练与仿真评测平台，具有数据真实、功能强大、评测标准全面、架构可扩展等多重优势，有望为强化学习研究提供统一的验证标准；在开源软件平台层面，Apollo7.0 对感知和预测算法模块升级，引入 MaskPillars、SMOKE、Inter-TNT 三个基于深度学习的模型，有效减少漏检和抖动等问题。

11）百度 Apollo8.0 是“为开发者而生”，其技术架构如图 1-3 所示。

Apollo Cyber RT 是专为自动驾驶定制的一个开源、高性能的运行框架。它为自动驾驶场景而设计，并针对自动驾驶的高并发、低延迟、高吞吐量进行了大幅优化。

使用 Apollo Cyber RT 具有以下优势：

① 加速开发。Apollo Cyber RT 具有数据融合功能的定义和明确的任务接口。处理数据需要一些应用程序编程接口（Application Programming Interface，API），而 Cyber RT 可提供一些方便的接口、一系列开发工具和大量的传感器驱动程序，生态较好。

② 简化部署。Apollo Cyber RT 具有高效自适应的消息通信机制；具有资源意识的可配置用户级调度程序，不同模块的优先级不同，在算力有限的情况下，要根据优先级进行合理的分配；可移植，依赖更少。

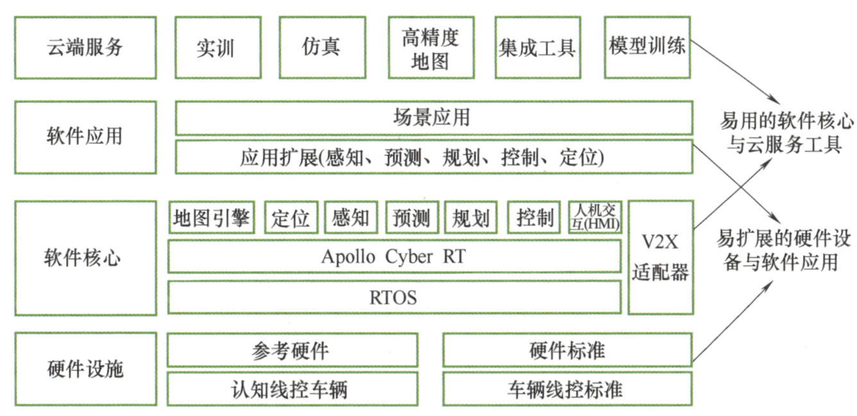

图 1-3 百度 Apollo8.0 技术架构

③ 为自动驾驶赋能。Apollo Cyber RT 为默认的开源运行时框架；为自动驾驶搭建专用模块，为自动驾驶而生，根据 Cyber RT 可以如搭积木般实现自动驾驶方案。

实时操作系统（Real Time Operating System，RTOS）是指能在给定时间内完成特定任务的操作系统，它能够在较短时间内进行分析计算处理系统收集的数据并输出执行指令。实时操作系统中包含一个实时任务调度器，这个任务调度器与其他操作系统的最大不同便是强调要严格按照优先级来分配中央处理器（CPU）的时间。在自动驾驶的应用场景中，必须要保证重要的任务优先执行。例如，当无人车发现前方有障碍物时，它必须及时分析障碍物是行人、汽车还是其他物体，预测出它的运动方向和速度，并决定采取减速还是制动的动作，车辆便会立即响应这一动作。

2. 百度 Apollo 8.0 的特点

百度 Apollo 8.0 的端到端自动驾驶开发流程具有以下特点：

1）清晰的任务流水线，多样的算法插件。开发者可以根据不同的感知任务类型来创建对应的流水线，并通过配置文件来定义流水线任务。每个任务的运行流程更加清晰，同时还方便进行扩展。此外，开发者还可以根据需要选择不同的算法插件，比如 Apollo 感知模块提供四种检测器，开发者可以根据配置文件，选择不同的检测器来验证检测效果，通过算法插件，算法工程师更加专注于算法本身，而不需要过多关注框架的实现。

2）全新的模型训练，易用的深度学习模型。百度 Apollo8.0 提供了端到端的自动驾驶模型开发解决方案，覆盖了从自动驾驶数据集到模型训练、模型评估和模型导出的算法开发全流程。开发者比较关心自动驾驶的 3D 目标检测和分割任务，百度 Apollo8.0 提供了最新 SOTA 的算法模型，包括单目相机检测、激光雷达点云目标检测和多模态的目标检测模型，开发者开箱即用。同时，还提供模型的基准，包括速度、精度等指标以及预训练好的模型。开发者可以实时跟踪最新的 3D 目标检测和分割模型实现，保持自动驾驶感知算法上的先进性。

百度 Apollo8.0 感知模型中已引入了以下三个深度学习模型：

① PETR 模型。PETR 模型是自动驾驶鸟瞰视图（BEV）领域中的代表性模型，模型创新性地将 3D 坐标信息与图像特征相融合，借助 Transfomer 的结构进行端到端的 3D 目标检测，实现了基于视觉的 360°障碍物感知，模型整体架构设计简洁，在速度和精度之间取得了很好的权衡。

② CenterPoint 模型。CenterPoint 模型是点云检测方向的前沿模型，该模型是 Anchor-Free 的三维物体检测器，基于关键点检测的方式回归物体的尺寸、方向和速度。相比于 Anchor-Based 的三维物体检测器，CenterPoint 模型不需要人为设定尺寸，面向物体尺寸多样不一的场景时其精度表现更高。

③ CaDDN 模型。CaDDN 模型是基于单目 3D 检测的前沿模型，针对单张图像预测 3D 物体的病态问题，CaDDN 模型创新性地提出了使用每个像素的预测分类深度分布，将丰富的上下文特征信息投射到 3D 空间中适当深度区间的解决方案，并使用计算效率高的鸟瞰投影和单级检测器，来生成最终的输出包围框，将单目 3D 的模型指标提到了一个新的高度，在 KITTI 数据中达到了较高的精度指标。

3）高效的模型管理，便捷的模型验证。为了更方便快捷地将训练好的模型部署到 Apollo 系统中，百度 Apollo8.0 中引入了模型元信息和模型管理。其中，模型元信息包含了模型的基本信息，如名称、任务类型、传感器类型、框架和训练所需的数据集，同时还包含了模型的标准输入、输出、前后处理、模型文件存放的路径等。同时，Apollo 还提供模型管理工具，开发者可以通过该工具下载安装模型仓库中的模型，展示系统中已经安装的模型和模型的详细信息。通过对模型进行标准化和模型管理工具，开发者可以非常方便地安装部署训练好的模型，并且管理这些模型，实现模型部署效率提升。

此外，在感知模型验证中，提供了基于数据集的数据包（Record 文件），方便开发者直接基于数据集的数据来在线验证模型的检测效果，保证训练和部署是同一套基线，快速测试模型性能。除了提供测试数据包之外，百度 Apollo8.0 还提供了可视化工具链，通过可视化的图形界面，展示传感器的原始数据和目标检测结果，方便开发者查看模型检测效果，调试感知模型。

单元 2 智能网联汽车的环境感知系统认知

一、环境感知系统的定义与对象

智能网联汽车的环境感知系统认知

1. 环境感知系统的定义

环境感知是指通过安装在智能网联汽车上的智能传感器或 V2X 通信技术获取道路、车辆、行人、交通标志和交通信号灯等信息，并将这些信息传输给车载控制中心，应用于先进驾驶辅助系统（Advanced Driver Assistance Systems，ADAS）或自动驾驶系统，保障智能网联汽车安全、准确到达目的地，如图 1-4 所示。

环境感知相当于智能网联汽车的“眼睛和耳朵”，它的性能将决定智能网联汽车能否适应复杂多变的交通环境。自动驾驶程度越高，对环境感知要求越高。

2. 环境感知的对象

智能网联汽车环境感知的对象就是智能传感器检测的对象和 V2X 通信技术传递的信息，主要包括车辆的行驶道路、车辆周围的交通参与者、驾驶状态和驾驶环境等。

（1）车辆的行驶道路　车辆的行驶道路分为结构化道路和非结构化道路。结构化道路的行驶路径主要检测行驶车辆的两侧车道线和各种车道标线，非结构化道路的行驶路径主要检测车辆的可行驶区域。

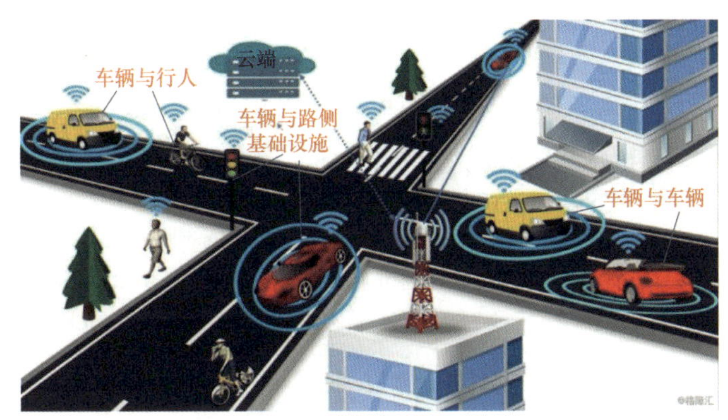

图 1-4 智能网联汽车的环境感知

（2）车辆周围的交通参与者 车辆周围的交通参与者主要包括行驶车辆周围的其他车辆、行人、地面上可能影响车辆通过和安全行驶的其他各种移动或静止物体、各种交通标志和交通信号灯等。

（3）驾驶状态 驾驶状态主要包括驾驶人自身状态、车辆自身行驶状态和车辆周围其他车辆行驶状态。

（4）驾驶环境 驾驶环境主要包括路面状况、道路交通拥堵情况和天气状况等。

智能网联汽车最主要的感知对象有车辆、行人、交通标志、交通信号灯和车道标线，其中，车辆和行人既有运动状态，也有静止状态。对于运动的对象，除了要识别以外，一般还要进行跟踪。

图 1-5 所示为城市工况下的环境感知对象，主要有静止目标、运动目标、道路标线、车道标线、交通信号灯和交通标志。

图 1-5 城市工况下的环境感知对象

由此可见，环境感知的对象有静态环境、动态障碍物、状态和场景。静态环境主要是指路面信息（车道线、转弯标识、停车线、人行横道线等）、路标（限速牌、禁停标志等）、红绿灯等其他静态信息；动态障碍物主要是指机动车、自行车、行人、其他动态交通参与者；状态是指障碍物的位置、速度、种类、预测轨迹、红绿灯状态、红绿灯读秒器显示等；场景是指高速、十字路口、无保护左转、停车场、天气（雨、雪、雾等）等。

二、环境感知传感器

1. 环境感知传感器的类型

智能网联汽车环境感知传感器的类型主要有视觉传感器和雷达，其中，雷达包括超声波雷达、毫米波雷达和激光雷达；毫米波雷达分为远程毫米波雷达、中程毫米波雷达和短程毫米波雷达，它们安装在汽车的不同位置，能够对车辆周围 360°全覆盖检测，如图 1-6 所示。

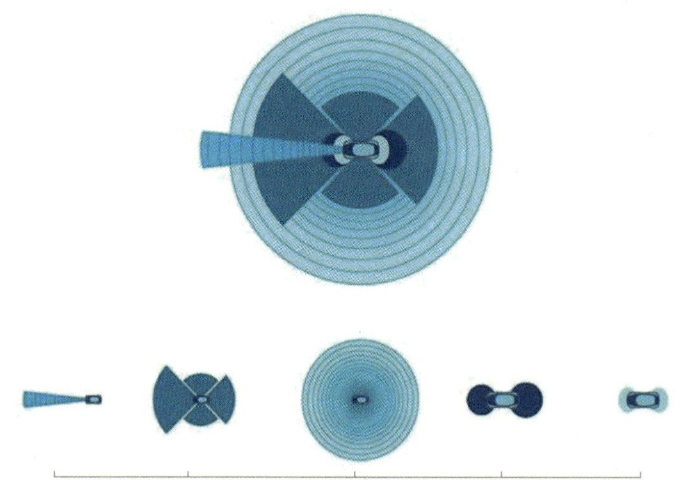

图 1-6 环境感知传感器的覆盖范围

视觉传感器一般进行短程目标探测，多用于特征感知和交通检测；超声波雷达主要对近距离目标检测，适用于泊车；远程毫米波雷达的信号能够透过雨、雾、灰尘等视线障碍物对远距离目标进行检测，适用于前向避险；中程毫米波雷达和短程毫米波雷达主要对中短程目标进行检测，适用于侧向和后向避险；激光雷达多用于三维环境建立和目标检测。

2. 环境感知传感器的特点

环境感知传感器分为无源传感器和有源传感器，其中，视觉传感器属于无源传感器，雷达属于有源传感器。

（1）无源传感器　无源传感器能够探测环境中物体反射的现有能量，如光、辐射等。但在弱光环境下，由于没有自己的传播源，无源传感器的性能将有所下降；在产生的数据方面，对比有源传感器，无源传感器产生的数据量更多。

视觉传感器具有以下主要特点：

1）涵盖整个视野宽度的高分辨率的像素和颜色。

2）在视野中保持恒定的帧频。

3）两个摄像头可以生成一个 3D 立体视图。

4）没有发射源，减少了来自其他车辆干扰的可能性。

5）技术成熟，成本低。

6）系统生成的图像便于用户理解和交互。

如果在智能网联汽车上使用无源摄像头传感器套件，需要覆盖汽车周边的各个环境，可以通过使用在特定时间间隔拍摄图像的旋转摄像头来实现，或者通过软件将 4~6 个摄像头的图像拼接在一起。此外，这些传感器需要一个超过 100dB 的高动态范围（场景中高光和阴影的成像能力），使它们能够在各种光照条件下工作，并区分不同的对象。

（2）有源传感器　有源传感器具有信号传输源，依靠飞行时间原理感知环境，飞行时间能够通过等待信号的反射返回来，测量信号从传输源到目标的传播时间，信号的频率决定了系统所使用的能量及其准确性。因此，确定正确的波长在选择系统时起着关键作用。

有源传感器的类型主要是超声波雷达、毫米波雷达和激光雷达。

超声波雷达也称为超声波传感器，其利用声音导航测距。在有源传感器中，声波的频率最低（波长最长），因此声波更容易被干扰，这也意味着超声波雷达很容易受到不利环境条件的影响，如下雨和灰尘。另外，其他声波产生的干扰也会影响传感器的性能，需要通过使用多个传感器和依赖额外的传感器类型来缓解干扰。

毫米波雷达主要通过无线电波进行测距。无线电波以光速传播，在电磁波谱中频率最低，波长最长，基于无线电波的反射特性，毫米波雷达可以探测到前方物体之外的物体。不过，毫米波雷达信号容易被具有相当导电性的材料（如金属物体）反射，并且其他无线电波的干扰也会影响毫米波雷达的性能，造成毫米波雷达无法对物体进行探测。在确定被探测目标的形状方面，毫米波雷达的能力不如激光雷达。

激光雷达是以脉冲激光的形式使用光。激光雷达能够以每秒 50000~200000 个脉冲的速度覆盖一个区域，并将返回的信号编译成一个 3D 点云，通过比较连续感知的点云、物体的差异检测其运动，由此创建一定范围内的 3D 地图。

三、百度 Apollo 感知系统

1. 百度 Apollo 感知模块

百度 Apollo 感知模块如图 1-7 所示，它涉及车辆传感器收集数据并将这些数据处理成对车辆周围世界的理解，为基于学习的规控系统模块提供必要信息。

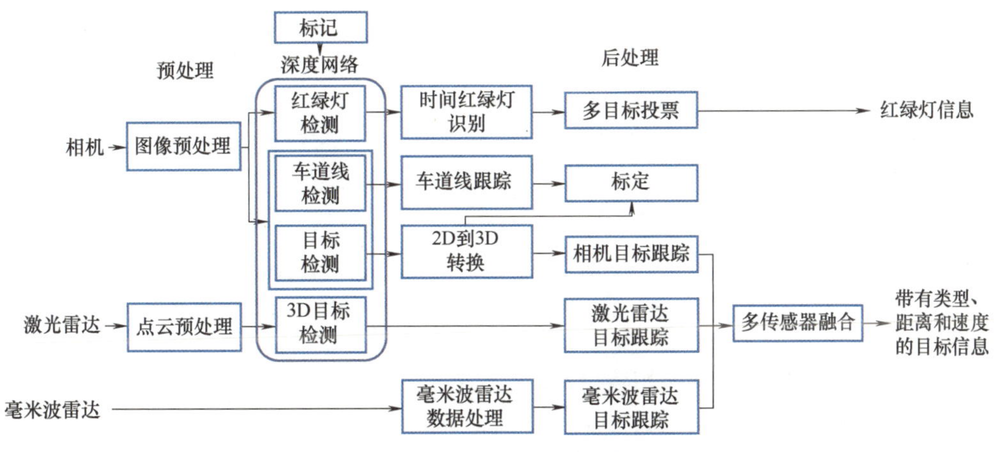

图 1-7　百度 Apollo 感知模块

百度 Apollo 感知模块的输入包括 128 线激光雷达数据、16 线激光雷达数据、毫米波雷达数据、相机（视觉传感器）数据、雷达传感器标定的外部参数、前置摄像头标定的内外参数、主车辆的速度和角速度；百度 Apollo 感知模块的输出包括 3D 障碍物跟踪，包括航向、速度和分类信息，以及红绿灯检测和识别的输出。

百度 Apollo 感知模块主要用到的传感器类型包括相机、激光雷达和毫米波雷达，相机和激光雷达的目标检测部分都是利用深度学习网络完成的，然后都进行了目标跟踪，最后设计了一个融合模块，用来融合三种传感器跟踪后的目标序列，获得更加稳定可靠的感知结果。

2. 百度 Apollo 感知基本流程

百度 Apollo 感知基本流程如图 1-8 所示。

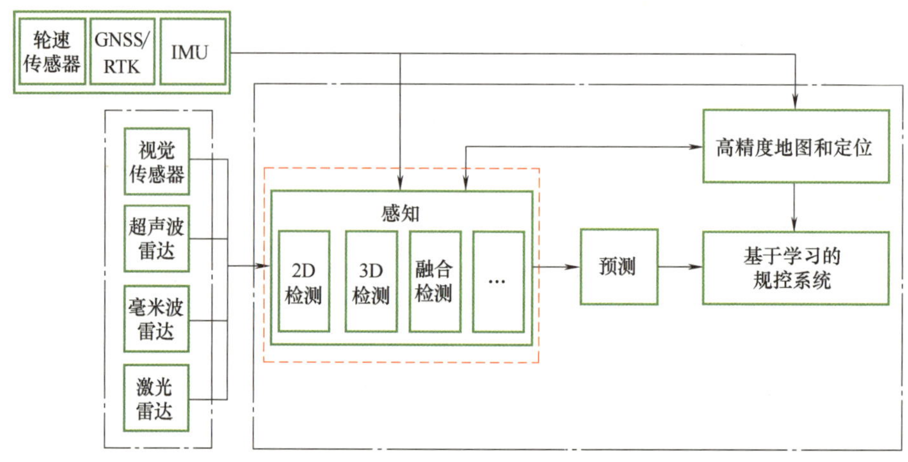

图 1-8　百度 Apollo 感知基本流程

GNSS—全球导航卫星系统　RTK—实时动态载波相位差分技术　IMU—惯性测量单元

3. 百度 Apollo 感知算法流程

百度 Apollo 感知算法流程如图 1-9 所示。无论是传统算法还是深度学习基础算法，都遵循数据—前处理—表征学习—特征提取—算法任务—后处理到需要结果（输出）的流程，根据实际场景和业务需求的不同，前、后处理和表征学习过程可省略或者由端到端（End2End）模型整体处理。

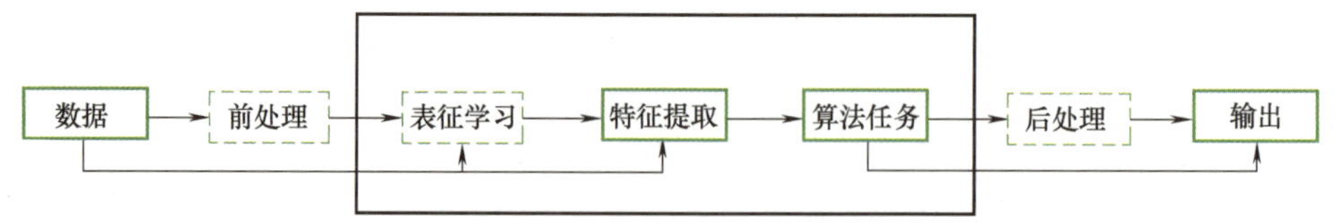

图 1-9　百度 Apollo 感知算法流程

4. 百度 Apollo 感知模块常用传感器

百度 Apollo 感知模块常用的传感器有环境感知传感器和自车感知传感器，其中，环境感知传感器包括相机（视觉传感器）、激光雷达、毫米波雷达、超声波雷达，自车感知传感器包括 GPS、惯性测量单元（IMU）和轮速传感器。图 1-10 所示为某百度汽车传感器配置。

可以看出，环境感知传感器配置和功能各不相同。随着汽车电动化、智能化和网联化的发展，智能网联汽车配备的环境感知传感器的数量将会逐渐增加，传感器的性能要求也会逐

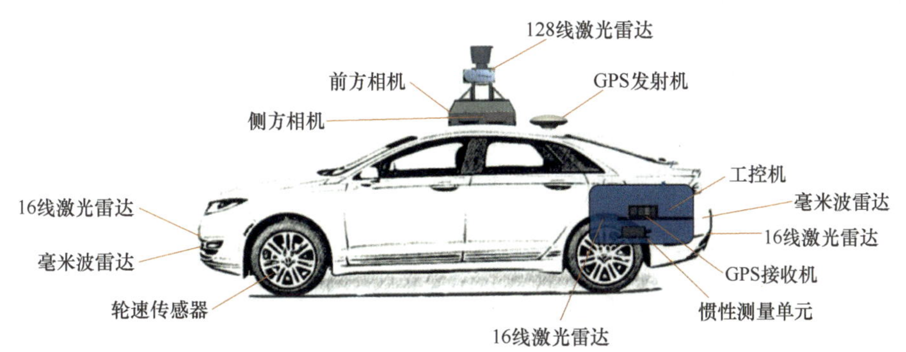

图 1-10 某百度汽车传感器配置

渐提高。

四、环境感知技术的发展趋势

随着自动驾驶技术的发展和普及，环境感知技术主要有以下发展趋势。

1. 4D 毫米波雷达应用增多

我国市场已经有不少车型率先搭载 4D 毫米波雷达，比如上汽飞凡 R7 纯电 SUV、长安深蓝 SL03 电动汽车等。4D 毫米波雷达相比传统的毫米波雷达，除了可以计算出被测目标的距离、速度和水平角度信息，还能计算出目标的俯仰角度信息，进而提供汽车周围的环境信息。

4D 毫米波雷达其实在功能上与激光雷达有一些类似，而与激光雷达相比，4D 毫米波雷达甚至在恶劣天气的环境下表现会更好。在价格方面，4D 毫米波雷达的成本可以控制在一千元以内，但激光雷达受限于元器件以及光学器件等的复杂程度，成本短时间内还无法跌至与 4D 毫米波雷达相近的水平。从分辨率的角度来看，4D 毫米波雷达目前仍与一些高线束数的激光雷达无法相比，而且 4D 毫米波雷达可能受到复杂电磁环境的干扰。

2. 激光雷达进入高线数时代

当前主流的前向激光雷达的激光线束数一般在等效 128 线，而目前量产线束数最高的是图达通猎鹰固态激光雷达，主要在蔚来旗下车型上搭载。图达通猎鹰固态激光雷达等效 150 线前视 1550nm 激光雷达，高功率探测距离更远。最远探测距离可达 500m，10%反射率可达 250m。镭神智能推出的图像级 1550nm 光纤车规激光雷达，最高线束数达到 400 线，而北醒的新一代激光雷达 AD2，更是高达 512 线。

激光线束数高所带来的效果就是分辨率可以达到更高，用一个平放在路面上 22cm 高的轮胎举例，512 线的激光雷达 AD2 通过，可让垂直分辨率达到 0.05°，将有效探测识别距离提高至 126m，在 100km/h 的行驶速度下，可为智能驾驶系统争取到额外 2.1s 的时间进行系统的决策、规划与控制，大幅提高智能驾驶的安全性。

3. 自动泊车/自动代客泊车需求持续带动超声波雷达需求

在以往倒车雷达应用中，一般需要 4~6 个超声波雷达，主要分布安装在车头和车尾的保险杠处。而目前的高阶自动驾驶泊车方案，包括自动泊车辅助（Auto Parking Asist, APA）、自动代客泊车（Automated Valet Parking, AVP）等应用中，一般需要 8~12 个超声波雷达，从数量上相比以往的倒车雷达应用增加一倍以上。12 个超声波雷达方案将成为市场主流。

4. 搭载 800 万像素接触式图像传感器的视觉传感器渗透率持续升高

搭载 800 万像素接触式图像传感器（Contact Image Sensor，CIS）的视觉传感器在量产车型上搭载已有一段时间，但高像素随之带来的是对算力需要的高涨，所以算力硬件的升级和传感器数量以及规格升级其实也是密不可分的。随着算力硬件的发展，能够看得更远、更清晰的 800 万像素摄像头自然会得到更广泛的应用。800 万像素接触式图像传感器在车载摄像头中的渗透率会持续升高，并保持较高的增速。

5. 惯性测量单元（IMU）的重要性越来越高

惯性测量单元（IMU）传感器主要由三个陀螺仪和三个加速度传感器组成，可提供超过六个自由度的测量值。陀螺仪用于测量车辆三个不同方向的角速率，同时，角速率随时间积分生成横滚（Roll）、俯仰（Pitch）及偏航（Yaw）三个旋转轴数据，进而输出物体的姿态信息。而加速度传感器用于测量车辆前后、左右、上下方向上的线性加速度，随着时间的推移，加速度积分生成速度数据，最终生成行进距离。

在高阶自动驾驶中，IMU 会作为安全防线，保障自动驾驶安全。如在隧道或者外部天气恶劣的情况下，导航系统失效或是激光雷达、摄像头等传感器失效时，IMU 可以估算出行驶路径，保障自动驾驶的正常运作。随着 L3、L4 等高阶自动驾驶逐渐落地，IMU 也将会发挥出更重要的作用。

6. 多模态感知技术

多模态感知技术指通过多种传感器和摄像头等设备对周围环境进行多维度感知和识别，从而提高环境感知的准确度和精度。多模态感知技术将成为环境感知技术发展的重要方向。

7. 人工智能技术

人工智能技术可以实现对环境数据的智能化处理和分析，从而实现对环境的智能化感知和预测。人工智能技术将成为环境感知技术发展的重要支撑。

8. 云计算技术

云计算技术可以实现对海量数据的存储和处理，从而提高环境感知技术的数据处理能力和效率。云计算技术将成为环境感知技术发展的重要基础。

9. 鸟瞰图（BEV）感知融合技术将得到推广应用

随着自动驾驶技术的发展和普及，鸟瞰图（Bird's Eye View，BEV）感知融合技术将会变得越来越重要。BEV 感知融合技术在自动驾驶中的应用将会越来越广泛，成为核心技术之一。通过 BEV，车辆可以全方位地观察周围环境，更为精准地规划路线和行驶路径，并最终实现高度自动驾驶。同时，自动驾驶精度和分辨率将会得到进一步提高。

通过不断地改进计算机视觉技术、图像判断技术和深度学习算法，BEV 感知融合技术将会更加精细和高分辨，能够提取更多的环境信息和细节。随着自动驾驶技术的发展，系统对于环境信息的解析和理解能力需求不断提高。未来的 BEV 感知融合技术将会结合更多的智能科技，如机器学习、人工智能等，以更好地理解和识别环境中的各种障碍物和其他物体。BEV 感知融合技术在未来将会得到广泛应用和发展，而随着核心技术的不断加强，它将会在自动驾驶等多个领域中发挥越来越重要的作用。

复习思考题

1. 智能网联汽车驾驶自动化是如何分级的？

2. 智能网联汽车的技术架构是怎样的？
3. 百度 Apollo8.0 的技术架构是怎样的？
4. 百度 Apollo8.0 的端到端自动驾驶开发流程具有哪些特点？
5. 环境感知系统的定义是怎样的？
6. 环境感知的对象有哪些？
7. 环境感知的传感器有哪些？
8. 百度 Apollo 感知模块是怎样的？
9. 百度 Apollo 感知模块常用的传感器有哪些？
10. 智能网联汽车环境感知技术的发展趋势有哪些？

模块2 环境感知技术认知及产品应用

【教学目标】

通过对本模块的学习，学生能够掌握车载传感器（超声波雷达、毫米波雷达、激光雷达、视觉传感器）的基本原理、技术参数及测试方法，了解 V2X 技术，以及它们在智能网联汽车中的应用。

【教学要求】

单元	要求	参考学时
超声波雷达技术认知及产品应用	掌握超声波雷达的组成与原理、技术参数和超声波雷达的测试，了解超声波雷达的应用	2
毫米波雷达技术认知及产品应用	掌握毫米波雷达的组成与原理、技术参数和毫米波雷达的测试，了解毫米波雷达的应用	3
激光雷达技术认知及产品应用	掌握激光雷达的组成与原理、类型、技术参数，了解激光雷达的应用	3
视觉传感器技术认知及产品应用	掌握视觉传感器的组成与原理、类型、技术参数，了解视觉传感器的应用	2
V2X 技术认知与场景应用	掌握 V2X 的定义、V2X 技术分类、LTE-V 通信技术，了解 V2X 技术的典型应用	2

【导入案例】

智能网联汽车在行驶时，必须通过车载传感器或 V2X 技术对周围环境进行感知，如图 2-1 所示。

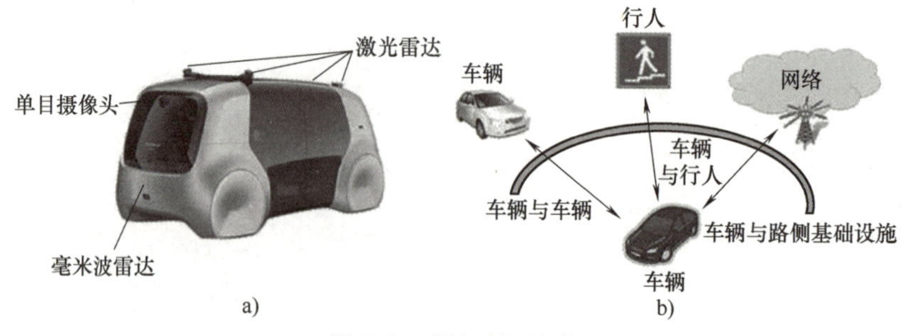

图 2-1 环境感知技术

a）车载传感器 b）V2X 技术

超声波雷达技术、毫米波雷达技术、激光雷达技术、视觉传感器技术和V2X技术是怎样的？通过对本模块的学习，读者便可以得到答案。

单元1　超声波雷达技术认知及产品应用

一、超声波雷达的组成与原理

超声波是指频率大于20kHz的声波，人耳听不到超声波。超声波雷达是利用超声波的特性研制而成的传感器，是在超声波频率范围内将交变的电信号转换成声信号或将外界声场中的声信号转换为电信号的能量转换器件。

超声波雷达技术认知及产品应用

1. 超声波雷达的组成

超声波雷达主要由发射头（器）、接收头（器）和电路组成，如图2-2所示。发射头和接收头安装在同一面上，在有效的检测距离内，发射头发射特定频率的超声波，遇到检测面反射部分超声波；接收头接收返回的超声波，由芯片记录声波的往返时间，并计算出距离值；电路包括发送电路和接收电路，控制超声波雷达的工作。

图2-2　超声波雷达的组成

不同用途的超声波雷达，内部结构是有一定差异的。汽车超声波雷达有专用型和兼用型两种：专用型是指发射头用作发送超声波，接收头用作接收超声波；兼用型是指发射头和接收头为一体的超声波雷达，既可发送超声波，也可接收超声波。

超声波雷达在汽车上的典型应用就是倒车雷达。倒车雷达经常和摄像头配合使用，形成倒车影像雷达系统。

超声波雷达具有以下优点：

1）超声波雷达的频率相对固定，如23kHz、40kHz、75kHz、200kHz和400kHz等，频率越高，超声波在空气中传播时衰减越大，检测距离变短。汽车上用的超声波雷达频率有40kHz、48kHz和58kHz等，频率不同，探测的范围也不同。

2）超声波雷达结构简单，体积小，成本低，信息处理简单、可靠，易于小型化与集成化，并且可以进行实时控制。

3）超声波雷达灵敏度较高。

4）超声波雷达抗环境干扰能力强，对天气变化不敏感。

5）超声波雷达可在室内和黑暗中使用。

超声波雷达具有以下缺点：

1）超声波雷达适合于低速，在速度很高的情况下测量距离具有一定的局限性。这是因为超声波的传输速度容易受天气情况的影响，在不同的天气情况下，超声波的传输速度不同，而且传播速度较慢，当汽车高速行驶时，使用超声波测距无法跟上汽车的车距实时变化，误差较大。

2）超声波有一定的扩散角，只能测量距离，不可以测量方位，所以只能在低速（如泊车）时使用，而且必须在汽车的前、后保险杠不同方位上安装多个超声波雷达。

3）对于低矮、圆锥、过细的障碍物或者沟坎，超声波雷达不容易探测到。

4）超声波的发射信号和余振的信号都会对回波信号造成覆盖或者干扰，因此在小于某一距离后就会丧失探测功能，这就是普通超声波雷达的探测有盲区的原因之一，若在盲区内，则系统无法探测障碍物。因此，比较好的解决办法是在安装超声波雷达的同时安装摄像头。

2. 超声波雷达的原理

超声波雷达的测距原理如图 2-3 所示。超声波发射头发出的超声波脉冲，经媒质（空气）传到障碍物（目标物）表面，反射后通过媒质（空气）传到接收头，测出超声波脉冲从发射到接收所需的时间，根据媒质中的声速，求得从超声波到障碍物（目标物）表面之间的距离。设超声波到障碍物（目标物）表面的距离为 L，超声波在空气中的传播速度为 v（约为 340m/s），从发射到接收所需的传播时间为 t，当发射头和接收头之间的距离远小于超声波到障碍物（目标物）之间的距离时，则有 $L=vt/2$。只要能测出传播时间，即可求出测量距离。

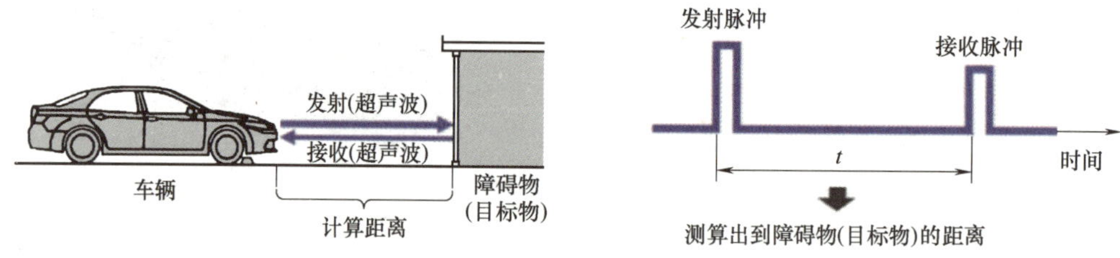

图 2-3　超声波雷达的测距原理

二、超声波雷达的技术参数

超声波雷达的技术参数主要有测量距离、测量精度、探测角度、工作频率和工作温度等。

1. 测量距离

超声波雷达的测量距离取决于其使用的波长和频率；波长越长，频率越小，测量距离越大。测量汽车前后障碍物的短距超声波雷达测量距离一般为 0.15~2.50m；安装在汽车侧面、用于测量侧方障碍物距离的长距超声波雷达测量距离一般为 0.30~5.0m。

2. 测量精度

测量精度是指传感器测量值与真实值的偏差。超声波雷达测量精度主要受被测物体体积、表面形状和表面材料等影响。被测物体体积过小、表面形状凹凸不平、物体材料吸收声波等情况都会降低超声波雷达的测量精度。测量精度越高，感知信息越可靠。

3. 探测角度

由于超声波雷达发射出去的超声波具有一定的指向性，波束的截面类似椭圆形，所以探测的范围有一定限度，探测角度分为水平视场角和垂直视场角。

4. 工作频率

工作频率直接影响超声波的扩散和吸收损失、障碍物反射损失、背景噪声，并直接决定传感器的尺寸。一般选择 40kHz 左右，这样传感器方向性尖锐，且避开了噪声，提高了信噪比；虽然传播损失相对低频有所增加，但不会给发射和接收带来困难。

5. 工作温度

由于超声波雷达应用广泛，有的应用场景要求温度很高，有的应用场景要求温度很低，因此，超声波雷达必须满足工作温度的要求。

三、超声波雷达的测试

超声波雷达的测试分为产品测试和系统测试。

1. 产品测试

产品测试主要测试超声波雷达的发射频率、最大测量距离、水平视场角、垂直视场角和测量精度等。

（1）发射频率　发射频率要求为（40±2）kHz。

（2）最大测量距离　测量距离要满足产品使用要求。

（3）水平视场角　水平视场角在Ⅰ类障碍物的条件下，以超声波雷达探头中心为基准，距离为70cm处，满足左右各55°±5°的要求；水平视场角在Ⅱ类障碍物的条件下，以超声波雷达探头中心为基准，距离为150cm处，满足左右各55°±5°的要求。Ⅰ类障碍物是指长度为1m、直径为60mm的塑胶水管，Ⅱ类障碍物是指方形平面尺寸为10cm×10cm的纸板。

（4）垂直视场角　垂直视场角在Ⅰ类障碍物的条件下，以超声波雷达探头中心为基准，距离为70cm处，满足左右各30°±5°的要求；垂直视场角在Ⅱ类障碍物的条件下，以超声波雷达探头中心为基准，距离为150cm处，满足左右各30°±5°的要求。

（5）测量精度　测量精度要求在±10cm以内。

2. 系统测试

超声波雷达在智能网联汽车上的典型应用就是自动泊车辅助系统。下面介绍自动泊车辅助系统的测试，仅供参考。最终测试方法和要求应以相关标准为准。

（1）测试环境条件　系统测试满足以下条件：

1）测试在平整、干燥路面上进行。

2）风速应小于5.4m/s。

3）温度在-25～30℃范围内。

4）天气在非降水条件下。

5）测试区域不应有墙壁、辅助测试设备及其他非测试物体。

6）避免过强阳光条件下进行测试。

7）测试区内不应有强反射表面和不均匀遮挡环境。

8）标记线与地面之间的亮度对比度以5∶1或以上为宜。

（2）基本性能要求　自动泊车辅助系统的基本性能要求见表2-1。

表2-1　自动泊车辅助系统的基本性能要求

序号	描述	参数值
1	平行车位搜索停车位允许的最大车速	30km/h
2	垂直车位搜索停车位允许的最大车速	20km/h
3	在泊车介入模式下系统允许的最大车速	10km/h
4	2m范围内检测到圆形物体障碍物最小直径	≤0.5m

（续）

序号	描述	参数值
5	2m 范围内检测到圆形物体障碍物最小高度	≤1m
6	检测到路沿外边缘的高度范围	≥0.15m 且≤0.3m
7	泊车时检测到障碍物的最小距离	≥0.1m
8	平行泊车过程档位调整次数	≤8 次
9	垂直泊车过程档位调整次数	≤6 次
10	泊车过程耗时	<90s

在系统测试开始时，应先对系统的基本性能项进行测试，达到要求后再开始进行实际泊车场景的测试。

（3）两辆汽车之间的平行泊车系统性能测试要求

1）总体要求。两辆汽车之间的平行泊车基础场景如图 2-4 所示，平行靠左和平行靠右泊车性能要求相同。在图 2-4 中，obj1 和 obj2 分别为目标车辆 1 和目标车辆 2；d_{obj1} 和 d_{obj2} 分别为汽车侧面至目标车辆 1 和目标车辆 2 的距离；S_{dobj1} 和 S_{dobj2} 分别为汽车至目标车辆 1 和目标车辆 2 的距离；d_{curb} 为平行泊车完成时汽车侧面至路沿的距离。

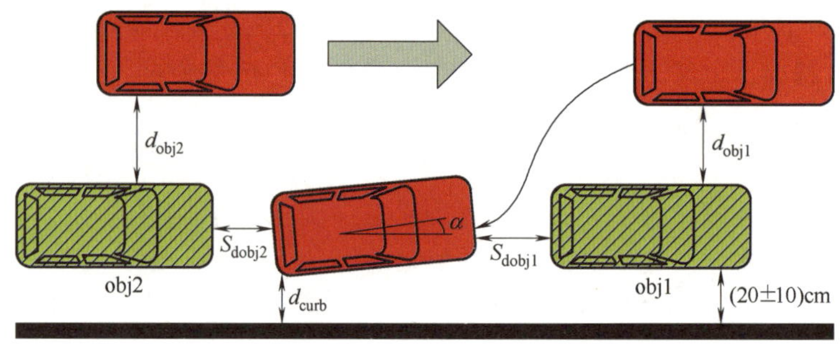

图 2-4　两辆汽车之间的平行泊车基础场景

2）测试对象要求。两辆汽车之间的平行泊车测试对象要求见表 2-2。

表 2-2　两辆汽车之间的平行泊车测试对象要求

序号	描述	参数值
1	平行泊车经过停车位时汽车距侧边障碍物的距离范围	0.9~1.5m
2	平行泊车模式下找到停车位后汽车所能前行的最远距离	>10m
3	平行泊车模式下最小停车位长度	车长+Δx
4	平行泊车模式下最小停车位深度	车宽+0.2m

3）最低性能要求。在满足基本性能和测试对象要求的前提下，泊车完成后，两辆汽车之间的平行泊车最低性能指标要求见表 2-3。

表 2-3　两辆汽车之间的平行泊车最低性能指标要求

序号	描述	参数值
1	平行泊车完成时汽车侧面距障碍物、路沿的距离	0.05~0.3m
2	平行泊车完成时汽车与路沿或前后车轮边角连线的夹角	-3°~3°

(4) 两辆汽车之间的垂直泊车系统性能测试要求

1) 垂直泊车场景要求。两辆汽车之间的垂直泊车基础场景如图 2-5 所示，垂直靠左和垂直靠右泊车性能要求相同。

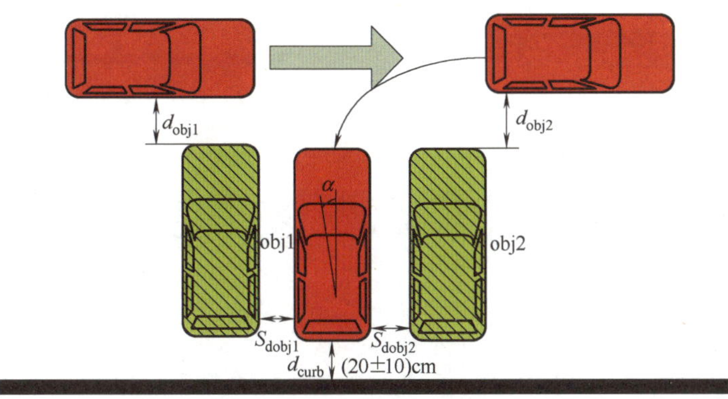

图 2-5 两辆汽车之间的垂直泊车基础场景

2) 测试对象要求。两辆汽车之间的垂直泊车测试对象要求见表 2-4。

表 2-4 两辆汽车之间的垂直泊车测试对象要求

序号	描述	参数值
1	垂直泊车经过停车位时汽车距侧边障碍物的距离范围	0.9~1.5m
2	垂直泊车模式下找到停车位后汽车所能前行的最远距离	>10m
3	垂直泊车模式下最小停车位宽度	车宽+1m

3) 最低性能要求。在满足基本性能和测试对象要求的前提下，泊车完成后，两辆汽车之间的垂直泊车最低性能要求见表 2-5。

表 2-5 两辆汽车之间的垂直泊车最低性能要求

序号	描述	参数值
1	垂直泊车完成时汽车距左、右障碍物的安全距离	0.05~0.3m
2	垂直泊车完成时汽车与左或右平行停放汽车或障碍物侧面的夹角	-3°~3°

(5) 有标记停车位的平行泊车系统性能测试要求

1) 总体要求。平行靠左和平行靠右泊车性能要求相同。

2) 测试对象要求。平行泊车停车位标线如图 2-6 所示，有标记停车位的平行泊车测试区域如图 2-7 所示。在图 2-6 中，A_1 为划线平行停车位标线宽度；L_1 为划线平行停车位长度；D_1 为划线平行停车位深度；在图 2-7 中，L_d 为车头离停车位前横向标线的距离；W_d 为汽车距停车位内侧标线。

有标记停车位的平行泊车测试对象要求见表 2-6。

3) 最低性能要求。在满足基本性能和测试对象要求的前提下，泊车完成后，有标记停车位的平行泊车最低性能要求见表 2-7。

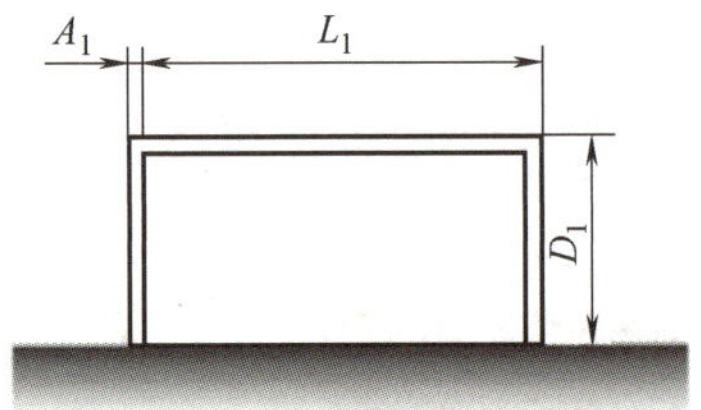

图 2-6　平行泊车停车位标线

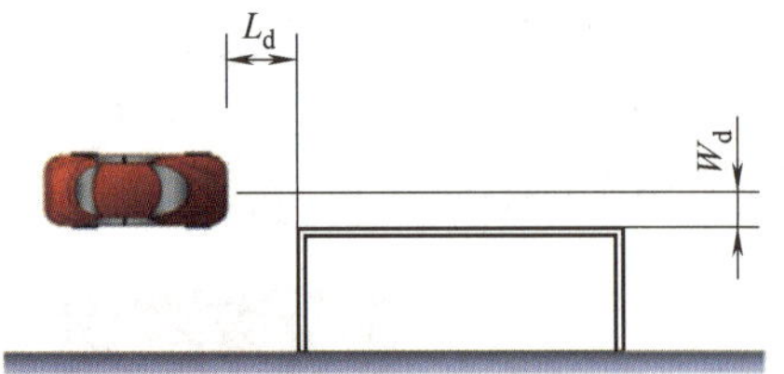

图 2-7　有标记停车位的平行泊车测试区域

表 2-6　有标记停车位的平行泊车测试对象要求

序号	描述	参数值
1	平行泊车经过停车位时汽车距停车位内侧标线	(车宽×0.5±1.5)m
2	开始搜索车位时，车头离停车位前横向标线的距离	(车长×0.5±1.0)m
3	划线平行停车位长度	>车长+1.3m
4	划线平行停车位深度	>车宽+0.4m
5	划线平行停车位标线宽度	0.15~0.30m

表 2-7　有标记停车位的平行泊车最低性能要求

序号	描述	参数值
1	泊车完成时汽车侧面前后轮与停车位内侧边线的距离	>0.15m
2	平行泊车完成时汽车侧面距障碍物、路沿距离	0.05~0.25m
3	泊车完成时汽车航向角与停车位内侧边线的夹角	-3°~3°
4	泊车完成时车尾与车后标线的距离	0.35~0.95m

(6）有标记停车位的垂直泊车系统性能测试要求

1）要求总则。垂直靠左和垂直靠右泊车性能要求相同。

2）测试对象要求。垂直泊车停车位标线如图 2-8 所示，有标记停车位的垂直泊车测试区域如图 2-9 所示。在图 2-8 中，A_0 为划线平行车位标线宽度；W_0 为划线停车位宽度；D_0 为划线停车位深度；在图 2-9 中，D 为开始搜索车位时，车尾与车位线的横向距离；L 为开始搜索车位时，车尾与车位线端部的纵向距离；β 为开始搜索车位时，汽车航向角与车位线的夹角。

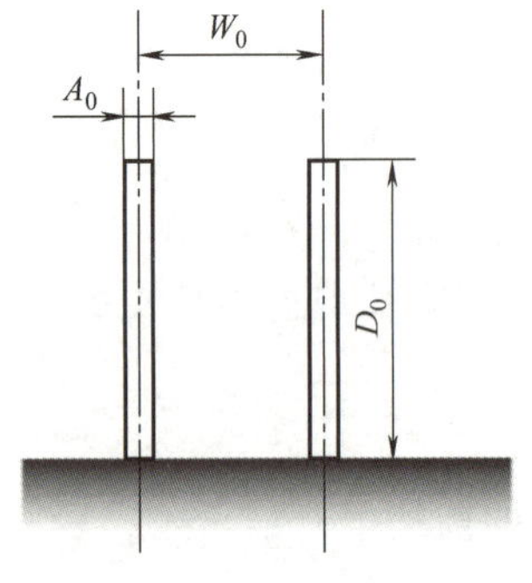

图 2-8　垂直泊车停车位标线

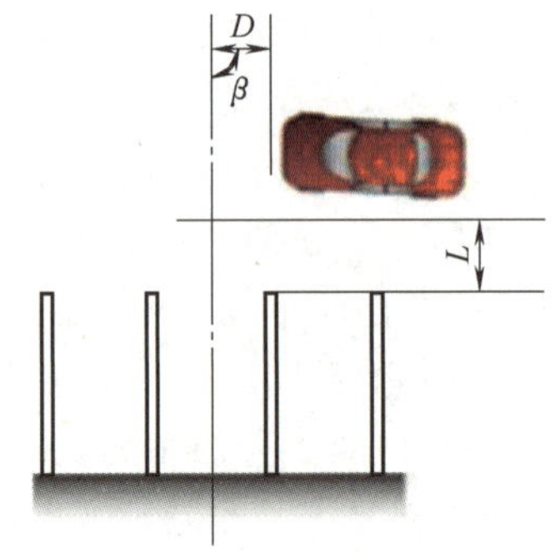

图 2-9　有标记停车位的垂直泊车测试区域

有标记停车位的垂直泊车测试对象要求见表 2-8。

表 2-8 有标记停车位的垂直泊车测试对象要求

序号	描述	参数值
1	开始搜索车位时，车尾与车位线的横向距离	(1.0±0.5)m
2	开始搜索车位时，车尾与车位线端部的纵向距离	(1.0±1.5)m
3	开始搜索车位时，汽车航向角与车位线的夹角	90°±5°
4	划线停车位宽度	>车宽+0.4m
5	划线停车位深度	>车长+0.4m
6	划线平行车位标线宽度	0.15~0.3m

3）最低性能要求。在满足基本性能和测试对象要求的前提下，泊车完成后，有标记停车位的垂直泊车最低性能要求见表 2-9。

表 2-9 有标记停车位的垂直泊车最低性能要求

序号	描述	参数值
1	泊车完成时汽车侧面与停车位内侧边线的距离	>0.1m
2	泊车完成时汽车航向角与停车位内侧边线的夹角	-3°~3°
3	泊车完成时车尾与车后标线的距离	>0.1m

四、超声波雷达的应用

超声波雷达在智能网联汽车上主要用于泊车系统。自动泊车辅助系统在汽车低速巡航时，使用超声波雷达感知周围环境，帮助驾驶人找到尺寸合适的空车位，并在驾驶人发送泊车指令后，将汽车泊入车位。

自动泊车辅助系统使用的传感器包括八个安装于汽车前、后的 UPA 超声波雷达和四个安装于汽车两侧的 APA 超声波雷达，雷达的感知范围如图 2-10 所示。

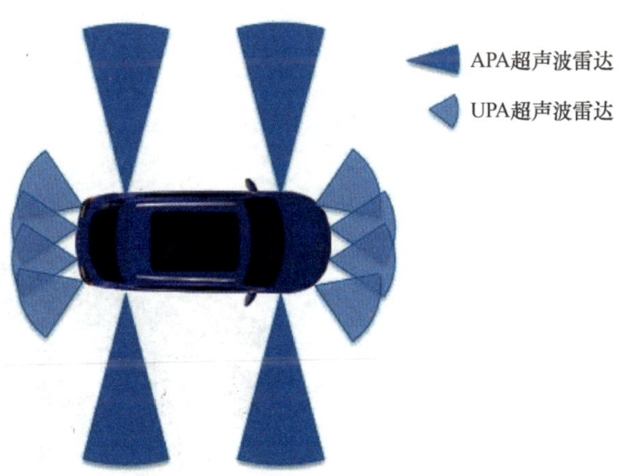

图 2-10 自动泊车辅助系统环境感知范围

APA 超声波雷达的探测范围远而窄，常见的 APA 超声波雷达最远测量距离为 5m；UPA 超声波雷达的探测范围近而宽，常见的 UPA 超声波雷达测量距离为 3m。不同的探测范围决定了它们不同的分工。

APA超声波雷达的作用是在汽车低速巡航时，完成空库位的寻找和校验工作。如图2-11所示，随着汽车低速行驶过空库位，安装在前侧方的APA超声波雷达的测量距离有一个先变小，再变大，再变小的过程。一旦汽车控制器探测到这个过程，可以根据车速等信息得到库位的宽度以及是否是空库位的信息。后侧方的APA超声波雷达在汽车低速巡航时也会探测到类似的信息，可根据这些信息对空库位进行校验，避免误检。

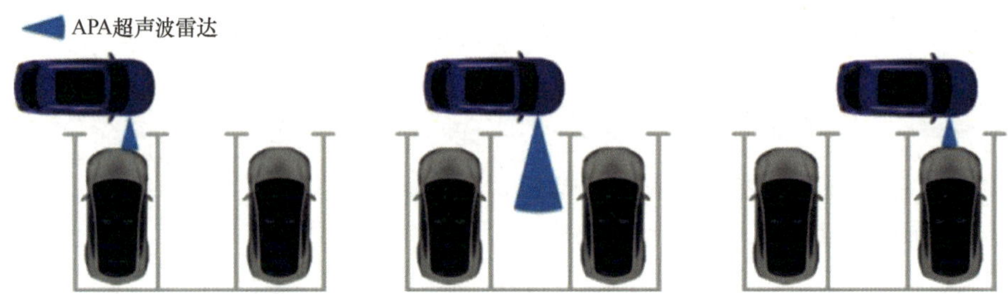

图2-11　APA超声波雷达检测空库位原理图

使用APA超声波雷达检测到空库位后，汽车控制器会根据自车的尺寸和库位的大小，规划出一条合理的泊车轨迹，控制转向盘、变速器和加速踏板进行自动泊车。在泊车过程中，安装在汽车前后的八个UPA超声波雷达会实时感知环境信息，实时修正泊车轨迹，避免碰撞。

自动泊车辅助系统需要驾驶人在车内实时监控，以保证泊车顺利完成，属于美国汽车工程师学会（SAE）L2级别的自动驾驶技术。

单元2　毫米波雷达技术认知及产品应用

毫米波雷达技术认知及产品应用

一、毫米波雷达的组成与原理

毫米波是指波长为1~10mm、频率为30~300GHz的电磁波，带宽高达270GHz。毫米波雷达是工作在毫米波频段的雷达，它通过发射与接收高频电磁波来探测目标，后端信号处理模块利用回波信号计算出目标的距离、速度和角度等信息。

1. 毫米波雷达的组成

毫米波雷达的基本组成主要包括发射模块、接收模块、信号处理模块及天线，如图2-12所示。

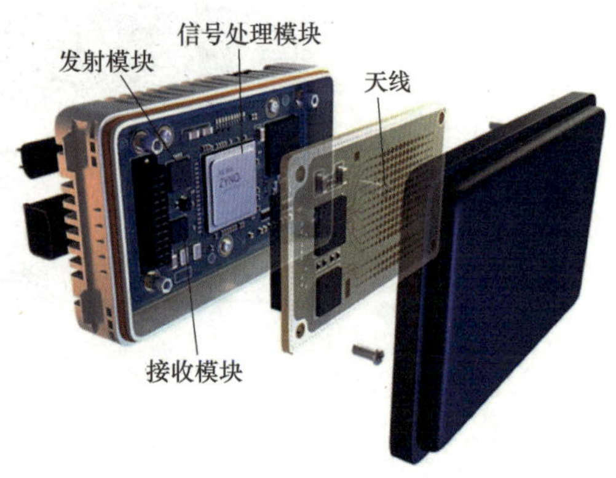

图2-12　毫米波雷达的基本组成

毫米波雷达在工作状态时，发射模块生成射频电信号，通过天线将电信号（电能）转化为电磁波发出；接收模块接收到射频信号后，将射频电信号转换为低频信号；再由信号处理模块从信号中获取距离、速度和角度等信息。毫米波雷达工作的必要条件还在于软件算法的实现。

毫米波雷达具有以下优点：

（1）探测距离远　毫米波雷达探测距离远，可达 200m 以上。

（2）探测性能好　毫米波波长较短，汽车在行驶中的前方目标一般都是金属构成的，这会形成很强的电磁反射，其探测不受颜色与温度的影响。

（3）响应速度快　毫米波的传播速度与光速一样，并且其调制简单，配合高速信号处理系统，可以快速地测量出目标的距离、速度和角度等信息。

（4）适应能力强　毫米波具有很强的穿透能力，在雨、雪、大雾等恶劣天气依然可以正常工作。

（5）抗干扰能力强　毫米波雷达一般工作在高频段，而周围的噪声和干扰处于中低频区，基本上不会影响毫米波雷达的正常运行，因此，毫米波雷达具有抗低频干扰的特性。

毫米波雷达具有以下缺点：

1）毫米波雷达是利用目标对电磁波的反射来发现并测定目标位置，而充满杂波的外部环境经常给毫米波雷达感知带来虚警问题。

2）覆盖区域呈扇形，有盲点区域。

3）无法识别交通标志。

4）无法识别交通信号灯。

2. 毫米波雷达的工作原理

毫米波雷达的工作原理示意图如图 2-13 所示。毫米波雷达利用高频电路产生特定调制频率的电磁波，并通过天线发送电磁波和接收从目标反射回来的电磁波，通过发送和接收电磁波的参数来计算目标的各个参数。毫米波雷达可以同时对多个目标进行测距、测速以及方位角测量；测距和测速是根据多普勒效应，而方位角测量是通过天线的阵列方式来实现的。

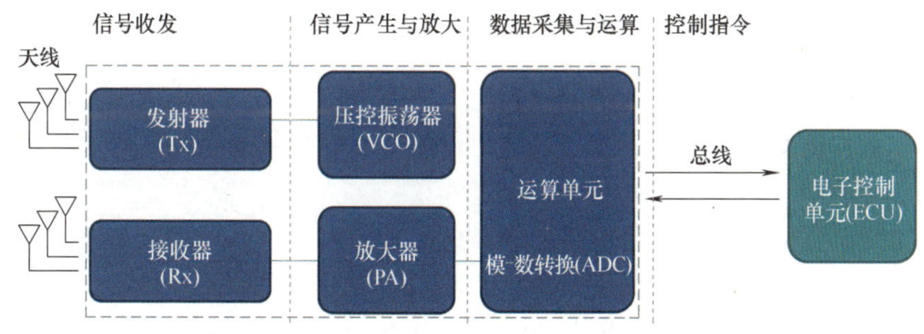

图 2-13　毫米波雷达的工作原理示意图

（1）测距和测速　毫米波雷达是利用多普勒效应测量得出目标的距离和速度，它通过发射源向给定目标发射毫米波信号，并分析发射信号频率和反射信号频率之间的差值，精确测量出目标相对于毫米波雷达的距离和速度等信息。

毫米波雷达通过发射模块发射毫米波信号，发射信号遇到目标后，经目标的反射会产生回波信号，发射信号与回波信号相比形状相同，时间上存在差值；当目标与毫米波雷达信号发射源之间存在相对运动时，发射信号与回波信号之间除存在时间差外，还会产生多普勒频率，如图 2-14 所示。在图 2-14 中，Δf 为调频带宽；f_d 为多普勒频率；f' 为发射信号与反射信号的频率差；T 为信号发射周期；Δt 为发射信号与回波信号的时间间隔。

毫米波雷达测量的距离和速度分别为

$$S=\frac{c\Delta t}{2}=\frac{cTf'}{4\Delta f} \tag{2-1}$$

$$u=\frac{cf_d}{2f_0} \tag{2-2}$$

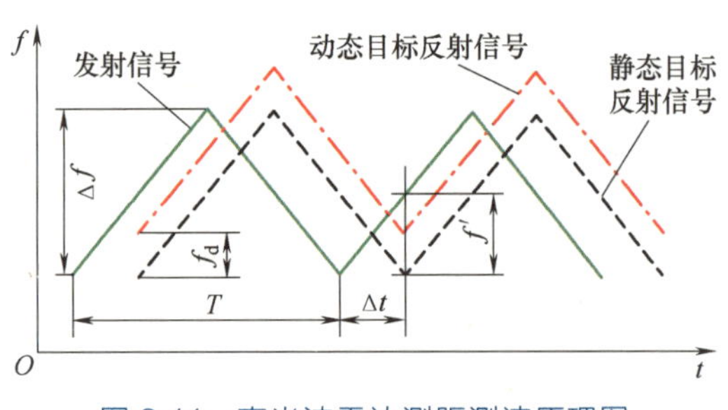

图 2-14　毫米波雷达测距测速原理图

式中，S 为相对距离；u 为相对速度；c 为光速；f_0 为发射信号的中心频率。

（2）方位角测量　毫米波雷达通过发射天线发射出毫米波信号后，遇到被监测目标反射回来，通过毫米波雷达并列的接收天线，收到同一监测目标反射信号的相位差，就可以计算出被监测目标的方位角。毫米波雷达方位角测量原理如图 2-15 所示。毫米波雷达发射天线 TX 向目标发射毫米波，两根接收天线 RX1 和 RX2 接收目标反射信号。方位角 α_{AZ} 是通过毫米波雷达接收天线 RX1 和接收天线 RX2 之间的几何距离 d，以及两根毫米波雷达天线所收到反射回波的相位差 b，然后通过三角函数计算得到方位角 α_{AZ} 的值，从而知道被监测目标的方位角。

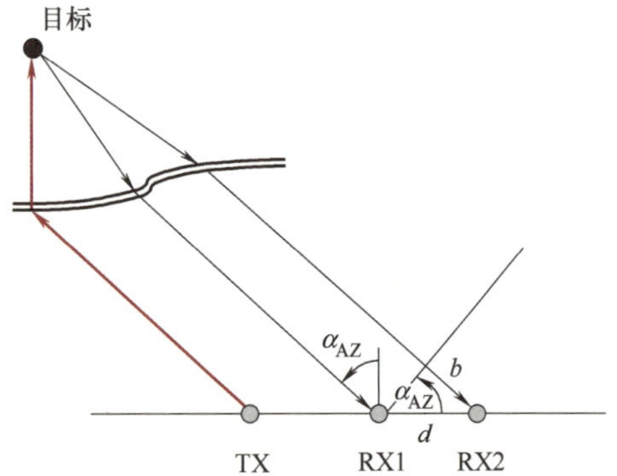

图 2-15　毫米波雷达方位角测量原理

由于毫米波雷达具有监测目标的位置、速度和方位角的优势，再结合毫米波雷达较强的抗干扰能力，可以全天候、全天时稳定工作，因此，毫米波雷达成为智能网联汽车的核心传感器之一。

二、毫米波雷达的技术参数

毫米波雷达的技术参数主要有最大探测距离、距离分辨率、距离测量精度、最大探测速度、速度分辨率、速度测量精度、视场角、角度分辨率和角度测量精度等。

1. 最大探测距离

最大探测距离是指毫米波雷达所能探测目标的最大距离，不同的毫米波雷达，最大探测距离是不同的。毫米波雷达最大探测距离主要取决于数-模转换器（Analog to Digtal Converter，ADC）的采样率、调频斜率和输出功率，而 ADC 采样率主要由 MMIC 芯片本身的性能所决定。

2. 距离分辨率

距离分辨率表示距离方向分辨两个目标的能力，取决于扫频带宽。在毫米波雷达测量中，当两个目标位于同一方位角，但与毫米波雷达的距离不同时，两者被毫米波雷达区分出来的最小距离则是距离分辨率。毫米波雷达的距离分辨率是由脉冲的宽度决定的，即可以通过减小脉冲宽度，以达到期望的距离分辨率，这需要较大的带宽。

3. 距离测量精度

距离测量精度是指毫米波雷达测量单目标的距离测量精度，取决于扫频带宽和系统信噪比。系统信噪比主要受到 MMIC 芯片的噪声系数、相位噪声等指标的影响。

4. 最大探测速度

最大探测速度是指毫米波雷达能够探测目标的最大速度，取决于 Chirp 周期。调频连续波（Frequency Modulated Continuous Wave，FMCW）毫米波雷达发射的一个信号称为 Chirp。

5. 速度分辨率

速度分辨率表示毫米波雷达在速度维度区分两个同一位置目标的能力，取决于有效帧周期。

6. 速度测量精度

速度测量精度是指毫米波雷达测量单目标的速度测量精度，取决于信噪比和有效帧周期。

7. 视场角

视场角分为水平视场角和垂直视场角，是指毫米波雷达能够探测的角度范围，取决于天线间距。

8. 角度分辨率

角度分辨率表示毫米波雷达在角度维分离相同距离、速度目标的能力，取决于天线间距和天线个数。毫米波雷达的角度分辨率一般较低，在实际情况下，由于距离、速度分辨率较高，目标一般可以在距离和速度维区分开。

9. 角度测量精度

角度测量精度是指毫米波雷达测量单目标的角度测量精度，取决于天线间距和方位角。

在 4D 毫米波雷达中，增加了最大俯仰角、俯仰角精度和俯仰角分辨率三个指标。

4D 毫米波雷达探测性能包括距离、速度、方位角、俯仰角四个方面。在距离探测中，主要性能指标包括最大探测距离、距离精度、距离分辨率，主要影响因素是 ADC 采样率、调频斜率、输出功率、扫频带宽和信噪比等；在速度探测中，主要性能指标包括最大探测速度、速度精度、速度分辨率，主要影响因素是 Chirp 周期、有效帧周期和信噪比等；在方位角探测中，主要性能指标包括视场角、角度精度、角度分辨率，主要影响因素是天线间距、方位角和天线个数等；在俯仰角探测中，主要性能指标包括最大俯仰角、俯仰角精度和俯仰角分辨率，主要影响因素是天线间距、方位角和天线个数等。

4D 毫米波雷达测距三大指标、测速三大指标由雷达“一个帧的基本参数”决定，而这些参数都是根据毫米波雷达设计的性能参数来设定的。“一个帧的基本参数”包括 Chirp 周期、扫频带宽、调频斜率、帧周期、一个帧内包含的 Chirp 数、ADC 采样率。

三、毫米波雷达的测试

无论是先进驾驶辅助系统，还是实现自动驾驶，其所需的毫米波雷达技术正在不断发展和完善，而毫米波雷达从优化到大量生产以及安装校准，都需要对毫米波雷达性能进行规范化、标准化的检测，实现对毫米波雷达的功能测试、发射性能测试和电气特性测试等。

毫米波雷达的测试实际是对毫米波雷达模组的测试。毫米波雷达模组是指通过毫米波雷达信号的发送和接收，可以完成目标的距离、速度和角度测量的装置。

毫米波雷达模组的测试主要包括视场角测试，多目标分辨率测试，灵敏度和误差测试，探测速度范围测试以及识别率、误检率和漏检率的测试，峰值功率的测试，平均功率的测试，发射信号带宽的测试，带外杂散的测试，线性调频测试，发射天线水平方向图测试和发射天线垂直方向图测试等。

1. 测试条件

毫米波雷达模组测试条件包括测试环境、电源和测试目标。

（1）测试环境　测试环境温度为-10~40℃，相对湿度为20%~75%。

（2）电源　测试电压为8~36V，电流不小于1A，功率不小于20W。

（3）测试目标　测试目标有以下要求：

1）不同的测试要求适配不同的测试目标，测试目标可以分为角反射器或其他经标定的真实反射体、毫米波雷达模组目标模拟器两类。

① 角反射器由三个相互垂直的平面镜组成，如图2-16所示。当毫米波雷达模组电磁波扫描到角反射后，电磁波会在金属角上产生折射放大，产生平行于发射信号的回波信号，以模拟目标。选择不同类型的角反射器模拟不同雷达截面积的目标。通过在不同位置处摆放角反射器来实现测试。

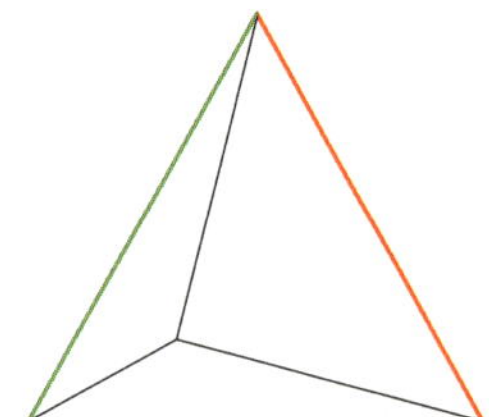

图2-16　角反射器

② 根据毫米波雷达模组目标模拟器和实际场地的限制将测试场地划分为不同区域，如图2-17所示。图中，d_1 为毫米波雷达模组目标模拟器的最小模拟距离；d_2 为实际场地的最大距离。

图2-17　测试场地区域划分

2）测试环境和目标的选取。当目标与毫米波雷达模组距离小于 d_1 时，环境选择开阔场地或等效开阔场，目标选择角反射器；当目标与毫米波雷达模组距离大于 d_2 时，环境选择毫米波消声暗室/暗箱，目标选择毫米波雷达模组目标模拟器；当目标与毫米波雷达模组距离位于 d_1 和 d_2 之间时，环境和目标的选择根据实际测试要求自由组合。

3）测试区域范围应大于待测毫米波雷达模组的视场角。

4）标定基准系统误差应优于被测毫米波雷达模组预期误差的20%。标定基准系统的灵敏度应优于被测毫米波雷达模组预期灵敏度的50%。

2. 视场角的测试

视场角是指在规定的测试条件下，在满足规定识别率的状态下，毫米波雷达模组有效识别目标的探测范围。

（1）测试要求　视场角测试要求如下：

1）目标距离范围为0~300m，速度范围为-100~100m/s，角度范围为-90°~90°。

2）待测毫米波雷达模组对目标的识别率不低于90%。

（2）测试方法　目标与毫米波雷达模组间的角度固定，距离由近及远，每隔1m探测一次，直至找到该角度下毫米波雷达模组的最大探测距离，并将其标定在极坐标纸的相应位置上。在-90°~90°范围内的每一度都重复上述步骤。最终将每个角度的最大距离连成一条闭合曲线，该曲线为毫米波雷达模组的探测视场角。

3. 多目标分辨率的测试

（1）测试要求　多目标分辨率的测试要求与视场角测试的要求一致。

（2）距离分辨率测试方法　距离分辨率是指在规定条件下，毫米波雷达模组能区分前后临近两个目标的最小距离间隔。

待测毫米波雷达模组、目标 A、目标 B 在同一条水平线上，目标 A 位于待测毫米波雷达模组和目标 B 之间，目标 A 与目标 B 之间的间距为 d_{ab}，d_{ab} 应不小于待测毫米波雷达模组的距离分辨力值，具体测试场景如图 2-18 所示。不断调整距离 d_{ab}，直至测得待测毫米波雷达模组能够分辨目标 A、目标 B 的最小距离并记录 d_{ab}。

图 2-18　距离分辨率测试场景

（3）角度分辨率测试方法　角度分辨率是指在规定条件下，毫米波雷达模组能区分左右临近两个目标的最小角度间隔。

目标 A 和目标 B 的雷达截面积值相同并且在同一纵向直线上，目标之间距离为 W，间距中点为 C，待测毫米波雷达模组与点 C 位于同一水平线上，目标 A 和目标 B 距待测毫米波雷达模组距离相同，具体测试场景如图 2-19 所示。

不断调整距离 W，直至测得待测毫米波雷达模组能够分辨目标 A 和目标 B 的最小距离 W，待测毫米波雷达模组的角分辨率为

$$\theta = 2\arcsin\frac{W}{2d} \tag{2-3}$$

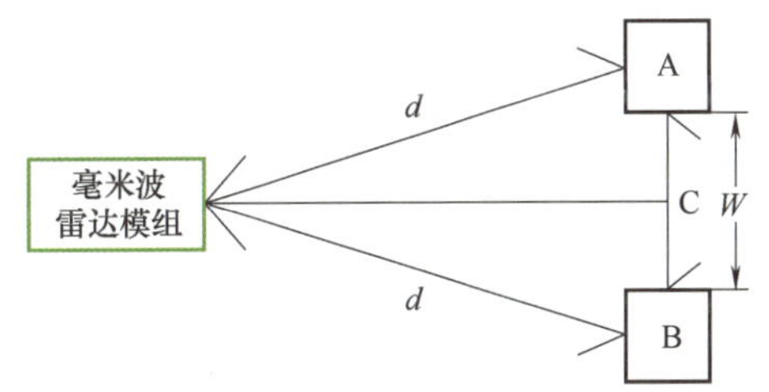

图 2-19　角度分辨率测试场景

4. 灵敏度和误差的测试

（1）测试要求　灵敏度和误差测试的测试要求与视场角的测试要求一致。

（2）距离灵敏度测试方法　距离灵敏度是指单目标的距离变化时，毫米波雷达模组可探测的最小绝对变化距离值。

在待测毫米波雷达模组法线方向放置一个目标，确保目标距离在待测毫米波雷达模组测距范围内，待测毫米波雷达模组对准目标中心，目标沿待测毫米波雷达模组法线方向移动，每次移动 1m，如图 2-20 所示。

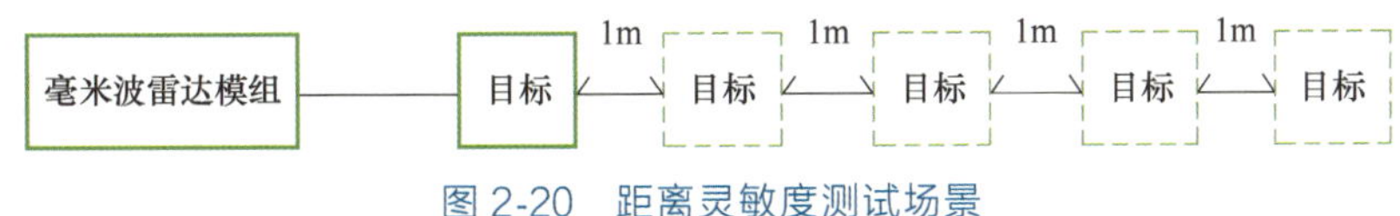

图 2-20　距离灵敏度测试场景

待测毫米波雷达模组每次探测距离值为 D_i，一共测 10 次，待测毫米波雷达模组的距离灵敏度为

$$R_s = \sqrt{\frac{\sum_{i=1}^{10}(\Delta D_i - \Delta d_i)^2}{9}} \tag{2-4}$$

式中，R_s 为待测毫米波雷达模组的距离灵敏度；$\Delta D_i = D_{i+1} - D_1$ 为第 i 次探测距离差；Δd_i 为目标移动距离差。

（3）距离误差测试方法　距离误差是指毫米波雷达模组测量目标时，目标距离的测量值与其真值之差的统计值，通常用均方根值表示。

在待测毫米波雷达模组法线方向上选取 $P_1 \sim P_{10}$ 10 个点放置目标，如图 2-21 所示，待测毫米波雷达模组对准目标的中心，10 个点逐一测距。选取点与待测毫米波雷达模组间的距离分别为 $P_1 = 0.02R_{max}$、$P_2 = 0.03R_{max}$、$P_3 = 0.05R_{max}$、$P_4 = 0.07R_{max}$、$P_5 = 0.10R_{max}$、$P_6 = 0.20R_{max}$、$P_7 = 0.30R_{max}$、$P_8 = 0.50R_{max}$、$P_9 = 0.70R_{max}$、$P_{10} = R_{max}$，R_{max} 为待测毫米波雷达模组的最远距离（m）。

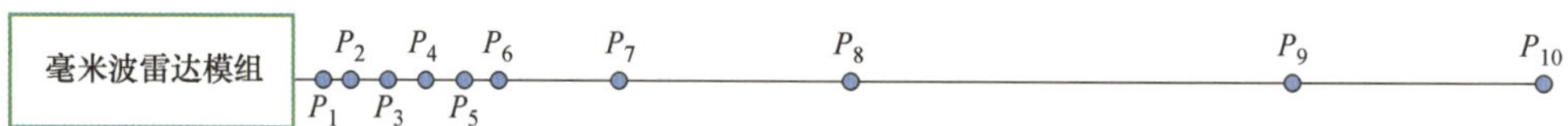

图 2-21　距离误差测试场景

待测毫米波雷达模组距离误差为

$$R_e = \sqrt{\frac{\sum_{i=1}^{10} (R_i - R_i^*)^2}{10}} \tag{2-5}$$

式中，R_e 为待测毫米波雷达模组的距离误差；R_i 为目标至待测毫米波雷达模组的距离；R_i^* 为待测毫米波雷达模组的探测距离值。

（4）角度灵敏度测试方法　角度灵敏度是指单目标的角度变化时，毫米波雷达模组可探测的最小绝对变化角度值。

在待测毫米波雷达模组法线方向放置一个目标，待测毫米波雷达模组对准目标中心，以当前距离为半径、待测毫米波雷达模组为圆心作圆弧，目标沿该圆弧运动，目标始终位于待测毫米波雷达模组视场角内，每次角度改变 1°，如图 2-22 所示。

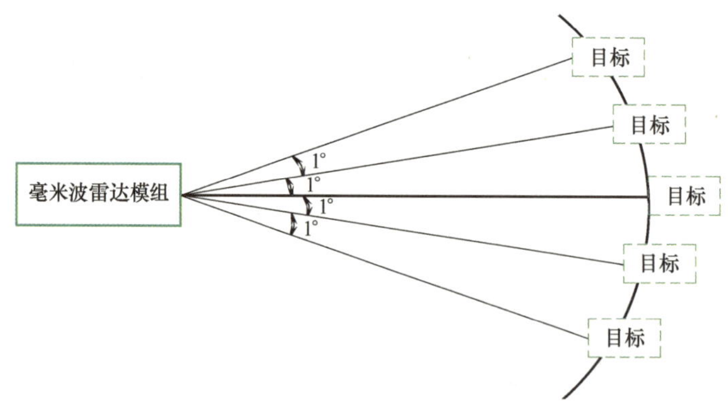

图 2-22　角度灵敏度测试场景

待测毫米波雷达模组每次探测角度值为 Φ_i，一共测 10 次，待测毫米波雷达模组的角度灵敏度为

$$A_s = \sqrt{\frac{\sum_{i=1}^{9} (\Delta\Phi_i - \Delta\varphi_i)^2}{9}} \tag{2-6}$$

式中，A_s 为待测毫米波雷达模组的角度灵敏度；$\Delta\Phi_i=\Phi_{i+1}-\Phi_1$ 为第 i 次探测距离差；$\Delta\varphi_i$ 为目标移动距离差。

（5）角度误差测试方法　角度误差是指毫米波雷达模组测量目标时，目标角度的测量值与其真值之差的统计值，通常用均方根值表示。

在待测毫米波雷达模组视场角内选取 Q_1 ~ Q_{10}10 个点放置目标，如图 2-23 所示，待测毫米波雷达模组对准目标中心，10 个点逐一测角。选取点与待测雷达模组间的角度分别为 $Q_1=0.03A_{max}$、$Q_2=0.07A_{max}$、$Q_3=0.30A_{max}$、$Q_4=0.70A_{max}$、$Q_5=A_{max}$、$Q_6=0.03A_{min}$、$Q_7=0.07A_{min}$、$Q_8=0.30A_{min}$、$Q_9=0.70A_{min}$、$Q_{10}=A_{min}$。A_{max} 和 A_{min} 分别为待测毫米波雷达的最大角度和最小角度（°）。

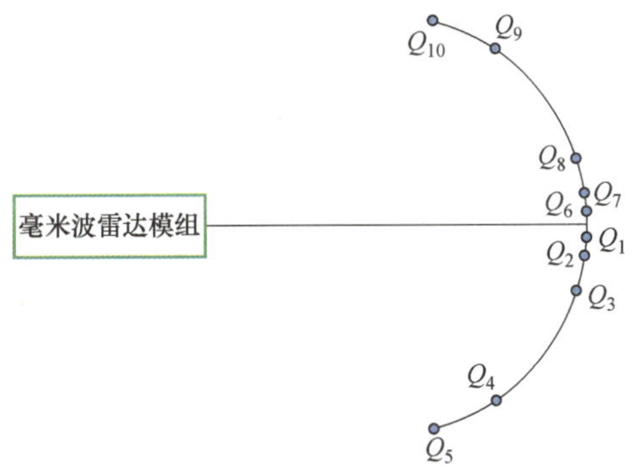

图 2-23　角度误差测试场景

待测毫米波雷达模组角度误差为

$$A_e=\sqrt{\frac{\sum_{i=1}^{10}(A_i-A_i^*)^2}{10}} \tag{2-7}$$

式中，A_e 为待测毫米波雷达模组的角度误差；A_i 为目标至待测毫米波雷达模组的角度；A_i^* 为待测毫米波雷达模组的探测角度值。

（6）速度灵敏度测试方法　速度灵敏度是指单目标的速度变化时，毫米波雷达模组可探测的最小绝对变化速度值。

在待测毫米波雷达模组法线方向放置一个目标，确保目标距离在待测毫米波雷达模组测距范围内，如图 2-24 所示。

图 2-24　速度灵敏度测试场景

待测毫米波雷达模组对准目标中心，改变目标速度，目标速度始终在待测毫米波雷达模组速度范围内，速度每次改变 1m/s，待测毫米波雷达模组每次探测速度值为 S_i，一共测 10 次，待测毫米波雷达模组的速度灵敏度为

$$V_s=\sqrt{\frac{\sum_{i=1}^{9}(\Delta S_i-\Delta s_i)^2}{9}} \tag{2-8}$$

式中，V_s 为待测毫米波雷达模组的速度灵敏度；$\Delta S_i=S_{i+1}-S_1$ 为第 i 次探测速度差；Δs_i 为目标改变速度差。

（7）速度误差测试方法　速度误差是指毫米波雷达模组测量目标时，目标速度的测量值与其真值之差的统计值，通常用均方根值表示。

在待测毫米波雷达模组法线方向放置一个目标，确保目标距离在待测毫米波雷达模组测距范围内。待测毫米波雷达模组对准目标中心，选取 10 个点作为目标速度，10 个点逐一测速。选取点与待测毫米波雷达模组间的速度分别为 $S_1=0.03V_{max}$、$S_2=0.07V_{max}$、$S_3=0.30V_{max}$、$S_4=0.70V_{max}$、$S_5=V_{max}$、$S_6=0.03V_{min}$、$S_7=0.07V_{min}$、$S_8=0.30V_{min}$、$S_9=0.70V_{min}$、$S_{10}=V_{min}$。V_{max} 和 V_{min} 分别为待测毫米波雷达的最大速度和最小速度（m/s）。

待测毫米波雷达模组速度误差为

$$V_e=\sqrt{\frac{\sum_{i=1}^{10}(V_i-V_i^*)^2}{10}} \tag{2-9}$$

式中，V_e 为待测毫米波雷达模组的速度误差；V_i 为目标速度；V_i^* 为待测毫米波雷达模组的探测速度值。

5. 探测速度范围的测试

速度范围是指毫米波雷达模组能够有效识别目标的速度范围。

（1）测试要求　探测速度范围测试要求与视场角的测试要求一致。

（2）测试方法　目标固定于待测毫米波雷达模组法线方向并且位于待测毫米波雷达模组视场角内，待测毫米波雷达模组对准目标中心，目标速度从零逐渐增大，每隔 1m/s 探测一次，直至确定毫米波雷达模组确定待测毫米波雷达模组的最大速度并记录；目标速度从零逐渐减小，每隔 1m/s 探测一次，直至确定毫米波雷达模组确定待测毫米波雷达模组的最小速度并记录；最终记录的最小速度到最大速度即待测毫米波雷达模组探测速度范围。

6. 识别率、误检率和漏检率的测试

（1）测试要求　目标位于待测毫米波雷达模组视场角内，目标速度在待测毫米波雷达模组探测速度范围内，待测毫米波雷达模组对准目标中心，按技术文件规定的工作频率和连续工作时间进行探测目标测试，待测毫米波雷达模组应有效探测 200 次，记录探测结果，除外部原因造成的异常探测结果不计入有效探测次数外，其他情况出现的异常探测结果，均计为有效探测结果次数。当探测数据超出规定误差范围时，判该次为误检；当无探测数据时，判该次为漏检。

（2）识别率　识别率是指毫米波雷达模组正确识别目标信息的程度；毫米波雷达模组有效识别报文与总报文数量的比值，通常用百分数表示。

识别率计算公式为

$$P_i=\frac{N_i}{200}\times100\% \tag{2-10}$$

式中，P_i 为识别率；N_i 为待测毫米波雷达模组的正确识别次数。

（3）误检率　误检率是指毫米波雷达模组将目标识别为一个错误目标的比例；毫米波雷达模组的错误识别报文与总报文数量的比值，通常用百分数表示。

误检率计算公式为

$$P_e=\frac{N_e}{200}\times100\% \tag{2-11}$$

式中，P_e 为误检率；N_e 为待测毫米波雷达模组的误检次数。

（4）漏检率　漏检率是指毫米波雷达模组未能识别目标报文的比例；毫米波雷达模组无目标识别结果的报文与总报文数量的比值，通常用百分数表示。

漏检率计算公式为

$$P_m = \frac{N_m}{200} \times 100\% \tag{2-12}$$

式中，P_m 为漏检率；N_m 为待测毫米波雷达模组的漏检次数。

7. 峰值功率的测试

（1）测试环境　本项测试在暗室中进行，如图 2-25 所示。暗室的一端为频谱仪或信号采集设备，另一端为待测毫米波雷达模组，下面的转台可以控制毫米波雷达模组的水平方向角和竖直俯仰角，以调整发射天线的角度。

图 2-25　发射测试暗室

在发射性能测试中，测试天线用于接收待测毫米波雷达模组的发射信号，连接到频谱仪或信号采集设备。当测试场地用于测量接收机特性时，测试天线作为发射天线，发射无线电装置。测试天线应该安装在一个允许天线水平或垂直极化的装置上，在消声暗室中应该允许其中心离地面的高度在指定的范围内可变，通常是 1~4m。测试天线使用波导喇叭。喇叭天线的增益一般用各向同性辐射体来表示。

待测毫米波雷达模组发射模块的辐射不能超过规定的水平。

（2）测试设备　本项测试使用频谱仪进行，频谱仪的设置应根据毫米波雷达模组发射信号的描述进行选择。

频谱仪的具体参数要求如下：

1）开始频率：低于毫米波雷达模组的最低工作频率。

2）停止频率：高于毫米波雷达模组的最高工作频率。

3）分辨率带宽：1MHz。

4）视频带宽：VBW（显示带宽）≥RBW（分析带宽）。

5）检测器模式：Peak（峰值）。

6）显示模式：Maxhold（保持最大值）。

7）平均时间：大于一个待测毫米波雷达模组周期时间。

8）扫描时间：平均时间×扫描点的数量。

（3）测试方法　在信号的全带宽范围内，首先用峰值和平均测量模式观察信号，以确认最大功率的位置。参考频谱仪的具体参数设置频谱仪参数，频谱仪扫描完成后，选择 Mark，移动标记点至峰值位置，记录峰值功率。

8. 平均功率的测试

（1）测试环境　本项测试环境与峰值功率测试环境相同。

（2）测试设备　本项测试使用频谱仪进行，频谱仪的设置应根据待测毫米波雷达模组发射信号的描述进行选择。

频谱仪的具体参数要求如下：

1）开始频率：低于毫米波雷达模组的最低工作频率。

2）停止频率：高于毫米波雷达模组的最高工作频率。

3）分辨率带宽：1MHz。

4）视频带宽：VBW≥3MHz。

5）检测器模式：RMS（均方根值水平）。

6）显示模式：Clear Write（将当前选定的测量曲线激活，消除仪表内部显示缓存器内容）。

7）平均时间：大于一个待测毫米波雷达模组周期时间。

8）扫描时间：平均时间×扫描点的数量。

（3）测试方法　参考设置频谱仪参数，频谱仪扫描完成后，使用频谱仪的 Channel Power 函数进行平均功率的计算，得到平均功率并记录。

9. 发射信号带宽的测试

（1）测试环境　本项测试环境与峰值功率测试环境相同。

（2）测试设备　本项测试使用频谱仪进行，频谱仪的设置应根据待测毫米波雷达模组发射信号的描述进行选择。

频谱仪的具体参数要求如下：

1）开始频率：低于毫米波雷达模组的最低工作频率。

2）停止频率：高于毫米波雷达模组的最高工作频率。

3）分辨率带宽：1MHz。

4）视频带宽：VBW≥3MHz。

5）检测器模式：RMS。

6）显示模式：Maxhold。

7）平均时间：每个扫描点大于1ms。

（3）测试方法　参考频谱仪的具体参数设置频谱仪参数，频谱仪扫描完成后，使用99%的OBW（占用带宽）函数确定发射信号带宽，并记录信号的起止频率和发射信号带宽。

10. 带外杂散的测试

带外杂散是指信号泄露至带宽外的功率。

（1）测试环境　本项测试环境与峰值功率测试环境相同。

（2）测试设备　本模块测试设备与平均功率的测试设备相同。

（3）测试方法　参考测试设备设置频谱仪参数，频谱仪扫描完成后，选择 Mark，移动标记点至带宽外两边功率峰值位置，分别记录左右两边带外杂散。

11. 线性调频测试

（1）测试环境　本项测试环境与峰值功率测试环境相同。

（2）测试设备　本项测试使用宽带信号采集设备进行，信号采集设备应满足以下要求：

1）最低频率：低于毫米波雷达模组的最低工作频率。

2）最高频率：高于毫米波雷达模组的最高工作频率。

3）分析带宽：≥1G。

（3）测试方法　参考测试设备设置信号采集设备参数，信号采集设备扫描完成后，进行数字信号处理，测量其调频线性度、最大频偏、平均频偏等指标。

12. 发射天线水平方向图测试

（1）测试环境 本项测试环境与峰值功率测试环境相同。

（2）测试设备 本项测试设备与平均功率的测试设备相同。

（3）测试方法 发射天线水平角度范围为-90°~90°，竖直角度为0°，不断改变天线角度，在极坐标图上记录下每个角度时天线的发射功率，将每个角度的发射功率连成一条闭合曲线，该曲线为毫米波雷达模组的天线水平方向图。

13. 发射天线垂直方向图测试

（1）测试环境 本项测试环境与峰值功率测试环境相同。

（2）测试设备 本项测试设备与平均功率的测试设备相同。

（3）测试方法 发射天线竖直角度范围为-10°~10°，水平角度为0°，不断改变天线角度，在极坐标图上记录下每个角度时天线的发射功率，将每个角度的发射功率连成一条闭合曲线，该曲线为毫米波雷达模组的天线垂直方向图。

四、毫米波雷达的应用

智能网联汽车先进驾驶辅助系统应用的毫米波雷达见表2-10。

表2-10 智能网联汽车先进驾驶辅助系统应用的毫米波雷达

毫米波雷达类型		短程雷达（SRR）	中程雷达（MRR）	远程雷达（LRR）
工作频段		24GHz	77GHz	77GHz
探测距离		小于60m	100m左右	大于200m
功能	自适应巡航控制系统		前方	前方
	前向碰撞预警系统		前方	前方
	自动制动辅助系统		前方	前方
	盲区监测系统	侧方	侧方	
	自动泊车辅助系统	前方、后方	侧方	
	变道辅助系统	后方	后方	
	后向碰撞预警系统	后方	后方	
	行人检测系统	前方	前方	
	驻车开门辅助系统	侧方		

为了满足不同距离范围的探测需要，一辆汽车上会安装多个近程、中程和远程毫米波雷达。其中，24GHz毫米波雷达主要实现短程的探测，77GHz毫米波雷达主要实现中程和远程的探测。不同的毫米波雷达在车辆前方、侧方和后方发挥不同的作用。

由于毫米波雷达技术在不断发展，技术参数也在不断变化，本单元列出的毫米波雷达参数仅供参考，最终以企业提供的产品技术参数为准。

单元3 激光雷达技术认知及产品应用

一、激光雷达的组成与原理

激光雷达是激光探测及测距系统的简称，是一种以激光器作为发射光源，采用光电探测技

激光雷达技术认知及产品应用

术手段的主动遥感设备。激光雷达是工作在光波频段的雷达，它利用光波频段的电磁波先向目标发射探测信号，然后将其接收到的同波信号与发射信号相比较，从而获得目标的位置（距离、方位和高度）和运动状态（速度、姿态）等信息，实现对目标的探测、跟踪和识别。

1. 激光雷达的组成

激光雷达主要由发射系统、接收系统以及信号处理与控制系统组成，如图 2-26 所示。激光雷达的硬件核心是激光器和探测器，软件的核心是信号的处理算法。不同类型的激光雷达，其组成是有一定差异的。

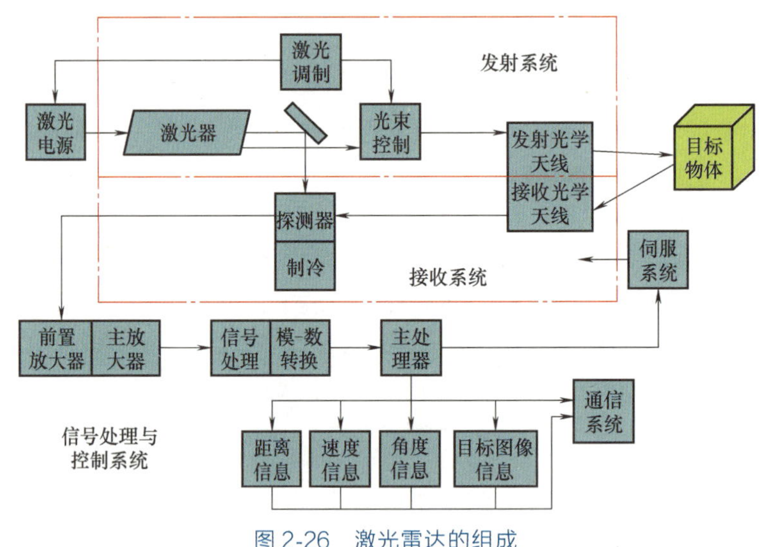

图 2-26　激光雷达的组成

激光雷达具有以下优点：

（1）探测范围广　激光雷达探测距离可达 300m 以上。

（2）分辨率高　激光雷达可以获得极高的距离、速度和角度分辨率。通常，激光雷达的距离分辨率可达 0.1m；速度分辨率能达到 10m/s 以内；角度分辨率不低于 0.1mrad，也就是说，可以分辨 3km 距离内相距 0.3m 的两个目标，并可同时跟踪多个目标。

（3）信息量丰富　激光雷达可直接获取探测目标的距离、角度、反射强度和速度等信息，生成目标多维度图像。

（4）可全天候工作　激光雷达激光主动探测，不依赖于外界光照条件或目标本身的辐射特性，它只需发射自己的激光束，通过探测发射激光束的回波信号来获取目标信息。

激光雷达具有以下缺点：

1）与毫米波雷达相比，产品体积大，成本高。

2）不易识别交通标志和交通信号灯。

2. 激光雷达的原理

激光雷达的测距原理是通过测算激光发射信号与激光回波信号的往返时间，从而计算出目标的距离。首先，激光雷达发出激光束，激光束碰到障碍物后被反射回来，被激光接收系统进行接收和处理，从而得知激光从发射至被反射回来并接收之间的时间，即激光的飞行时间，根据飞行时间，可以计算出障碍物的距离。

根据所发射激光信号的不同形式，激光测距方法有脉冲测距法、干涉测距法和相位测距法等。

（1）脉冲测距法　用脉冲测距法测量距离时，首先激光器发出一个光脉冲，同时设定的计数器开始计数，当接收系统接收到经过障碍物反射回来的光脉冲时停止计数。计数器所记录的时间就是光脉冲从发射到接收所用的时间。光速是一个固定值，所以只要得到发射到接收所用的时间就可以算出所要测量的距离，如图 2-27 所示。

设 c 为光在空气中传播的速度，$c=3\times10^{8}$ m/s，光脉冲从发射到接收的时间为 t，则待测距离为 $L=ct/2$。

脉冲式激光测距所测得距离比较远，发射功率较高，一般从几瓦到几十瓦不等，最大射程可达几十千米。脉冲激光测距的关键之一是对激光飞行时间的精确测量。激光脉冲测量的精度和分辨率与发射信号带宽或处理后的脉冲宽度有关，脉冲越窄，性能越好。

（2）干涉测距法　干涉测距法的基本原理是利用光波的干涉特性而实现距离测量的方法。根据干涉原理，产生干涉现象的条件是两列有相同频率、相同振动方向的光相互叠加，并且这两列光的相位差固定。

干涉法激光的测距原理如图 2-28 所示，激光器发射出一束激光，通过分光镜分为两束相干光波，两束光波各自经过反射镜 M1 和 M2 反射回来，在分光镜处又汇合到一起。由于两束光波的路程差不同，通过干涉后形成的明暗条纹也不同，所以传感器将干涉条纹转换为电信号之后，就可以实现测距。

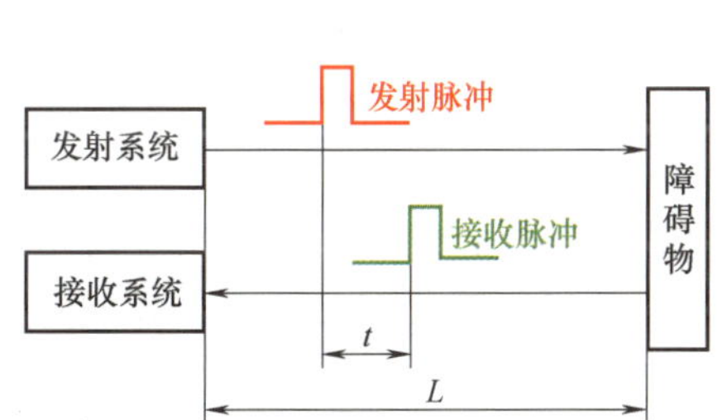

图 2-27　脉冲测距法激光测距的原理

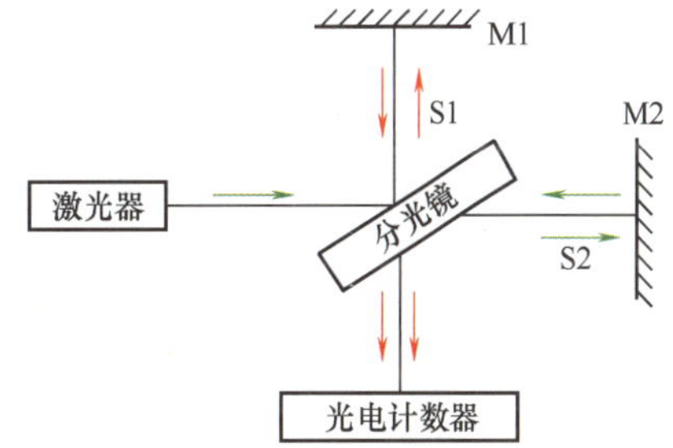

图 2-28　干涉测距法的激光测距原理

干涉法测距技术虽然已经很成熟，并且测量精度也很好，但是它一般是用在测量距离的变化中，不能直接用它测量距离，所以干涉测距一般应用于干涉仪、测振仪和陀螺仪中。

（3）相位测距法　相位测距法的激光测距原理是利用发射波和返回波之间所形成的相位差来测量距离的。首先，经过调制的频率通过发射系统发出一个正弦波的光束，然后，通过接收系统接收经过障碍物之后反射回来的激光。只要求出这两束光波之间的相位差，便可通过此相位差计算出待测距离。相位测距法激光的测距原理如图 2-29 所示。

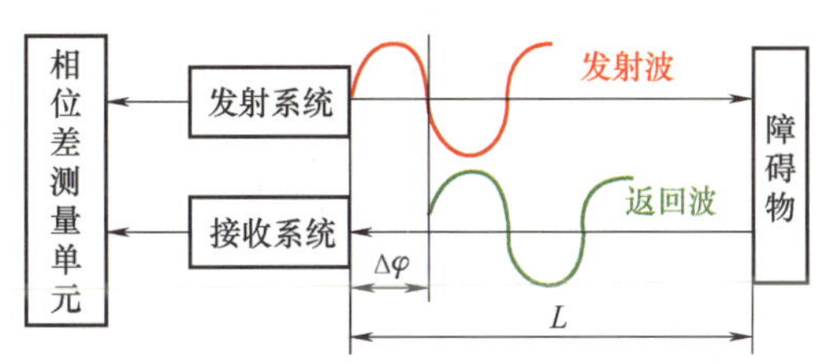

图 2-29　相位测距法的激光测距原理

激光从发射到接收的时间为

$$t=\frac{\Delta\varphi}{\omega}=\frac{\Delta\varphi}{2\pi f} \tag{2-13}$$

式中，t 为激光从发射到接收的时间；$\Delta\varphi$ 为发射波和返回波之间的相位差；ω 为正弦波角频率；f 为正弦波频率。

待测距离为

$$L=\frac{1}{2}ct=\frac{c\Delta\varphi}{4\pi f} \tag{2-14}$$

相位测距法由于其具有精度高、体积小、结构简单、昼夜可用的优点，被公认为是最有发展潜力的距离测量技术。相比于其他类型的测距方法，相位测距法是朝着小型化、高稳定性、方便与其他仪器集成的方向发展。

二、激光雷达的类型

激光雷达按有无机械旋转部件，可分为机械激光雷达、固态激光雷达和混合固态激光雷达。

1. 机械激光雷达

机械激光雷达带有控制激光发射角度的旋转部件，体积较大，价格昂贵，测量精度相对较高，一般置于汽车顶部。

图 2-30 所示为激光雷达厂商威力登（Velodyne）的 HDL-64E 机械激光雷达，它采用 64 线束激光规格，性能出众，能够描绘出周围空间的 3D 形态，精度极高，甚至能够探测出百米内人类的细微动作。

2. 固态激光雷达

固态激光雷达则依靠电子部件来控制激光发射角度，无须机械旋转部件，所以尺寸较小，可安装于车体内。

图 2-31 所示为国内某公司生产的固态激光雷达，最大探测距离为 150m，水平视场角为 -60°~60°，垂直视场角为 -12.5°~12.5°，视场角分辨率为 0.2°，尺寸为 120mm×110mm×50mm，质量为 0.8kg，可用于障碍物检测、障碍物识别分类、动态目标跟踪和可行驶区域检测。

图 2-30　机械激光雷达

图 2-31　固态激光雷达

为了降低激光雷达的成本，也为了提高可靠性，满足车规的要求，激光雷达的发展方向是从机械激光雷达转向固态激光雷达。

3. 混合固态激光雷达

混合固态激光雷达没有大体积旋转结构，采用固定激光光源，通过内部玻璃片旋转的方式改变激光光束方向，实现多角度检测的需要，并且采用嵌入式安装。

图 2-32 所示为国内某公司生产的 40 线混合固态激光雷达。

根据线束数量的多少，激光雷达又可分为单线束激光雷达与多线束激光雷达。

单线束激光雷达扫描一次只产生一条扫描线，其所获得的数据为 2D 数据，因此无法区别有关目标物体的 3D 信息。不过，由于单线束激光雷达具有测量速度快、数据处理量少等特点，多被应用于安全防护、地形测绘等领域。单线束激光雷达成本低，只能测量距离。

图 2-32　混合固态激光雷达

多线束激光雷达扫描一次可产生多条扫描线，目前市场上多线束激光雷达产品包括 4 线束、8 线束、16 线束、32 线束、64 线束等，其细分可分为 2.5D 激光雷达及 3D 激光雷达。2.5D 激光雷达与 3D 激光雷达最大的区别在于激光雷达垂直视野的范围，前者垂直视野范围一般不超过 10°，而后者垂直视野范围可达到 30°甚至 40°以上，这也就导致两者对于激光雷达在汽车上的安装位置要求有所不同。

三、激光雷达的技术参数

激光雷达的技术参数主要有最大探测距离、距离分辨率、测距精度、测量帧频、数据采样率、视场角、角度分辨率、波长等。

1. 最大探测距离

激光雷达的最大探测距离一般受限于发射功率和接收机的灵敏度，同时也受目标物体表面反射率、物体形状和环境光干扰等影响。目标的反射率越高，最大探测距离越远；目标的反射率越低，最大探测距离越近。因此，最大探测距离通常需要标注基于某一个反射率下的测得值，例如，200m@ 10%反射率代表激光雷达发射光束到 200m 的距离可以看清最低 10%光线反射率的物体。蔚来 ET7 搭载的图达通猎鹰激光雷达，其波长为 1550nm，在 10%反射率下的探测距离为 250m，最远探测距离可达 500m。

2. 距离分辨率

距离分辨率是指激光雷达可区分两个目标物体的最小距离。激光雷达的距离分辨率可达 0.1m。

3. 测距精度

测距精度是指对同一目标进行重复测量得到的距离值之间的误差范围。目标距激光雷达越远，测距精度越低。

4. 测量帧频

测量帧频（帧率）是指激光雷达 1s 扫描多少次，它与摄像头的帧频概念相同，激光雷达成像刷新帧频会影响激光雷达的响应速度，刷新率越高，响应速度越快，系统实时性更高。

5. 数据采样率

数据采样率是指每秒输出的数据点数，等于帧率乘以单幅图像的点云数目，通常，数据采样率会影响成像的分辨率，特别是对远距离采样，点云越密集，目标呈现就越精细。

例如，128 线机械式激光雷达的水平视场角为 360°，帧率为 10Hz，水平角分辨率为 0.2°，旋转一周会产生 360/0.2=1800 个点，激光雷达的出点数为 128 线×1800 个点×10Hz=2304000 点/s。

6. 视场角

视场角即有效扫描角度，在该角度范围内目标物体可被检测到，它分为水平视场角和垂直视场角。

水平视场角是水平面上所侦测的范围，以 64 线激光雷达为例，单纯的 64 线激光雷达的范围是远远不够的，但如果增加线束的范围又会大大增加成本，安装电动机的机械式激光雷达可以配合旋转的动作形成 360°水平视场角，而固态激光雷达只能看到正前方某些度数（如 60°~120°）。

垂直视场角是指激光雷达垂直方向的检测角度，一般在 40°以内，光束也不是垂直均匀分布的，而是中间密两边稀疏；激光光束会尽量向下偏置一定的角度，以扫描到更多的障碍物，在一定程度上弥补近处盲区。

7. 角度分辨率

角度分辨率是指扫描角度的分辨率，等于视场角除以该方向所采集的点云数目，因此，本参数与数据采样率直接相关。

角度分辨率表示两个相邻测距点的角度，它也分为水平角分辨率和垂直角分辨率。水平角分辨率和垂直角分辨率分别表示水平面上点的夹角和垂直面上点的夹角。角度分辨率的大小决定了一次扫描能返回的样本点数以及该激光雷达所能检测的最小障碍物大小，例如，两个激光光束相邻测距点的角度为 0.4°，则当探测距离为 200m 时，两个激光光束之间的距离为 200m×tan0.4≈1.4m，即在 200m 处，激光雷达只能检测到 1.4m 的障碍物。

8. 波长

激光雷达所采用的激光波长会影响雷达的环境适应性和对人眼的安全性。目前，激光雷达厂商主要使用波长为 905nm 和 1550nm 的激光发射器，波长为 1550nm 的光线不容易在人眼液体中传输，这意味着采用波长为 1550nm 激光的激光雷达的功率可以相当高，而不会造成视网膜损伤。更高的功率，意味着更远的探测距离；更长的波长，意味着更容易穿透粉尘雾霾。但受制于成本原因，生产波长为 1550nm 的激光雷达，要求使用昂贵的砷化镓材料。厂商更多选择使用硅材料制造接近于可见光波长的 905nm 的激光雷达，并严格限制发射器的功率，避免造成眼睛的永久性损伤。

四、激光雷达的应用

少线束激光雷达和多线束激光雷达的用途不一样。

少线束激光雷达主要用于智能网联汽车先进驾驶辅助系统，奥迪 A8L 安装的 4 线束激光雷达如图 2-33 所示，可实现自适应巡航控制系统、车道偏离预警系统、自动紧急制动系统、交通拥堵辅助系统等。

智能网联汽车分为 L1~L5 级，其中，L4 级和 L5 级的智能网联汽车必须使用多线束激

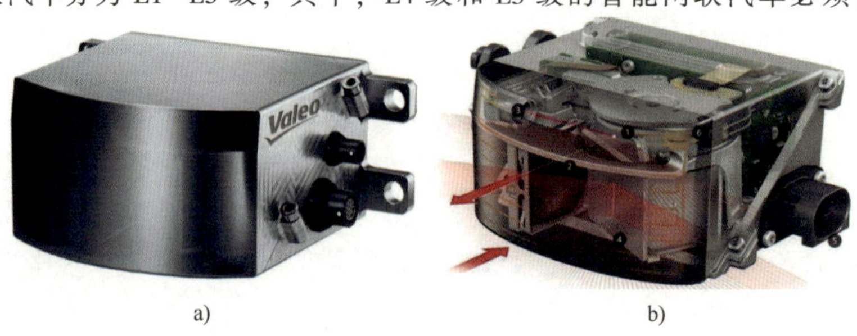

a)　　　b)

图 2-33　奥迪 A8L 安装的 4 线束激光雷达

a）激光雷达外形　b）激光雷达内部

光雷达，360°发射激光，从而达到360°扫描，获取车辆周围行驶区域的三维点云，通过比较连续感知的点云、物体的差异检测其运动，由此创建一定范围内的3D地图，如图2-34所示。

智能网联汽车的精准定位和路径跟踪必须依靠激光雷达和高精度地图等，如图2-35所示。

图2-34　激光雷达获取车辆周围的3D地图

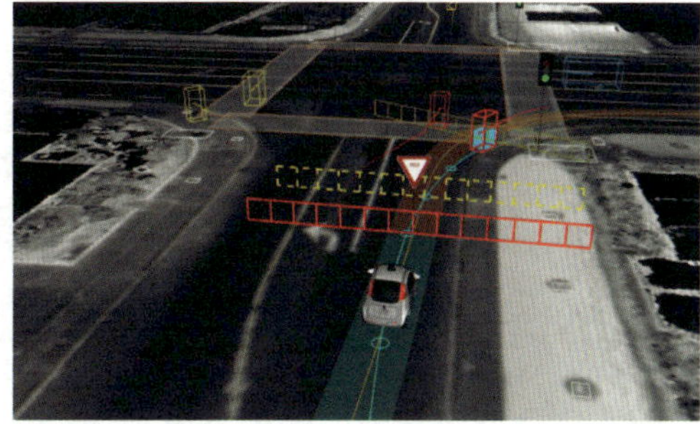

图2-35　利用激光雷达进行精准定位和路径跟踪

由于激光雷达技术在不断发展，技术参数也在不断变化，本节列出的激光雷达参数仅供参考，最终以企业提供的产品技术参数为准。

单元4　视觉传感器技术认知及产品应用

一、视觉传感器的组成与原理

视觉传感器是指通过对摄像头拍摄到的图像进行图像处理，对目标进行检测，并输出数据和判断结果的传感器。

视觉传感器技术认知及产品应用

1. 视觉传感器的组成

视觉传感器主要由光源、镜头、图像传感器、模-数转换器、图像处理器和图像存储器等组成，如图2-36所示，其主要功能是获取视觉传感器要处理的最原始图像。

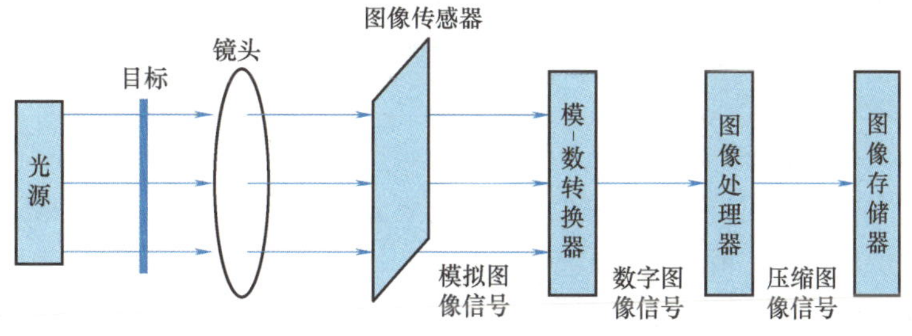

图2-36　视觉传感器的组成

视觉传感器具有以下特点：

1）视觉图像的信息量极为丰富，尤其是彩色图像，不仅包含有视野内目标的距离信息，而且还有该目标的颜色、纹理、深度和形状等信息。

2）在视野范围内可同时实现车道线检测、车辆检测、行人检测、交通标志检测、交通信号灯检测等，信息获取量大。当多辆智能网联汽车同时工作时，不会出现相互干扰的现象。

3）视觉 SLAM，通过摄像头可以实现同时定位和建图。

4）视觉信息获取的是实时的场景图像，提供的信息不依赖于先验知识，有较强适应环境的能力。

5）视觉传感器与机器学习、深度学习等人工智能相融合，可以获得更佳的检测效果，必将扩大视觉传感器在智能网联汽车和智能网联汽车上的应用范围。

车载摄像头的发展趋势是探测距离越来越远，摄像头必须与深度学习相结合，识别能力越来越强。在未来几年，单目摄像头最大测距可达到 200~300m，像素在 200 万~800 万范围内，性能与远程毫米波雷达差距大幅缩小，同时具备成本和图像识别等方面的优势。

2. 视觉传感器的原理

视觉传感器是一种能够捕捉并解析图像信息的设备，其原理主要基于光学成像和图像处理技术。它模拟了人眼的视觉功能，通过对光信号的感知和处理，实现对外部环境的感知和识别。

视觉传感器的工作过程可以分为采集、处理和传输三个主要步骤。这三个步骤紧密相连，共同构成了视觉传感器从外界环境中获取并处理图像信息的完整流程。

（1）采集　采集是视觉传感器的第一步工作。在采集阶段，视觉传感器利用光学系统，如镜头和滤光片等，将外界的光线聚焦在图像传感器的感光面上。图像传感器通常采用 CCD（电耦合器件）或 CMOS（互补金属氧化物半导体）等感光元件，它们能够将接收到的光信号转换为电信号。这个过程中，图像传感器上的每个像素点都会根据光线的强弱和颜色信息产生相应的电信号，从而形成一幅原始的图像数据。

（2）处理　在采集到原始图像数据后，视觉传感器会将其送入处理单元进行进一步的处理和分析。处理单元通常包括硬件和软件的结合，负责执行图像增强、滤波、特征提取等任务。这些操作旨在提高图像的质量和清晰度，消除噪声和干扰，并提取出图像中的关键特征信息。例如，处理单元可以通过边缘检测算法识别出物体的轮廓，通过颜色分析算法识别出物体的颜色等。这些处理结果将为后续的决策和控制提供重要的依据。

（3）传输　经过处理后的图像信息需要通过通信接口或总线传输给其他系统或控制器。传输过程需要满足实时性和准确性的要求，以确保其他系统能够及时获取并利用这些信息。在传输过程中，视觉传感器通常会将处理后的图像数据编码为特定的格式或协议，以便于其他系统的解析和识别。这样，其他系统就可以根据接收到的图像信息执行相应的决策和控制操作，如目标跟踪、路径规划等。

二、视觉传感器的类型

根据镜头和布置方式的不同，视觉传感器主要分为单目摄像头、双目摄像头、三目摄像头、环视摄像头。

1. 单目摄像头

单目摄像头如图 2-37 所示，其一般安装在前风窗玻璃上部，用于探测车辆前方环境，识别道路、车辆、行人等。先通过图像匹配进行目标识别（各种车型、行人、物体等），再通过目标在图像中的大小估算目标距离。

图 2-37　单目摄像头

单目摄像头的算法思路是先识别后测距，首先通过图像匹配进行识别，然后根据图像大小和高度进一步估算障碍物与本车时间。在识别和估算阶段，都需要和建立的样本库进行比较。想要识别各种车辆，就要建立车型数据库。

单目摄像头的优点是成本低廉，能够识别具体障碍物的种类，算法成熟度高，识别准确。

单目摄像头的缺点是它的视野完全取决于镜头，焦距短的镜头，视野广，但缺失远处的信息；单目测距的精度较低；无法识别没有明显轮廓的障碍物；工作准确率与外部光线条件有关，并且受限于数据库，缺乏自学习功能。

视觉传感器的成像图是透视图，即越远的物体成像越小。近处的物体，需要用几百甚至上千个像素点描述；而处于远处的同一物体，可能只需要几个像素点即可描述出来。这种特性会导致越远的地方，一个像素点代表的距离越大，因此，对单目摄像头，物体越远，测距的精度越低。

2. 双目摄像头

图 2-38 所示为博世公司生产的双目摄像头，两个摄像头之间的距离为 12cm，像素数为 1080×960，水平视场角为 45°，垂直视场角为 25°，最大探测距离为 50m，不仅可以用于自动制动系统，也可以用于车道偏离预警系统和交通标志识别系统等。

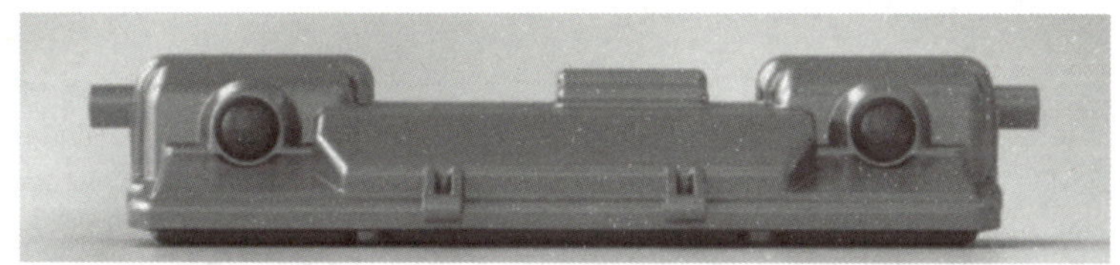

图 2-38 双目摄像头

双目摄像头的算法思路是先测距后识别，首先利用视差直接测量目标与本车的距离，然后在识别阶段，双目仍然要利用单目一样的特征提取和深度学习等算法，进一步识别目标是什么。

双目摄像头是通过对两幅图像视差的计算，直接对前方目标（图像所能拍摄到的范围）进行距离测量，而无须判断前方出现的是什么类型的目标。依靠两个平行布置的摄像头产生的视差，找到同一个目标所有的点，依赖精确的三角测距，就能够算出摄像头与前方目标的距离，实现更高的识别精度和更远的探测范围。

根据双目测距原理应用在图像上每一个像素点时，即可得到图像的深度信息。深度信息的加入，不仅能便于障碍物的分类，更能提高高精度地图定位匹配的精度。

双目摄像头需要两个摄像头有较高的同步率和采样率，因此，技术难点在于双目标定及双目定位。相比单目摄像头，双目摄像头没有识别率的限制，无须先识别，可直接进行测量；直接利用视差计算距离，精度更高；无须维护样本数据库。

3. 三目摄像头

三目摄像头如图 2-39 所示，它实质上是三个不同焦距单目摄像头的组合。三目摄像头感知范围更大，但需要同时标定三个摄像头，工作量大。

图 2-39 三目摄像头

特斯拉电动汽车配备了六个摄像头，车辆后面一个倒车摄像头，车辆前面一个三目摄像头，车辆两侧各有两个摄像头，分别是侧前视和侧后视。

三目摄像头的感知范围由远及近，分别为前视窄视野摄像头，最远感知 250m；前视主视野摄像头，最远感知 150m；前视宽视野摄像头，最远感知 60m。

由于三目摄像头每个摄像头的视野不同，因此近处的测距交给宽视野摄像头，中距离的测距交给主视野摄像头，更远的测距交给窄视野摄像头。这样一来每个摄像头都能发挥其最大优势。

三目摄像头的缺点是需要同时标定三个摄像头，因而工作量更大一些；软件部分需要关联三个摄像头的数据，对算法要求也很高。

单目摄像头、双目摄像头和三目摄像头主要用于前视摄像头。

4. 环视摄像头

环视摄像头一般至少包括四个鱼眼摄像头，而且安装位置是朝向地面的，能够实现 360°环境感知。

环视摄像头的感知范围并不大，主要用于车身 5～10m 内的障碍物检测、自主泊车时的库位线识别等。鱼眼摄像头为了获取足够大的视野，代价是图像的畸变严重。

图 2-40 所示为鱼眼摄像头拍摄的画面。

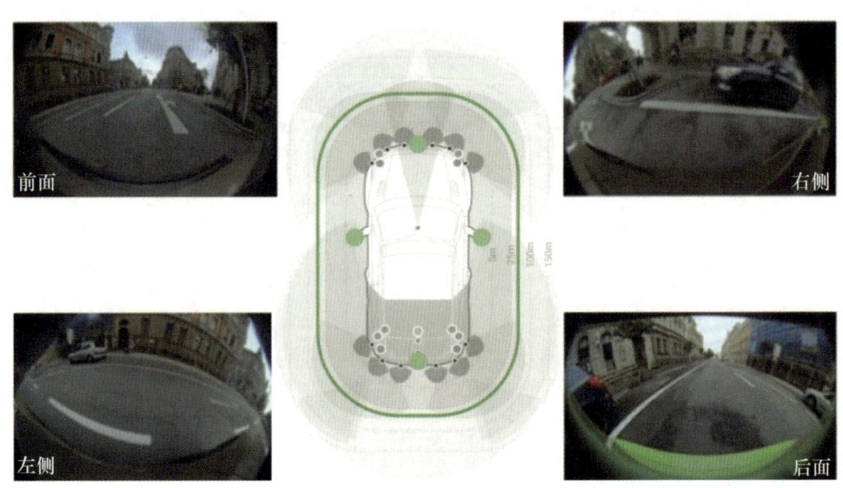

图 2-40　鱼眼摄像头拍摄的画面

摄像头有红外摄像头和普通摄像头，红外摄像头既适合白天工作，也适合夜晚工作；普通摄像头只适合白天工作，不适合夜晚工作。目前，车辆使用的主要是红外摄像头。

三、视觉传感器的技术参数

视觉传感器的技术参数有图像传感器的技术参数、摄像头的内部参数和摄像头的外部参数。

1. 图像传感器的技术参数

图像传感器的技术参数主要有像素、帧率、靶面尺寸、感光度和信噪比等。

（1）像素　像素是图像传感器的感光最小单位，即构成影像的最小单位。一帧影像画面由许多密集的亮暗、色彩不同的点所组成，这些小点称为像素。像素的多少是由 CCD/CMOS 上的光敏元件数目所决定的，一个光敏元件对应一个像素。因此，像素越大，意味着光敏元件越多，相应的成本就越高。像素用两个数字来表示，如 720×480，720 表示在图像长度方向上所含的像素点数，480 表示在图像宽度方向上所含的像素点数，两者的乘积就是该摄像头的像素数。

（2）帧率　帧率代表单位时间所记录或播放的图片的数量，连续播放一系列图片就会产生动画效果，根据人的视觉系统，当图片的播放速度大于 15 幅/s 时，人眼就基本看不出来图片的跳跃；在达到 24~30 幅/s 时就已经基本觉察不到闪烁现象。每秒的帧数或者说帧率表示图像传感器在处理场景时每秒能够更新的次数。高的帧率可以得到更流畅、更逼真的视觉体验。

（3）靶面尺寸　靶面尺寸也就是图像传感器感光部分的大小，一般用 in 来表示，通常指的是图像传感器的对角线长度。例如，常见的有 1/3in，靶面越大，意味着通光量越好，而靶面越小比较容易获得更大的景深；1/2in，可以有比较大的通光量；1/4in，可以比较容易获得较大的景深。

（4）感光度　感光度代表通过 CCD 或 CMOS 以及相关的电子电路感应入射光线的强弱。感光度越高，感光面对光的敏感度就越强，快门速度就越快，在拍摄运动车辆、夜间监控的时候显得尤其重要。

（5）信噪比　信噪比指的是信号电压对于噪声电压的比值，单位为 dB。一般摄像头给出的信噪比值均是自动增益控制（AGC）关闭时的值。因为当 AGC 接通时，会对小信号进行提升，使噪声电平也相应提高。信噪比的典型值为 45~55dB，若为 50dB，则图像有少量噪声，但图像质量良好；若为 60dB，则图像质量优良，不出现噪声，信噪比越大说明对噪声的控制越好。

2. 摄像头的内部参数

摄像头的内部参数是与摄像头自身特性相关的参数，主要有焦距、光学中心、图像尺寸和畸变系数等。

（1）焦距　焦距是指镜头的光学中心到图像传感器的距离，如图 2-41 所示。

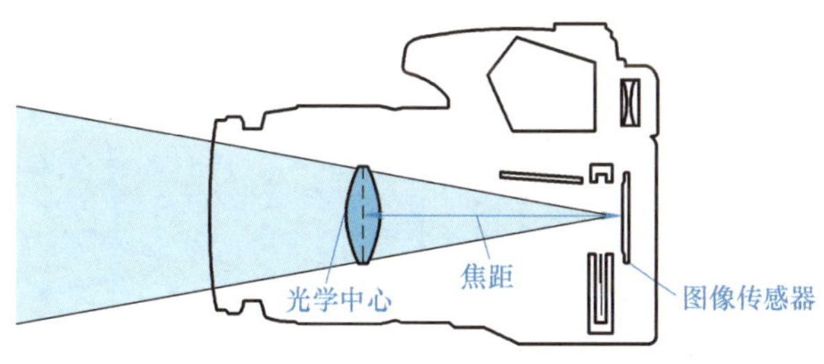

图 2-41　摄像头的焦距

焦距一般用 mm 表示，例如 18~135mm，代表焦距可以从 18~135mm 进行变化，说明该摄像头的焦距是可变的；而 50mm，代表摄像头的焦距只有 50mm，说明该摄像头的焦距是不可变的。

智能网联汽车，通过不同焦距和视角的摄像头，可以获得不同位置的交通标志、交通信号灯和各种道路标志的检测和识别能力。

（2）光学中心　摄像头的镜头是由多个镜片构成的复杂光学系统。光学系统的功能等价于一个薄透镜，实际上薄透镜是不存在的。光学中心是这一等价透镜的中心，如图 2-42

所示。不同结构的镜头，其光学中心位置也不一样，大部分在镜头内的某一位置，但也有在镜头前方或镜头后方的。

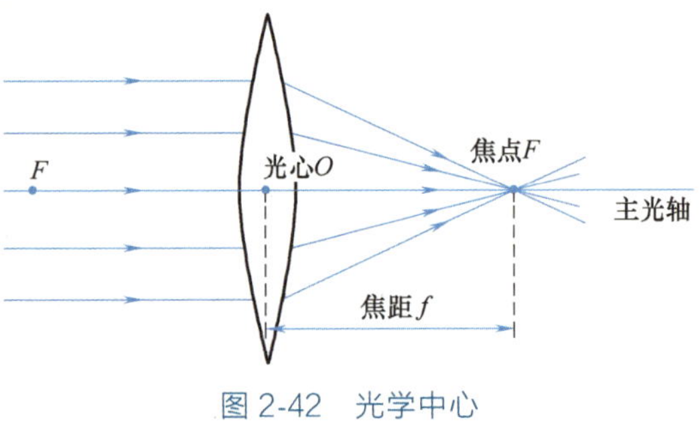

图 2-42　光学中心

(3) 图像尺寸　图像尺寸是指构成图像的长度和宽度，可以用像素为单位，也可以用厘米（cm）为单位。

图像尺寸与分辨率有关。分辨率是指单位长度中所表达或截取的像素数目，即表示每英寸图像内的像素点数，单位是像素/in。图像分辨率越高，像素的点密度越高，图像越清晰。

图像的像素、尺寸和分辨率具有以下关系：

1）像素相同的情况下，图像尺寸小，单位面积内像素点多，分辨率更大，画面看起来更清晰。这也就是为什么同一张图片，尺寸越大，画面越模糊。

2）图像的分辨率越高，画面看起来更清晰。

3）图像的分辨率取决于图像的像素和尺寸，像素高且尺寸小的图片，分辨率大，画面看起来更清晰。

4）图像的像素越高，并不意味着画面更清晰，但是在同等分辨率要求的情况下，能够显示更大尺寸的图片。

如果把 in 单位改为 cm 单位，需要进行换算。72 像素/in = 28.346 像素/cm；300 像素/in = 118.11 像素/cm；1cm = 0.3937in；1in = 2.54cm。

(4) 畸变系数　畸变系数分为径向畸变系数和切向畸变系数。径向畸变发生在摄像头坐标系转向物理坐标系的过程中，切向畸变产生的原因是透镜不完全平行于图像。

径向畸变就是沿着透镜半径方向分布的畸变，产生原因是光线在透镜中心的地方比靠近中心的地方更加弯曲，这种畸变在普通廉价的镜头中表现更加明显，径向畸变主要包括枕形畸变和桶形畸变两种，如图 2-43 所示。

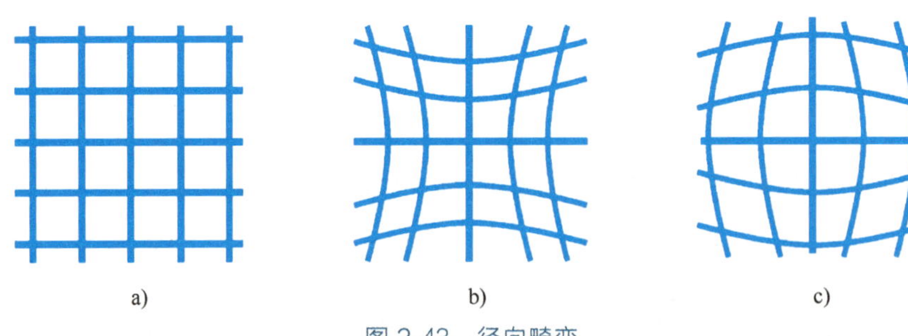

a)　　b)　　c)

图 2-43　径向畸变

a）正常图像　b）枕形畸变　c）桶形畸变

切向畸变产生的图像如图 2-44 所示。

3. 摄像头的外部参数

摄像头的外部参数是指摄像头的安装位置，即摄像头离地高度以及摄像头相对于车辆坐标系的旋转角度。

(1) 离地高度　离地高度是指从地面到摄像头焦点的垂直高度，如图 2-45 所示。

图 2-44 切向畸变产生的图像

（2）旋转角度 摄像头相对于车辆坐标系的旋转角度有俯仰角、偏航角和横滚角。

图 2-45 摄像头离地高度

俯仰运动（Pitch）是指摄像头绕车辆坐标系 Y_V 轴的转动，偏航运动（Yaw）是指摄像头绕车辆坐标系 Z_V 轴的转动，横滚运动（Roll）是指摄像头绕车辆坐标系 X_V 轴的转动，如图 2-46 所示。

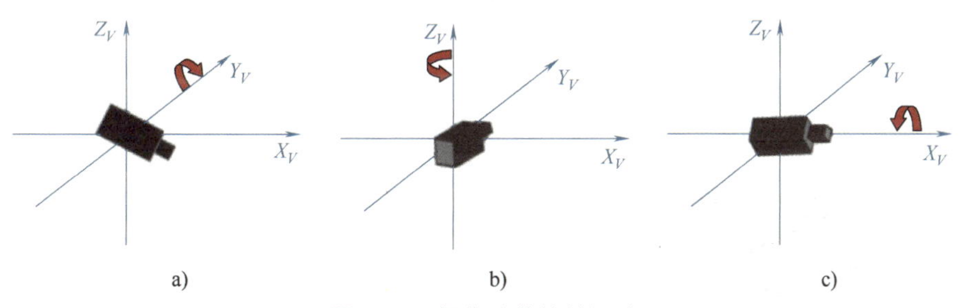

图 2-46 摄像头的旋转运动

a）俯仰运动 b）偏航运动 c）横滚运动

俯仰角是指车辆的水平面与摄像头光轴之间的夹角，偏航角是指车辆的 X_V 轴与摄像头光轴之间的夹角，横滚角是指摄像头绕光轴的转角。

外部参数可以通过棋盘格标定获得，但要注意标准镜头和鱼眼镜头的差别。

四、视觉传感器的应用

视觉传感器在智能网联汽车 ADAS 上的应用见表 2-11。

表 2-11 视觉传感器在智能网联汽车先进驾驶辅助系统上的应用

先进驾驶辅助系统	使用的摄像头	具体功能介绍
车道偏离预警系统	前视	当前视摄像头检测到车辆即将偏离车道线时发出警报
车道保持辅助系统	前视	当前视摄像头检测到车辆即将偏离车道线时通知控制中心发出指示，纠正行驶方向
前向碰撞预警系统	前视	当前视摄像头检测到与前车距离小于安全车距时发出警报
盲区监测系统	侧视	利用侧视摄像头将后视镜盲区的影像显示在后视镜或驾驶室内
行人碰撞预警系统	前视	当前视摄像头检测到车辆前方的行人可能与车辆发生碰撞时发出警报

（续）

先进驾驶辅助系统	使用的摄像头	具体功能介绍
交通标志识别系统	前视、侧视	利用前视、侧视摄像头识别前方和两侧的交通标志
自动泊车辅助系统	后视	利用后视摄像头将车尾影像显示在驾驶室内
全景泊车系统	前视、侧视、后视	利用图像拼接技术将摄像头采集的影像组成周边的全景图
驾驶人疲劳预警系统	内置	利用内置摄像头检测驾驶人是否疲劳、闭眼等
交通信号灯识别系统	前视	利用前视摄像头识别前方的交通信号灯

随着人工智能的机器学习、深度学习等在图像处理算法中的应用，视觉传感器的功能会越来越强，在智能网联汽车上的应用将更加深入。

单元 5　V2X 技术认知与场景应用

V2X 技术认知与场景应用

一、V2X 的定义与分类

1. V2X 的定义

V2X 是指车用无线通信技术，它是将车辆与一切事物相连接的新一代信息通信技术，其中，V 代表车辆，X 代表任何与车辆交互信息的对象，当前，X 主要包含车辆、行人、路侧基础设施和网络。

V2X 交互的信息模式包括车辆与车辆（V2V）、车辆与路侧基础设施（V2I）、车辆与行人（V2P）、车辆与网络（V2N）之间的交互，如图 2-47 所示。

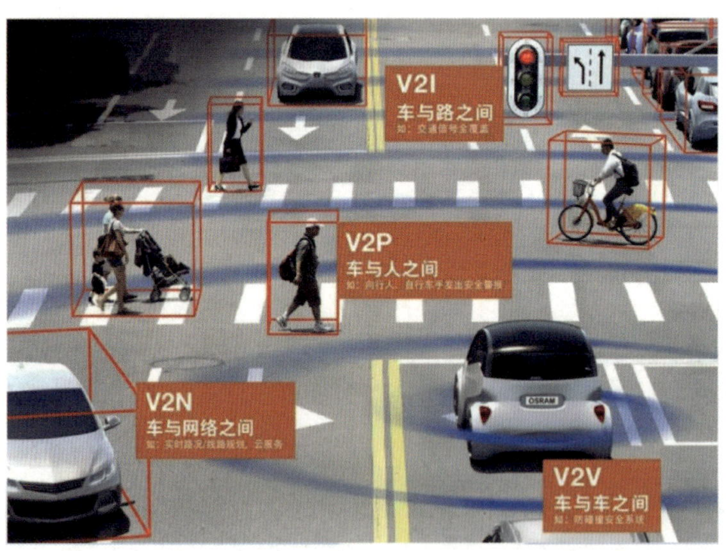

图 2-47　V2X 通信技术

（1）V2V 技术　V2V 通信是指通过车载终端进行车辆间的通信。车载终端可以实时获取周围车辆的车速、位置和行车情况等信息，车辆间也可以构成一个互动的平台，实时交换文字、图片和视频等信息。将 V2V 技术应用于交通安全领域，能够提高交通的安全系数，减少交通事故，降低直接和非直接的经济损失，减少地面交通网络的拥堵；当前面车辆检测到障碍物或车祸等情况时，将向周围发送碰撞警告信息，提醒后面车辆潜在的危险。

（2）V2I 技术　V2I 通信是指车载设备与路侧基础设施（如交通信号灯、交通摄像头、路侧单元等）进行通信，路侧基础设施也可以获取附近区域车辆的信息，并发布各种实时信息。V2I 通信主要应用于道路危险状态提醒、限速提醒、信号灯提醒、滤波同行等。

（3）V2P 技术　V2P 通信是指弱势交通参与者（包括行人、骑行者等）使用用户设备（如手机、穿戴设备等）与车载设备进行通信。V2P 通信主要应用于避免或减少交通事故、信息服务等。

（4）V2N 技术　V2N 通信是指车载设备通过接入网/核心网与云平台连接，云平台与车辆之间进行数据交互，并对获取的数据进行存储和处理，提供车辆所需要的各类应用服务。V2N 通信主要应用于车辆导航、车辆远程监控、紧急救援、信息娱乐服务等。

V2X 将“人、车、路、云”等交通参与要素有机地联系在一起，不仅可以支撑车辆获得比单车感知更多的信息，促进自动驾驶技术创新和应用；还有利于构建一个智慧的交通体系，促进汽车和交通服务的新模式新业态发展，对提高交通效率、节省资源、减少污染、降低事故发生率、改善交通管理具有重要意义。

2. V2X 技术分类

V2X 技术分类如图 2-48 所示。

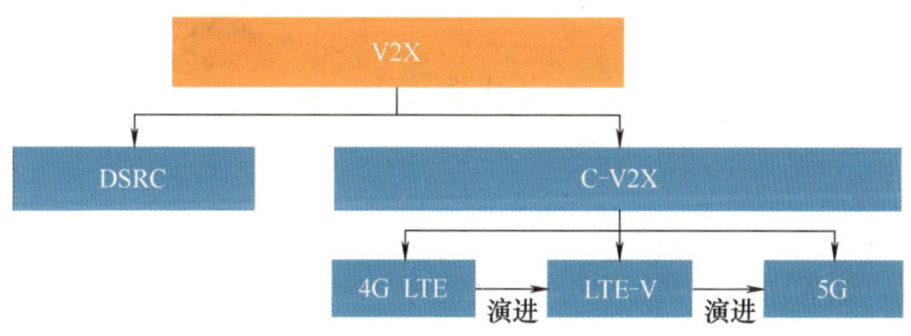

图 2-48　V2X 技术分类

（1）DSRC 技术　专用短程通信（DSRC）技术是一种高效的短程无线通信技术，它可以实现在特定小区域内对高速运动下的移动目标的识别和双向通信，如 V2V、V2I 双向通信，实时传输图像、语音和数据信息，将车辆和道路有机连接。

DSRC 系统主要由车载单元（OBU）、路侧单元（RSU）以及 DSRC 协议三部分组成，如图 2-49 所示。RSU 通过有线光纤的方式连入互联网。蓝车代表 V2V/V2I 类安全业务，绿车代表 Telematics（远程信息处理）广域业务。车辆与车辆之间的信息交换通过 RSU 和 OBU 之间的通信实现，Telematics 业务通过 802. 11p+RUS 回程的方式实现。可以看到 DSRC 技术架构中需要部署大量的 RSU 才能较好地满足业务需要，建设成本较高。

（2）C-V2X　C-V2X 是基于蜂窝的 V2X 通信技术，它是基于 4G/5G 等蜂窝网通信技术演进形成的车用无线通信技术，包含了两种通信接口：一种是车、人、路之间的短距离直接通信接口（PC5）；另一种是终端和基站之间的蜂窝通信接口（Uu），可实现长距离和更大范围的可靠通信，如图 2-50 所示。

C-V2X 是基于 3GPP 全球统一标准的通信技术，包含 LTE-V2X（LTE-V）和 5G-V2X，从技术演进角度讲，LTE-V 支持向 5G-V2X 平滑演进。

LTE-V 可支持 L1～L3 级别的智能网联业务，包含红绿灯车速引导、交通事故提醒、远

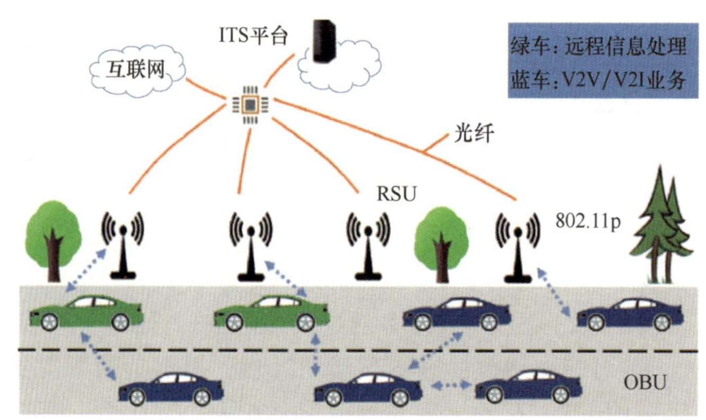

图 2-49　DSRC 系统

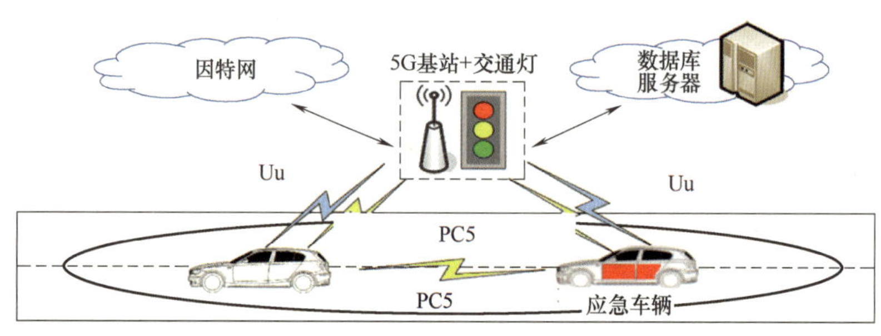

图 2-50　C-V2X 通信技术

程诊断、紧急制动提醒等应用场景。

5G-V2X 相比 LTE-V 将在时延、可靠度、速率、数据包大小等方面有大幅度提高，可支持 L4/L5 级别的自动驾驶业务，包含车辆编队行驶、自动驾驶、远程控制、传感器信息共享等应用场景。

二、LTE-V 通信技术

1. LTE-V 通信技术的定义

LTE-V 是基于 LTE 的智能网联汽车协议，由 3GPP 主导制定规范，主要参与厂商包括华为、大唐电信、LG 等。

LTE 是指长期演进；LTE-V 是指基于 LTE 网络的 V2X 通信技术，是 C-V2X 现阶段的主要解决方案。

LTE-V 按照全球统一规定的体系架构及其通信协议和数据交互标准，在 V2V、V2I 和 V2P 之间组网，构建数据共享交互桥梁，助力实现智能化的动态信息服务、车辆安全驾驶、交通管控等，如图 2-51 所示。

2. LTE-V 通信系统的组成

LTE-V 通信系统由用户终端、路侧单元（RSU）和基站三部分组成，如图 2-52 所示。LTE-V 针对车辆应用定义了两种通信方式，即蜂窝链路式（LTE-V-Cell）和短程直通链路式（LTE-V-Direct），其中，LTE-V-Cell 通过 Uu 接口承载传统的车联网 Telematics 业务，操作于传统的移动宽带授权频段；LTE-V-Direct 通过 PC5 接口实现 V2V、V2I 直接通信，以实现车辆安全行驶。在 LTE-V-Direct 通信模式下，车辆之间的信息交互基于广播方式，可采用终端

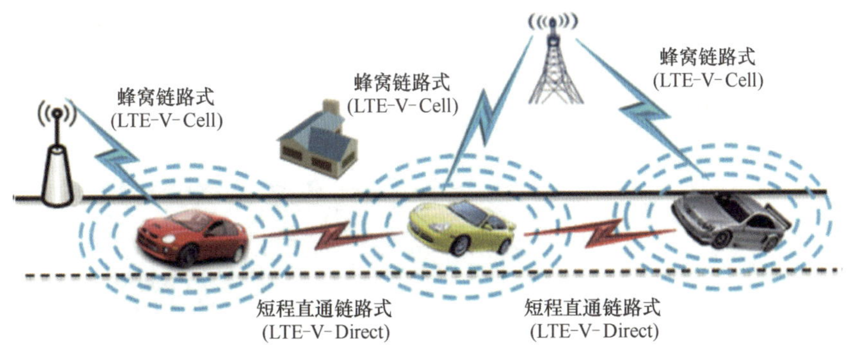

图 2-51 LTE-V 通信技术

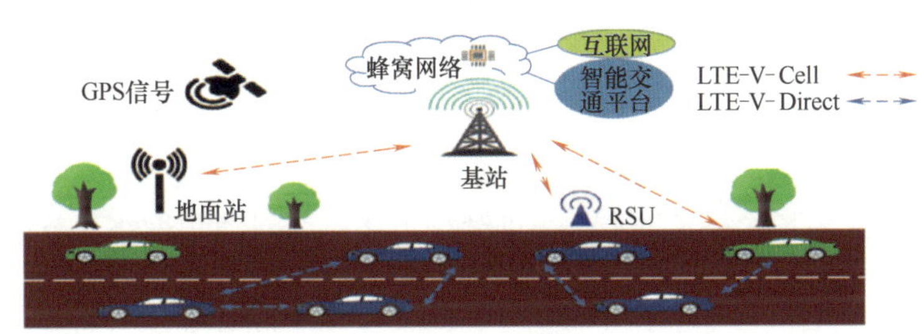

图 2-52 LTE-V 通信系统的组成

直通模式，也可经由 RSU 来进行交互，大大减少了 RSU 需要的数量。

三、V2X 技术的典型应用

借助人、车、路、云平台之间的全方位连接和高效信息交互，V2X 正从信息服务类应用向交通安全和提高效率应用发展，并将逐步向支持实现自动驾驶的协同服务类应用演进。

1. 辅助驾驶应用场景及技术需求

（1）辅助驾驶应用场景 辅助驾驶应用场景基于 V2X 信息交互，实现车辆、路侧基础设施、行人等交通参与者之间的实时状态共享，辅助驾驶人进行决策。图 2-53 所示为基于车辆与车辆的交叉路口碰撞预警。交叉路口碰撞预警是指主车驶向交叉路口，与侧向车辆在交叉路口存在碰撞危险时，应对主车驾驶人进行预警，避免或减轻侧向碰撞。其中，交叉路口包括十字路口、丁字路口、环岛、高速匝道等交叉路口。

图 2-53 基于车辆与车辆的交叉路口碰撞预警

图 2-54 所示为基于 V2P 的弱势交通参与者碰撞预警。弱势交通参与者碰撞预警是指汽车在行驶过程中，若发现与弱势交通参与者存在碰撞危险时，则对驾驶人进行预警，避免或减轻碰撞危险。其中，P 可为行人、自行车等，P 具备短程无线通信能力，若 P 不具备通信能力，则路侧单元可通过雷达、视觉传感器检测周边 P，并广播 P 的相关信息。

图 2-54　基于 V2P 的弱势交通参与者碰撞预警

（2）辅助驾驶应用场景技术要求　辅助驾驶应用场景对通信网络、数据处理、定位等提出了具体的要求。

1）在通信方面，时延要求小于 100ms，在特殊情况下小于 20ms，可靠性需满足 90%~99%，典型数据包大小为 50~300B，最大 1200B。

2）在数据处理方面，据统计，单车产生的数据每天约为 GB 级，对大量车辆、道路、交通等数据的汇聚，需要满足海量数据存储的需求，同时，对这些数据提出实时共享、分析和开放的需求。

3）在定位方面，定位精度满足车道级定位，即米级定位，并且车辆需要获取道路拓扑结构。

2. 自动驾驶应用场景及技术需求

（1）自动驾驶应用场景　5G 技术的更大数据吞吐量、更低延时、更高安全性和更海量连接等特性，极大地促进了智能驾驶和智慧交通发展。产业各方开始了面向自动驾驶的增强型应用场景的研究与制定，一方面从基础典型应用场景的实时状态共享过渡到车辆与车辆、车辆与路侧基础设施、车辆与云端的协同控制，增强信息交互复杂程度，可实现协同自动驾驶与智慧交通的应用；另一方面，基于通信与计算技术的提升，交通参与者之间可以实时传输高精度视觉传感器数据，甚至是局部动态高精度地图数据，提高感知精度与数据丰富程度。

（2）自动驾驶应用场景技术要求　自动驾驶应用场景对通信网络、信息交互、数据处理和定位等提出新的要求。

1）在通信网络方面，单车上下行数据速率需求大于 10Mbit/s，部分场景需求 50Mbit/s，时延需求为 3~50ms，可靠性需大于 99.999%。

2）在信息交互方面，需实时交互车辆、道路、行人的全量数据，利用多传感器融合技术获取实时动态交通高精度地图。

3）在数据处理方面，单车每天将产生上千 TB 级的数据，对数据的存储和分析等计算能力提出更高的要求。

4）在定位方面，需达到亚米级甚至厘米级的定位精度。

3. 车路协同

车路协同是借助新一代 C-V2X 通信技术，将人-车-路-云联系在一起，实现车辆与车辆、车辆与路侧基础设施、车辆与行人、车辆与云的全方位协同配合（如协同感知、协同决策规划、协同控制等），实现单车自动驾驶最优、智能交通全局最优的目标，如图 2-55 所示。

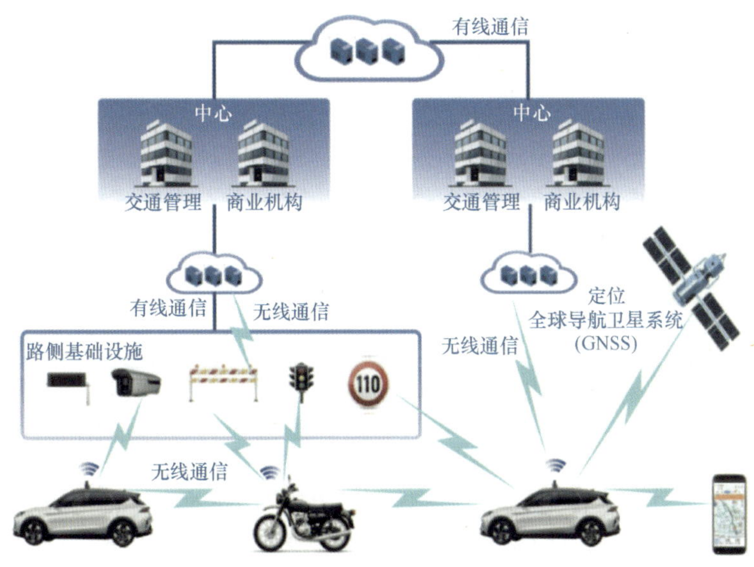

图 2-55 车路协同

车路协同涉及通信技术、感知技术、地图定位技术、AI 计算技术、决策控制技术等。

复习思考题

1. 超声波雷达有哪些技术参数？
2. 超声波雷达在智能网联汽车上有什么应用？
3. 毫米波雷达有哪些技术参数？
4. 毫米波雷达在智能网联汽车上有什么应用？
5. 激光雷达有哪些技术参数？
6. 激光雷达在智能网联汽车上有什么应用？
7. 视觉传感器有哪些技术参数？
8. 视觉传感器在智能网联汽车上有什么应用？
9. V2X 的定义是怎样的？
10. V2X 的典型应用有哪些？

模块3 传感器标定

【教学目标】

通过对本模块的学习，学生能够掌握传感器标定的目的，掌握视觉传感器的标定方法和激光雷达的标定方法，掌握百度 Apollo 传感器联合标定过程。

【教学要求】

单元	要求	参考学时
视觉传感器和激光雷达的标定	掌握世界坐标系、相机坐标系、图像坐标系、像素坐标系，以及它们之间的关系，了解视觉传感器标定方法和激光雷达标定方法	6
百度 Apollo 传感器联合标定	了解百度 Apollo 传感器联合标定的准备工作、标定流程、标定结果获取和标定结果验证；能够在百度 Apollo 平台上对传感器进行联合标定	4

【导入案例】

智能网联汽车环境感知传感器主要有毫米波雷达、激光雷达和视觉传感器等，它们安装在车辆的不同位置，完成不同的检测任务，但使用前必须进行标定，如图 3-1 所示。

环境感知传感器为什么要标定？如何标定？通过对本模块的学习，读者便可以得到答案。

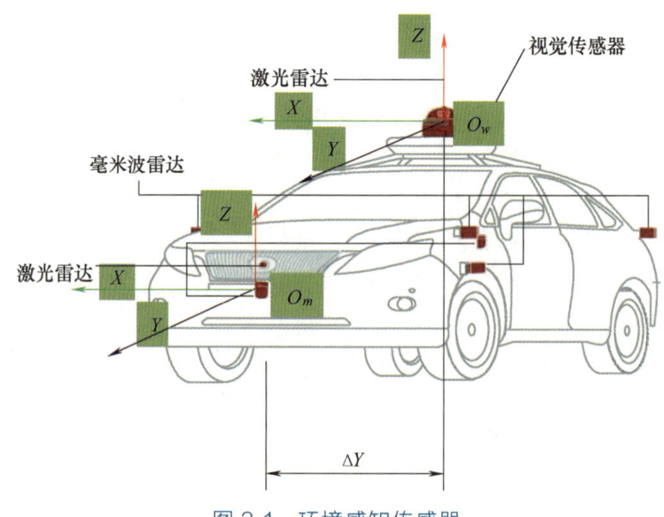

图 3-1　环境感知传感器

单元 1 视觉传感器和激光雷达的标定

视觉传感器和激光雷达的标定

传感器标定是自动驾驶感知系统中的必要环节，是后续传感器融合的必要步骤和先决条件，其目的是将两个或者多个传感器变换到统一的时空坐标系，使传感器融合具有意义，是感知决策的关键前提。任何传感器在制造和安装之后都需要通过实验进行标定，以保证传感器符合设计指标，保证测量值的准确性。

一、视觉传感器的标定

视觉传感器以一定的角度和位置安装在智能网联汽车上，为了将车载视觉传感器采集到的环境数据和车辆行驶环境中的真实物体相对应，即找到视觉传感器所生成的图像像素坐标系中的点坐标与视觉传感器环境坐标系中的点坐标之间的转换关系，需要进行视觉传感器标定。

1. 视觉传感器的坐标系

视觉传感器以其具有低廉的价格和丰富的图像信息优势，已经成为智能网联汽车必不可少的传感器。视觉传感器的作用是把三维世界中的形状和颜色信息，压缩到一张二维图像上。基于视觉传感器的感知算法，则是从二维图像中提取并还原三维世界中的元素和信息，如车道线、车辆和行人等，并计算它们与自己的相对位置。

视觉传感器（相机）投影相关坐标系有世界坐标系、相机坐标系、图像坐标系、像素坐标系，它们之间的关系如图 3-2 所示。

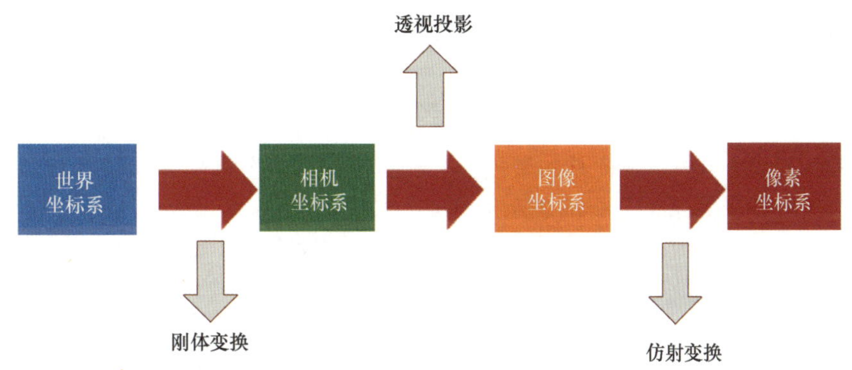

图 3-2 视觉传感器坐标系之间的关系

相机投影相关坐标系如图 3-3 所示。

（1）世界坐标系 世界坐标系为符合右手系的三维直角坐标系，为用户自定义坐标系，可描述物体相对空间位置关系和相机的相对位置。在图 3-3 中，$O_wX_wY_wZ_w$ 为世界坐标系，用于描述视觉传感器的位置，单位为 m。

（2）相机坐标系 以相机光心为原点，过原点垂直于成像平面的光轴为 Z_C，建立相机坐标系 $O_CX_CY_CZ_C$，单位为 m。

（3）图像坐标系 以光轴与成像平面的交点为原点，建立图像坐标系 O_1xy，单位为 mm。

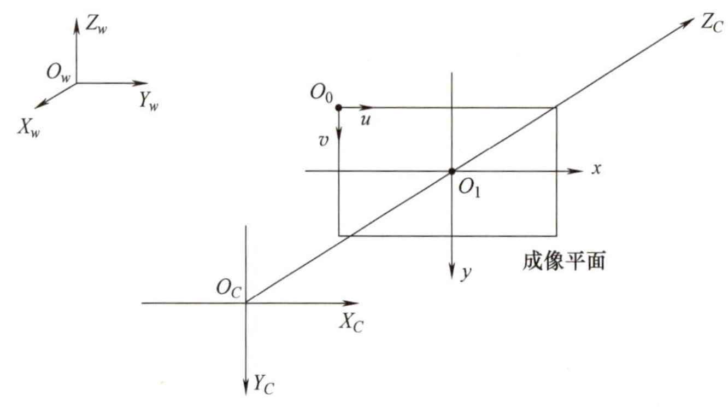

图 3-3　相机投影相关坐标系

(4) 像素坐标系　以成像平面左上角为原点，建立像素坐标系 O_0uv，单位为像素。

2. 视觉传感器坐标系的转换

通过世界坐标系、相机坐标系、图像坐标系、像素坐标系的相互转换关系，可以求出世界坐标系与像素坐标系之间的转换关系。

(1) 相机坐标系与世界坐标系的转换　从世界坐标系到相机坐标系，涉及旋转运动和平移运动。世界坐标系向相机坐标系转换可以用旋转矩阵和平移矩阵来表示，即

$$\begin{bmatrix} X_C \\ Y_C \\ Z_C \\ 1 \end{bmatrix} = \begin{bmatrix} R & T \\ \vec{0} & 1 \end{bmatrix} \begin{bmatrix} X_w \\ Y_w \\ Z_w \\ 1 \end{bmatrix} = \boldsymbol{L}_W \begin{bmatrix} X_w \\ Y_w \\ Z_w \\ 1 \end{bmatrix} \tag{3-1}$$

式中，R 为 3×3 旋转矩阵；T 为 3×1 平移矩阵；$\vec{0}=[0 \quad 0 \quad 0 \quad]$；$\boldsymbol{L}_W$ 为 4×4 矩阵。

(2) 图像坐标系与相机坐标系的转换　从相机坐标系向图像坐标系转换，是从 3D 转换到 2D，属于透视投影关系，用矩阵表示为

$$Z_C \begin{bmatrix} x \\ y \\ 1 \end{bmatrix} = \begin{bmatrix} f & 0 & 0 & 0 \\ 0 & f & 0 & 0 \\ 0 & 0 & 1 & 0 \end{bmatrix} \begin{bmatrix} X_C \\ Y_C \\ Z_C \\ 1 \end{bmatrix} \tag{3-2}$$

式中，f 为焦距。

(3) 像素坐标系与图像坐标系的转换　从图像坐标系向像素坐标系转换，转换矩阵为

$$\begin{bmatrix} u \\ v \\ 1 \end{bmatrix} = \begin{bmatrix} \frac{1}{\mathrm{d}x} & 0 & u_0 \\ 0 & \frac{1}{\mathrm{d}y} & v_0 \\ 0 & 0 & 1 \end{bmatrix} \begin{bmatrix} x \\ y \\ 1 \end{bmatrix} \tag{3-3}$$

式中，u_0、v_0 为图像坐标系原点在像素坐标系中的坐标值；$\mathrm{d}x$ 和 $\mathrm{d}y$ 表示每一列和每一行分别代表多少 mm，即 1pixel = $\mathrm{d}x$mm。

（4）像素坐标系与世界坐标系的转换　任意一点从世界坐标系转换到像素坐标系为

$$Z_C\begin{bmatrix}u\\v\\1\end{bmatrix}=\begin{bmatrix}\frac{1}{\mathrm{d}x} & 0 & u_0\\0 & \frac{1}{\mathrm{d}y} & v_0\\0 & 0 & 1\end{bmatrix}\begin{bmatrix}f & 0 & 0 & 0\\0 & f & 0 & 0\\0 & 0 & q & 0\end{bmatrix}\begin{bmatrix}R & T\\\vec{0} & 1\end{bmatrix}\begin{bmatrix}X_w\\Y_w\\Z_w\\1\end{bmatrix}$$

$$=\begin{bmatrix}f_x & 0 & u_0 & 0\\0 & f_y & v_0 & 0\\0 & 0 & 1 & 0\end{bmatrix}\begin{bmatrix}R & T\\\vec{0} & 1\end{bmatrix}\begin{bmatrix}X_w\\Y_w\\Z_w\\1\end{bmatrix} \tag{3-4}$$

式中，$f_x=\frac{f}{\mathrm{d}x}$；$f_y=\frac{f}{\mathrm{d}y}$。最右边等式的第一个矩阵是相机的内部参数，第二个矩阵是相机的外部参数，它们可以通过标定获取。

3. 相机畸变矫正

相机在实际使用中并不能完全精确地按照理想的针孔摄像头模型进行透视投影，通常会存在透镜畸变，即物点在实际的摄像头成像平面上生成的像与理想成像之间存在一定光学畸变误差，其畸变误差主要是径向畸变误差和切向畸变误差。

自动泊车系统采用的环视摄像头由于采用广角拍摄，其对应的畸变类型通常是径向畸变。径向畸变产生的主要原因是镜头径向曲率的不规则变化，它会导致图像的扭曲变形，这种畸变的特点是以主点为中心，沿径向移动，离中心距离越远，产生的变形量就越大。对于一个矩形的严重径向失真，需要被矫正成理想线性镜头的图像才可以进入后端处理过程。行车系统采用的前视摄像头和侧视摄像头，由于安装过程中不能保证透镜与成像面严格平行，同时也可能是由于制造上的缺陷使透镜不与成像面平行，从而产生切向畸变。

图 3-4 所示为相机畸变产生的原理图。

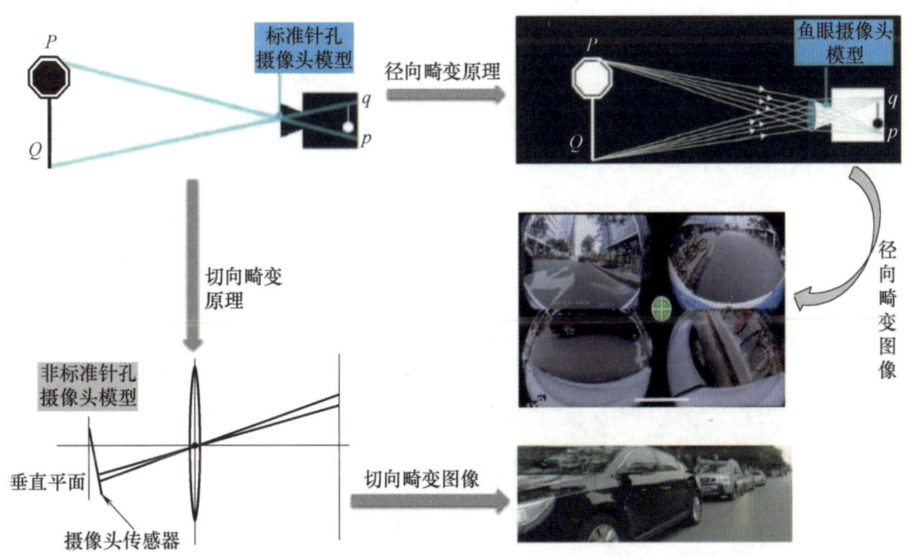

图 3-4　相机畸变产生的原理图

径向畸变和切向畸变模型中一共有五个畸变参数，在开源的计算机视觉库（Open Source Computer Vision Library，OpenCV）中它们被排列成一个5×1阶的矩阵，依次包含k_1、k_2、k_3、p_1、p_2。对于畸变矫正来说，这五个参数就是相机标定中需要确定的相机五个畸变系数。参数k_1、k_2、k_3被称为径向畸变系数，其中，k_3是可选参数。

对于畸变严重的相机（如鱼眼摄像头），可能还会有参数k_4、k_5、k_6。切向畸变可以用两个参数p_1和p_2来表示。参数k_1、k_2、k_3、p_1、p_2是消除畸变所必须的，称为畸变向量，也称为相机外参数。求得这五个参数后，就可以矫正由于镜头畸变引起的图像变形和失真。

通过五个畸变系数找到这个点在像素平面上的正确位置，畸变模型为

$$x_d=x(1+k_1r^2+k_2r^4+k_3r^6)+2p_1xy+p_2(r^2+2x^2)$$
$$y_d=y(1+k_1r^2+k_2r^4+k_3r^6)+2p_2xy+p_1(r^2+2y^2) \tag{3-5}$$

式中，x_d、y_d分别为畸变后的坐标；x、y分别为畸变前的坐标；k_1、k_2和k_3分别为径向畸变系数；p_1和p_2分别为切向畸变系数；$r^2=x_d^2+y_d^2$。

畸变后的点可以通过内参矩阵投射到像素平面，得到该点在图像上的正确位置为

$$u=f_xx_d+u_0$$
$$v=f_yy_d+v_0 \tag{3-6}$$

畸变系数标定有很多方法，其中，最简单的方法称为铅垂线法，其基本思想是拍摄多条直线，特别是与图像边缘对齐的场景图像，然后通过调整畸变系数来使图像中所有的线条都变成直线。另一种方式是使用若干个重叠图像，将径向畸变系数的估计与图像配准过程相结合。

4. 传感器内外部参数与自标定

传感器内部参数是指传感器坐标系与数据坐标系之间的映射。有时候供应商会提供内部参数，若没有，可通过OpenCV、标定板等测取内部参数。

传感器外部参数是指传感器相对于车身或其他传感器坐标系的位姿。

相机自标定包括以下内容：

（1）去畸变　畸变是指校正光线在经过透镜边缘后发生弯折，造成图像边缘弯曲。

（2）内部参数标定　图像坐标系到相机坐标系的映射。

（3）相机模型选择　是选择针孔摄像头模型，还是选择鱼眼摄像头模型。

相机自标定可由相机供应商提供，也可以通过棋盘格标定板测定。

5. 张正友标定法

张正友标定法利用图3-5所示的棋盘格标定板，在得到一张标定板的图像后，可以利用相应的图像检测算法得到每一个角点的像素坐标（u，v）。

张正友标定法是将世界坐标系固定于棋盘格上，则棋盘格上任一点的物理坐标$W=0$，由于标定板的世界坐标系是人为事先定义好的，标定板上每一个格子的大小是已知的，可以计算得到每一个角点在世界坐标系下的物理坐标。利用每一个角点的像素坐标（u，v）、每一个角点在世界坐标系下的物理坐标（U，V，W）来进行相机的标定，获得相机的内外参数和畸变参数。

6. 利用棋盘格进行相机标定

在使用视觉传感器之前，必须对它进行标定。在机器视觉领域，相机的标定是一个关键的环节，它决定了机器视觉系统能否有效地定位，能否有效地计算目标物。

图 3-5 张正友标定法利用的棋盘格标定板

相机标定可以利用像棋盘一样的标定图像估计相机的内部参数和外部参数，以便配置相机的模型。

利用棋盘格对相机的外部参数进行估计。

在估计外部参数之前，必须从相机中捕获棋盘格图案的图像。使用与估计内部参数相同的棋盘模式。

棋盘坐标系主要用于相机的标定，如图 3-6 所示。在棋牌坐标系中，X_P 轴指向右边，Y_P 轴指向下方。棋盘坐标系原点是棋盘左上角的右下角。每个棋盘角代表坐标系中的另一点。例如，原点右侧的角为（1，0），原点下方的角为（0，1）。棋盘格的尺寸（高度，宽度）用格数表示。

车辆坐标系如图 3-7 所示，X_V 轴从车辆向前指向，Y_V 轴指向左方。从正面看，原点位于道路表面，直接位于摄像头焦点下方。当放置棋盘格时，X_P 轴和 Y_P 轴必须与车辆的 X_V 轴和 Y_V 轴对齐。

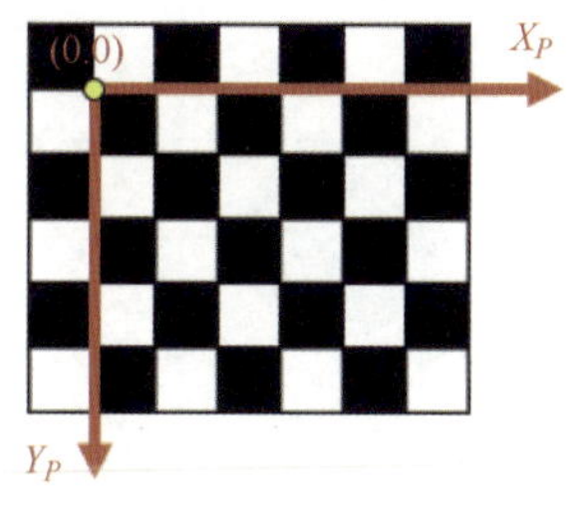

图 3-6 棋盘坐标系

图 3-7 车辆坐标系

（1）水平方向标定 在水平方向上，棋盘格放在地面上或平行于地面，可以将棋盘格放在车辆的前面、后面、左侧或右侧，如图 3-8 所示。

（2）垂直方向标定 在垂直方向上，棋盘格垂直于地面，可以将棋盘格放置在车辆前面、后面、左侧或右侧，如图 3-9 所示。

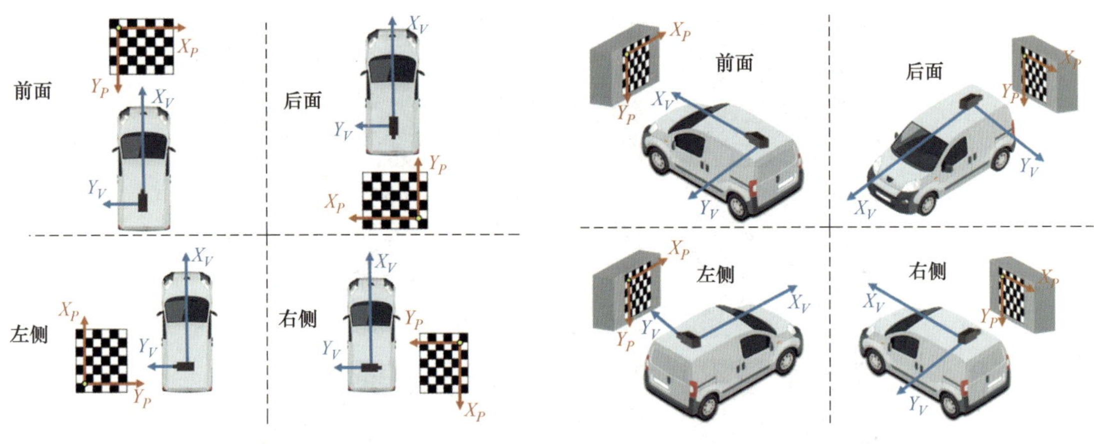

图 3-8 水平方向标定

图 3-9 垂直方向标定

二、激光雷达的标定

激光雷达作为智能网联汽车的主要传感器之一，在感知和定位方面发挥着重要作用。和视觉传感器一样，激光雷达在使用前也需要对其内外参数进行标定。内参标定指的是其内部激光发射器坐标系与雷达自身坐标系之间的转换关系，在出厂之前已经标定完成，可以直接使用。激光雷达的标定主要是指外参标定，即激光雷达自身坐标系与车辆坐标系的关系。

激光雷达的标定有多种方法，这里以威力登的 HDL-64E 激光雷达为例，介绍一种简单的激光雷达标定方法。

HDL-64E 激光雷达输出为 UDP 数据包，每个数据包都包含有每一条激光束返回的距离信息和角度信息。定义激光雷达旋转一周输出的数据为一帧数据。为了将 64 线激光雷达返回的距离和角度信息转换到图 3-10 所示的激光雷达坐标系中，需要对每一条激光光束采用五个参数进行建模，这些参数如图 3-11 所示。

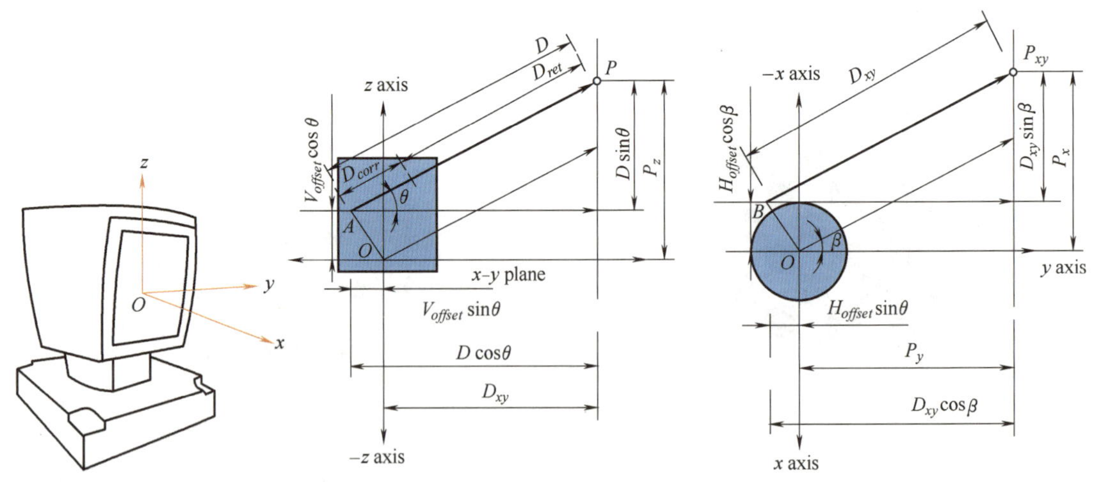

图 3-10 激光雷达坐标系　　图 3-11 HDL-64E 激光雷达坐标系的侧视图（左）和顶视图（右）

（1）距离偏差 D_{corr}　每一条激光束的距离偏差 D_{corr} 与激光束返回的距离值 D_{ret} 之和为激光束测得的真实距离 D。

（2）垂直偏移量 V_{offset}　垂直偏移量是指在垂直平面内激光束到激光雷达坐标系原点的垂直距离，即图 3-11 左边图像中的线段 OA。

（3）水平偏移量 H_{offset}　水平偏移量是指水平平面内激光束到激光雷达坐标系原点的垂直距离，即图 3-11 右边图像中的线段 OB。

（4）垂直校正角 θ　垂直校正角是指激光束相对于激光雷达坐标系 xy 平面的角度偏移量。

（5）旋转校正角 α　旋转校正角是指激光束与激光雷达编码盘零度角之间的角度偏移量。

当 64 线激光雷达旋转时，假设其当前旋转角度为 ϕ，每一条激光束都有一个不同的旋转校正角 α，定义另外一个角 $\beta=\phi-\alpha$ 表示激光束相对于 yz 平面的角度。

将每一条激光束返回的距离值 D_{ret} 和当前激光雷达的旋转角度 ϕ 转化为激光雷达坐标系中的笛卡儿坐标（P_x，P_y，P_z），转化公式为

$$
\begin{aligned}
D &= D_{ret}+D_{corr} \\
D_{xy} &= D\cos\theta - V_o\sin\theta \\
P_x &= D_{xy}\sin\beta - H_o\cos\beta \\
P_y &= D_{xy}\cos\beta + H_o\sin\beta \\
P_z &= D\sin\theta + V_o\cos\theta
\end{aligned} \tag{3-7}
$$

激光雷达外标定的任务就是寻找激光雷达坐标系 $O_LX_LY_LZ_L$ 到车辆坐标系 $O_VX_VY_VZ_V$ 的刚度变换，激光雷达坐标系和车辆坐标系如图 3-12 所示。

图 3-12　激光雷达坐标系和车辆坐标系

激光雷达坐标系 $O_LX_LY_LZ_L$ 与激光雷达固连，原点在激光雷达的某个点 O_L，X_L 轴正方向指向激光雷达右侧，Y_L 轴正方向指向激光雷达前方，X_LY_L 平面与底座平面平行，按照右手准则，Z_L 轴正方向垂直 X_LY_L 平面指向上方。

车辆坐标系 $O_VX_VY_VZ_V$ 与车辆固连，随车辆一起运动，原点 O_V 在车辆正前方地面上，X_V 轴正方向指向车辆右侧，Y_V 轴正方向指向车辆前方，Z_V 轴正方向垂直 X_VY_V 平面指向上方。

刚体变换可以由平移矩阵 $\boldsymbol{T}$ 和旋转矩阵 $\boldsymbol{R}$ 来描述，其中，旋转矩阵 $\boldsymbol{R}$ 由三个欧拉角（φ，ϕ，γ）决定，平移矩阵 $\boldsymbol{T}$ 表示激光雷达坐标系原点 O_L 在车辆坐标系的坐标。激光雷达坐标系中的一点 P 到车辆坐标系的转化关系可表示为

$$
\begin{bmatrix} X_V^P \\ Y_V^P \\ Z_V^P \end{bmatrix} = \boldsymbol{R}_{3\times3} \begin{bmatrix} X_L^P \\ Y_L^P \\ Z_L^P \end{bmatrix} + \boldsymbol{T}_{3\times1} \tag{3-8}
$$

式中，$[X_L^P, Y_L^P, Z_L^P]$、$[X_V^P, Y_V^P, Z_V^P]$ 分别为点 P 在激光雷达坐标系和车辆坐标系中的坐标。

选取合适的标定参照物，求不同点的激光雷达坐标系和车辆坐标系的坐标值，即可求出刚体变换矩阵，完成激光雷达的标定。

例如，采用参照物1标定 X、Y 方向的变换矩阵，采用参照物2标定 Z 方向的变换矩阵。将旋转矩阵和平移矩阵合并后，式（3-8）变为

$$\begin{bmatrix} X_V^P \\ Y_V^P \\ Z_V^P \end{bmatrix} = \boldsymbol{Q}_{3\times4} \begin{bmatrix} X_L^P \\ Y_L^P \\ Z_L^P \\ 1 \end{bmatrix} \tag{3-9}$$

标定过程在水平地面进行，在车辆周围放上参照物1，记录其在车辆坐标系中的位置［X_V^P，Y_V^P］，并采集一帧激光雷达数据，在激光雷达数据中寻找参照物1的位置，记录其三维坐标［X_L^P，Y_L^P，Z_L^P］；保持车辆的位置不变，在车辆周围放置高度不同的参照物2，记录其在车辆坐标系中的高度 Z_V^q，同样采集一帧激光雷达数据，从数据中获得相应的参照物2所在的位置，记录其在激光坐标系中的三维坐标［X_L^q，Y_L^q，Z_L^q］。

根据这些采集的数据，利用MATLAB求解方程，就可以求出从激光坐标系到车辆坐标系的变换矩阵 $\boldsymbol{Q}_{3\times4}$。

单元2 百度Apollo传感器联合标定

百度Apollo传感器联合标定

搭载百度Apollo平台的自动驾驶汽车，包含超声波雷达、毫米波雷达、激光雷达、摄像头、GPS/IMU组合惯导等，在使用之前需要对它们进行标定。一对一进行标定往往费时费力，于是提出了联合标定的概念。联合标定是指同时标定两组或两组以上传感器的外参。在百度Apollo中提供了可以使用的联合标定工具。

在百度Apollo平台中，有三项联合标定功能，即相机到相机的标定、相机到多线激光雷达的标定，以及毫米波雷达到相机的标定。标定工具均以车载可执行程序的方式提供。用户仅需要启动相应的标定程序，即可实时完成标定工作，并进行结果验证。标定结果以 .yaml 文件形式返回。

一、准备工作

1. 下载标定工具

下载标定工具，并解压到 $APOLLO_HOME/modules/calibration 目录下（APOLLO_HOME是Apollo代码的根目录）。

2. 相机内参文件

相机内参包含相机的焦距、主点和畸变系数等信息，可以通过一些成熟的相机标定工具来获得，例如ROS Camera Calibration Tools和Camera Calibration Toolbox for Matlab。内参标定完成后，需将结果转换为 .yaml 格式的文件。下面是一个正确的内参文件样例。

```
header:
  seq:0
  stamp:
```

```
      secs:0
      nsecs:0
    frame_id:short_camera
  height:1080
  width:1920
  distortion_model:plumb_bob
  D:[-0.535253,0.259291,0.004276,-0.000503,0.0]
  K:[1959.678185,0.0,1003.592207,0.0,1953.786100,507.820634,0.0,0.0,1.0]
  R:[1.0,0.0,0.0,0.0,1.0,0.0,0.0,0.0,1.0]
  P:[1665.387817,0.0,1018.703332,0.0,0.0,1867.912842,506.628623,0.0,0.0,0.0,1.0,0.0]
  binning_x:0
  binning_y:0
  roi:
    x_offset:0
    y_offset:0
    height:0
    width:0
  do_rectify:False
```

建议每一个相机都需要单独进行内参标定，而不是使用统一的内参结果，这样可以提高外参标定的准确性。

3. 初始外参文件

本工具需要用户提供初始的外参值作为参考。一个良好的初始值可以帮助算法得到更精确的结果。下面是一个正确的相机到激光雷达的初始外参文件样例，其中，translation 为相机相对激光雷达的平移距离关系，rotation 为旋转矩阵的四元数表达形式。

```
header:
  seq:0
  stamp:
    secs:0
    nsecs:0
  frame_id:velodyne64
child_frame_id:short_camera
transform:
  rotation:
    y:0.5
    x:-0.5
    w:0.5
    z:-0.5
```

translation：

x：0.0

y：1.5

z：2.0

相机到激光雷达的标定方法比较依赖于初始外参值的选取，一个偏差较大的外参，有可能导致标定失败。所以，请在条件允许的情况下，尽可能提供更加精准的初始外参值。

4. 标定场地

标定方法是基于自然场景的，所以一个理想的标定场地可以显著地提高标定结果的准确度。建议选取一个纹理丰富的场地，如有树木、电线杆、路灯、交通标志牌、静止的物体和清晰车道线等。图 3-13 所示为一个较好的标定场地示例。

图 3-13　一个较好的标定场地

5. 所需题目（Topics）

确认程序所需传感器数据的题目均有输出。各个程序所需的题目见表 3-1～表 3-3。

表 3-1　相机到相机标定所需的题目

传感器	题目名称	题目发送频率/Hz
Short_Camera	/apollo/sensor/camera/traffic/image_short	9
Long_Camera	/apollo/sensor/camera/traffic/image_long	9
INS	/apollo/sensor/gnss/odometry	100
INS	/apollo/sensor/gnss/ins_stat	2

表 3-2　相机到 64 线激光雷达标定所需的题目

传感器	题目名称	题目发送频率/Hz
Short_Camera	/apollo/sensor/camera/traffic/image_short	9
LiDAR	/apollo/sensor/velodyne64/compensator/PointCloud2	10
INS	/apollo/sensor/gnss/odometry	100
INS	/apollo/sensor/gnss/ins_stat	2

表 3-3 毫米波雷达到相机标定所需的题目

传感器	题目名称	题目发送频率/Hz
Short_Camera	/apollo/sensor/camera/traffic/image_short	9
INS	/apollo/sensor/gnss/odometry	100
INS	/apollo/sensor/gnss/ins_stat	2

二、标定流程

所有标定程序需要用到车辆的定位结果。请确认车辆定位状态为 56，否则标定程序不会开始采集数据。输入以下命令可查询车辆定位状态：

rostopic echo/apollo/sensor/gnss/ins_stat

1. 相机到相机的标定流程

（1）运行方法　使用以下命令来启动标定工具：

cd/apollo/scripts

bash sensor_calibration. sh camera_camera

（2）采集标定数据　由于两个相机的成像时间无法完全同步，所以在录制数据时，尽量将车辆进行慢速行驶，可以有效地缓解因时间差异所引起的图像不匹配问题。

两个相机需有尽量大的图像重叠区域，否则该工具将无法进行外参标定运算。

（3）配置参数　配置文件保存在以下路径，配置项说明见表 3-4。

/apollo/modules/calibration/camera_camera_calibrator/conf/camera_camera_calibrtor. conf

表 3-4 相机到相机标定程序配置项说明

配置项	说明
ong_image_topic	长焦相机的图像
hort_image_topic	广角相机的图像
dometry_topic	车辆定位
ns_stat_topic	车辆定位状态
ong_camera_intrinsics_filename	长焦相机的内参文件路径
hort_camera_intrinsics_filename	广角相机的内参文件路径
nit_extrinsics_filename	初始外参文件路径
utput_path	标定结果输出路径
ax_speed_kmh	最大车速限制，单位为 km/h

（4）输出内容　输出内容包括外参文件和验证参考图片。外参文件是长焦相机到广角相机的外参文件；验证参考图片包括一张长焦相机图像、一张广角相机图像及一张长焦相机依据标定后的外参投影到广角相机的去畸变融合图像。

2. 相机到激光雷达的标定流程

（1）运行方法　使用以下命令来启动标定工具：

cd/apollo/scripts

bash sensor_calibration. sh lidar_camera

（2）采集标定数据　为避免时间戳不同步，在录制数据时，尽量将车辆进行慢速行驶，可以有效地缓解因时间差异所引起的标定问题。

相机中需看到一定数量的投影点云，否则该工具将无法进行外参标定运算。因此，建议使用短焦距相机来进行相机到激光雷达的标定。

（3）配置参数　配置文件保存在以下路径，配置项见表 3-5。

/apollo/modules/calibration/lidar_camera_calibrator/conf/lidar_camera_calibrtor. conf

表 3-5　相机到激光雷达标定程序配置项说明

配置项	说明
age_topic	相机的图像
dar_topic	激光雷达的点云
ometry_topic	车辆定位
s_stat_topic	车辆定位状态
mera_intrinsics_filename	相机的内参文件路径
it_extrinsics_filename	初始外参文件路径
tput_path	标定结果输出路径
lib_stop_count	标定所需截取的数据站数
x_speed_kmh	最大车速限制，单位为 km/h

（4）输出内容　输出内容包括外参文件和验证参考图片。外参文件是相机到激光雷达的外参文件；验证参考图片包括两张激光雷达点云利用标定结果外参投影到相机图像上的融合图像，分别是依据点云深度渲染的融合图像和依据点云反射值渲染的融合图像。

3. 相机到毫米波雷达的标定流程

（1）运行方法　使用以下命令来启动标定工具：

```
cd/apollo/scripts
bash sensor_calibration. sh radar_camera
```

（2）采集标定数据　请将车辆进行低速直线行驶，标定程序仅会在该条件下开始采集数据。

（3）配置参数　配置文件保存在以下路径，配置项说明见表 3-6。

/apollo/modules/calibration/radar_camera_calibrator/conf/radar_camera_calibrtor. conf

表 3-6　相机到毫米波雷达标定程序配置项说明

配置项	说明
age_topic	相机的图像
dar_topic	毫米波雷达的数据
ometry_topic	车辆定位
s_stat_topic	车辆定位状态
mera_intrinsics_filename	相机的内参文件路径
it_extrinsics_filename	初始外参文件路径
tput_path	标定结果输出路径
x_speed_kmh	最大车速限制，单位为 km/h

(4) 输出内容 输出内容包括外参文件和验证参考图片。外参文件是毫米波雷达到短焦相机的外参文件；验证参考图片是将毫米波雷达投影到激光雷达坐标系的结果，需运行 radar_lidar_visualizer 工具。具体方法可参阅标定结果验证部分的内容。

三、标定结果获取

所有标定结果均保存在配置文件中所设定的 output 路径下，标定后的外参以 . yaml 格式的文件提供。此外，根据传感器的不同，标定结果会保存在 output 目录下的不同文件夹中，具体见表 3-7。

表 3-7 标定结果保存路径

传感器	外参保存路径
Short_Camera	[output]/camera_params
Long_Camera	[output]/camera_params
Radar	[output]/radar_params

四、标定结果验证

当标定完成后，会在 [output] /validation 目录下生成相应的标定结果验证图片。下面介绍每一类验证图片的基本方法和结果示例。

1. 相机到相机的标定

(1) 基本方法 根据长焦相机投影到短焦相机的融合图像进行判断，绿色通道为短焦相机图像，红色通道和蓝色通道是长焦投影后的图像，目视判断检验对齐情况。在融合图像中的融合区域，选择场景中距离较远处（50m 以外）的景物进行对齐判断，能够重合则精度高，出现粉色或绿色重影（错位），则存在误差，当误差大于一定范围时（范围依据实际使用情况而定），标定失败，需重新标定（正常情况下，近处物体因受视差影响，在水平方向存在错位，且距离越近错位量越大，此为正常现象。垂直方向不受视差影响）。

(2) 结果示例 图 3-14 所示为满足精度要求的外参效果。

图 3-14 良好的长焦相机到短焦相机的标定结果

2. 相机到激光雷达的标定

(1) 基本方法 在产生的点云投影图像内，可寻找其中具有明显边缘的物体和标志物，查看其边缘轮廓对齐情况。如果 50m 以内的目标，点云边缘和图像边缘能够重合，则可以证明标定结果的精度很高。反之，若出现错位现象，则说明标定结果存在误差。当误差大于一定范围时（范围依据实际使用情况而定），该外参不可用。

（2）结果示例　图 3-15 所示为准确外参的点云投影效果。

图 3-15　良好的相机到激光雷达的标定结果

3. 毫米波雷达到相机的标定

（1）基本方法　为了更好地验证毫米波雷达与相机间外参的标定结果，引入激光雷达作为桥梁，通过同一系统中毫米波雷达与相机的外参和相机与激光雷达的外参，计算得到毫米波雷达与激光雷达的外参，将毫米波雷达数据投影到激光雷达坐标系中与激光点云进行融合，并画出相应的鸟瞰图进行辅助验证。在融合图像中，白色点为激光雷达点云，绿色实心圆为毫米波雷达目标，通过图中毫米波雷达目标是否与激光雷达检测目标重合匹配进行判断，如果大部分目标均能对应匹配，则满足精度要求，否则不满足，需重新标定。

（2）结果示例　图 3-16 所示为满足精度要求的外参效果。

图 3-16　良好的毫米波雷达到激光雷达投影结果

注意事项：为了得到毫米波雷达目标和激光雷达点云融合的验证图像，系统会自动或手动调用毫米波雷达到激光雷达的投影工具（radar_lidar_visualizer）进行图像绘制和生成过程。该投影工具在启动时会自动载入毫米波雷达与相机的外参文件及相机与激光雷达的外参文件，因此在启动之前，需要先进行相应的标定工具或将两文件以特定的文件名放在相应路径中，以备工具调用。

使用以下命令来启动 radar_lidar_visualizer 工具：

cd/apollo/scripts

bash sensor_calibration. sh visualizer

radar_lidar_visualizer 工具的配置文件在以下路径，配置项说明见表 3-8。

/apollo/modules/calibration/radar_lidar_visualizer/conf/radar_lidar_visualizer. conf

表 3-8 毫米波雷达到激光雷达投影工具配置项说明

配置项	说明
radar_topic	毫米波雷达的数据
lidar_topic	激光雷达的点云
radar_camera_extrinsics_filename	毫米波雷达到相机的外参文件
camera_lidar_extrinsics_filename	相机到激光雷达的外参文件
output_path	标定结果输出路径

验证图片同样保存在［output］/validation 目录下。

复习思考题

1. 视觉传感器的坐标系有哪些？
2. 相机畸变如何矫正？
3. 相机自标定包括哪些内容？
4. 如何利用棋盘格对相机的外部参数进行估计？
5. 如何对单个激光雷达进行标定？
6. 百度 Apollo 相机到相机的标定流程是怎样的？
7. 百度 Apollo 相机到激光雷达的标定流程是怎样的？
8. 百度 Apollo 相机到毫米波雷达的标定流程是怎样的？

模块4

多传感器信息融合

【教学目标】

通过对本模块的学习，学生能够掌握多传感器同步理论和多传感器融合理论，了解基于V2I/V2N 的感知融合系统技术和鸟瞰图（BEV）感知融合技术。

【教学要求】

单元	要求	参考学时
多传感器同步理论认知	掌握多传感器时间同步和空间同步的定义，了解传感器时间戳，掌握软件同步和硬件同步的含义，了解运动补偿方法	2
多传感器融合理论认知	掌握多传感器融合的体系架构、级别分类以及多传感器后融合和前融合，了解多传感器融合的算法，掌握多传感器融合方案	2
基于 V2I/V2N 的感知融合系统技术应用	掌握基于 V2I/V2N 的感知融合系统架构，了解基于 V2I/V2N 的感知融合系统的典型应用场景	3
BEV 感知融合技术应用	掌握 BEV 感知的定义和 BEV 感知的必要性，了解 BEV 感知技术的优势、视觉 Transformer 以及 BEV 感知的应用	3

【导入案例】

智能网联汽车传感器被安置在车辆不同位置上，分别发挥着采集数据、识别颜色、测量距离等作用，如图 4-1 所示。通过传感器获得的数据必须经过感知算法处理，汇算成数据结果，实现车、路、人等信息交换，使车辆能够按照人的意愿实现智能安全行驶，最终替代人

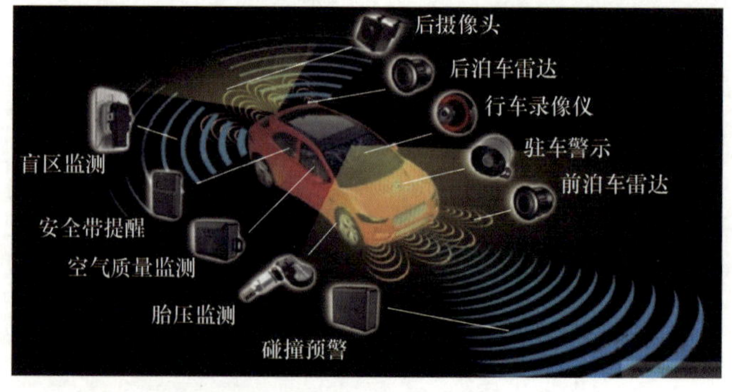

图 4-1　智能网联汽车多传感器测量

来做出决策和实现无人驾驶目标。这里就会有个关键技术问题，不同传感器发挥的作用不同，多个传感器扫描到数据如何形成一个统一的执行命令？这就需要多传感器融合技术。

多传感器有哪些融合技术？如何融合？通过对本模块的学习，读者便可以得到答案。

单元 1 多传感器同步理论认知

传感器融合就是利用计算机技术将来自多传感器或多源的信息和数据，在一定的准则下加以自动分析和综合，以完成所需要的决策和估计而进行的信息处理过程。

多传感器同步理论认知

一、时间同步

时间同步是指通过统一的主机给各传感器提供基准时间，各传感器根据已经校准后的各自时间为各自独立采集的数据加上时间戳信息，可以做到所有传感器时间戳同步，但由于各传感器各自采集周期相互独立，无法保证同一时刻采集相同的信息。

传感器时间戳主要有 GPS/GNSS 时间戳、相机时间戳、激光雷达时间戳、毫米波雷达时间戳和惯性测量单元（IMU）时间戳。

（1）GPS/GNSS 时间戳　GPS 时间指的是 GPS 原子时，是以 UTC 时间 1980 年 1 月 6 日 0 时 0 分 0 秒为时间基准，以后按照国际原子时（Temps Atomique International，TAI）秒长累计计时。UTC 为世界统一时间，由原子钟提供。

（2）相机时间戳　在自动驾驶中使用的卷帘快门（Rolling Shutter）相机是支持外部触发曝光的，但由于相机帧周期包括曝光时间和 Readout 时间（整帧像素点读出），所以需要关注曝光时间，对于相同 CMOS 芯片的相机，其 Readout 时间是固定的，用来反推图像真实时间戳（一般采用曝光时间）。

（3）激光雷达时间戳　自动驾驶中使用的激光雷达，从硬件层面上就支持授时，即有硬件触发器（Trigger）触发激光雷达的数据，并给这一帧数据打上时间戳。激光雷达通常有两种时间同步接口：基于 IEEE 1588 的以太网时间同步机制和 PPS+NMEA 协议（基于 GPS 的时间同步机制）。

（4）毫米波雷达时间戳　目前，主流的车载毫米波雷达采用 FMCW（调频连续波）调制方式，其上电后开始进行信号的发送和接收，内部有专门的时间机制，无法接收外部的时间。另外，毫米波雷达周期性发送 CAN 信号，所以可以从 CAN 信号中获取数据时间。

（5）IMU 时间戳　一般 IMU 与 GPS 集成在一起，假设集成在现场可编程逻辑门阵列（Field Programmable Gate Array，FPGA）上，则接收现场可编程逻辑门阵列输出的高精度时间脉冲，从而将传感器信号打上高精度时间戳。

智能网联汽车使用的环境感知传感器，其频率是不同的，如图 4-2 所示。

时间同步又分为软件同步和硬件同步。

1. 软件同步

软件同步的方法主要就是利用时间戳进行不同传感器的匹配，通常是将各传感器数据统一到扫描周期较长（频率较小）的传感器数据上。以某 4 线激光雷达（采样频率约为 12.5Hz）和某相机（采样频率约为 30Hz）来说明，显然激光雷达的周期长，则以激光雷达

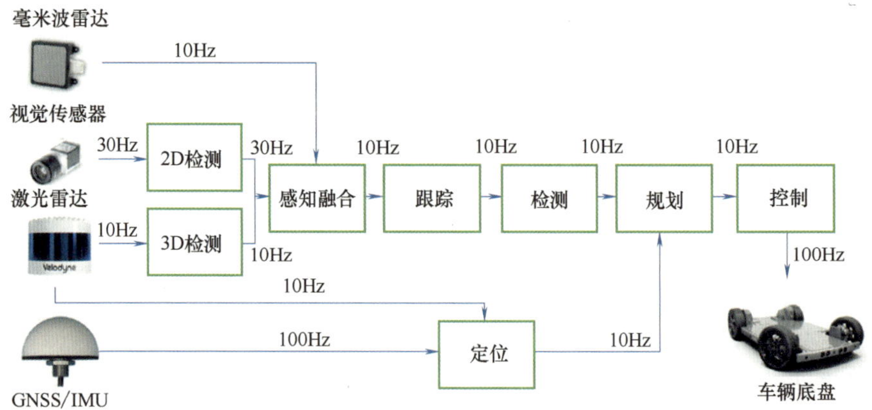

图 4-2　传感器的频率

的采样频率为基准进行匹配，如图 4-3 所示。传感器的每个采样时刻记录在统一的时间序列上。当激光雷达完成一次采样时，寻找与该时刻最近邻时刻的图像，这样便完成了两种数据的时间匹配。

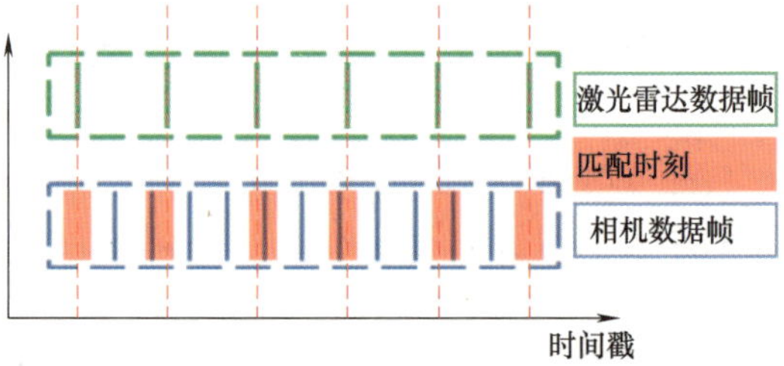

图 4-3　软件同步的方法

2. **硬件同步**

通过唯一时钟源给各传感器提供相同的基准时间，各传感器根据提供的基准时间校准各自的时钟时间，从硬件上实现时间同步。

目前，自动驾驶中主流时间同步是以 GPS 时间为基准时间，采用 PTP/gPTP 时钟同步协议来完成各传感器之间的时间同步，PTP（Precision Time Protocol）前提是需要交换机支持 PTP 协议，才能实现高精度同步。与 PTP 同时出现的还有一种 NTP，即网络时间协议，不同的是，PTP 是在硬件级实现的，NTP 是在应用层级别实现的。

（1）统一时钟源　由于每个传感器都有自己的时间戳，这里统一时钟就是来同步不同传感器时间戳的。如果传感器支持硬件触发的情况下，可以采用 GPS 时间戳作为基准进行硬件触发，这时传感器给出的数据中包含的时间戳为全局时间戳（GPS 时间戳），而非传感器时间戳。不同传感器之间统一时钟源效果的示意图如图 4-4 所示。

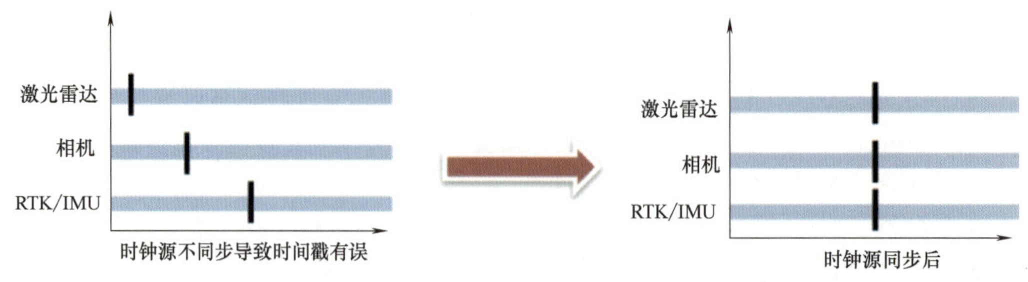

图 4-4　不同传感器之间统一时钟源效果的示意图

（2）硬件同步触发　硬件同步触发示意图如图 4-5 所示。由于每种传感器的采样频率不一致，如激光雷达通常为 10Hz，相机通常为 25Hz/30Hz，不同传感器之间的数据传输还存在一定的延迟，那么可以通过寻找相邻时间戳的方法找到最近邻帧，但如果两个时间戳相差较大，且传感器或障碍物又在运动，那么最终会得到较大的同步误差。这个情况可以采用硬件同步触发的方法来缓解查找时间戳造成的误差，也可以调整传感器的固有频率，如将相机采样频率调整为 20Hz，减少时间差问题。

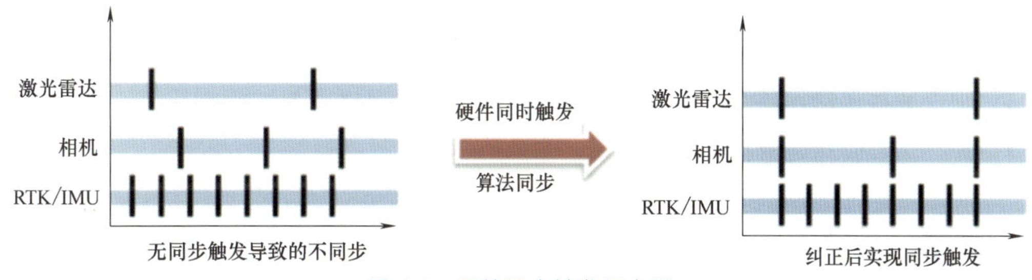

图 4-5　硬件同步触发示意图

二、空间同步

空间同步是指将不同传感器坐标系的测量值转换到同一个坐标系中，其中一部分就是运动补偿，即对传感器测量过程，物体的运动或者传感器的运动造成实际的运动数据偏差，进行量化弥补。

运动补偿主要分为自身车辆运动引起的偏差和非自身车辆运动引起的偏差两类。自身车辆运动引起的偏差是指传感器在采集过程中的某一时间戳内，由于车辆自身的运动，传感器坐标系原点发生了变化，即采集的对象在该时间戳内发生相对位移变化。非自身车辆运动引起的偏差是指传感器在采集的过程中，由于目标运动造成的相对位移的变化（这个在相机中最明显，如拖尾现象）。

运动补偿方法主要有纯估计方法、里程计辅助方法以及融合的方法等。

1. 纯估计方法

纯估计方法一般是基于激光雷达匀速假设，通过帧间点云匹配来计算激光雷达的位置，来进行线性补偿的。常用的方法包括迭代最近点（Iterative Closest Point，ICP）算法以及其相关的变种速度更新的迭代最近点（Velociy Updating Iterative Closest Point Algorithm，VICP）算法以及近似最近邻（Approximate Nearest Neighbor，ANN）方法。

纯估计方法的缺点是：低频率激光雷达，匀速运动假设不成立；数据预处理和状态估计过程存在耦合。

2. 里程计辅助方法

里程计辅助方法是利用 IMU 信息对激光数据中每个激光点对应的传感器位姿进行求解，即求解对应时刻传感器的位姿，然后根据求解的位姿把所有激光点转换到同一坐标系下，然后封装成一帧激光数据，发布出去（可以理解为激光点云的去畸变）。

里程计辅助方法具有极高的位姿更新频率，能够比较准确地反映运动情况；具有较高精度的局部位姿估计；跟状态估计完全解耦。

里程计辅助方法的处理流程如下：

1）通过 IMU 与点云数据时间对齐，然后对每个点进行速度补偿，通过时间戳进行线性插值，然后将所有点云数据转换到初始点云的 IMU 坐标下。

2）与上一帧的去完畸变的点云数据进行帧间匹配，计算激光姿态，并通过计算的姿态对每个点云进行线性补偿，将所有的点云数据根据时间戳转换到最后一个点云数据时间戳下，即完成了里程计方法的补偿。

3. 融合的方法

里程计辅助方法与纯估计方法相结合，具体步骤如下：

1）用里程计方法进行矫正，去除绝大部分的运动畸变。

2）认为里程计存在误差，但是误差值是线性分布的。

3）用迭代最近点算法进行匹配，匹配的结果作为真值，得到里程计的误差值。

4）把误差值均摊在每一个点上，重新进行激光点位置修正。

5）再一次进行迭代最近点算法迭代，直到收敛为止。

单元 2 多传感器融合理论认知

多传感器融合理论认知

一、多传感器融合的体系架构与级别分类

1. 多传感器融合的体系架构

多传感器融合的体系架构分为分布式、集中式和混合式，如图 4-6 所示。

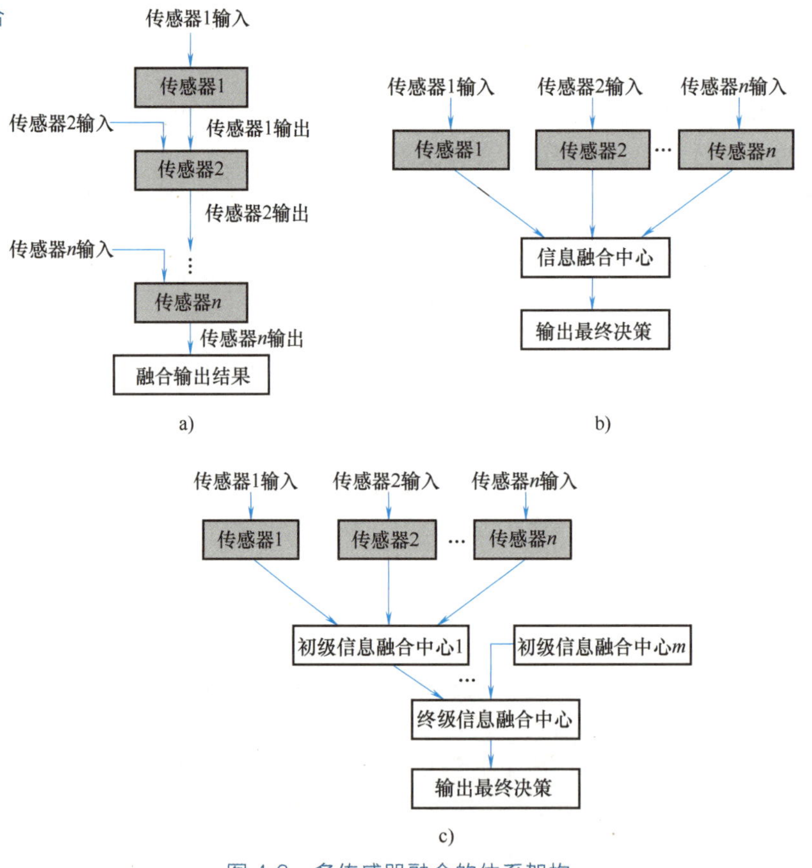

图 4-6 多传感器融合的体系架构

a）分布式 b）集中式 c）混合式

（1）分布式 先对各独立传感器所获得的原始数据进行局部处理，然后再将结果送入信息融合中心进行智能优化组合，来获得最终的结果。分布式对通信带宽的需求低，计算速度快，可靠性和延续性好，但跟踪的精度远没有集中式高。

（2）集中式 集中式将各传感器获得的原始数据直接送至信息融合中心进行融合处理，可以实现实时融合。集中式的优点是数据处理的精度高，算法灵活；缺点是对处理器的要求高，可靠性较低，数据量大，所以难以实现。

（3）混合式 在混合式多传感器信息融合框架中，部分传感器采用集中式融合方式，剩余的传感器采用分布式融合方式。混合式融合框架具有较强的适应能力，兼顾了集中式和分布式融合的优点，稳定性强。混合式融合方式的结构比前两种融合方式的结构复杂，加大了通信和计算上的代价。

三种融合体系结构比较见表 4-1。

表 4-1 三种融合体系结构比较

体系结构	分布式	集中式	混合式
信息损失	大	小	中
精度	低	高	中
通信带宽	小	大	中
可靠性	高	低	中
计算速度	快	慢	中
可扩充性	好	差	一般
融合处理	容易	复杂	中
融合控制	复杂	容易	中

2. 多传感器融合的级别分类

在智能驾驶场景下，多传感器融合级别可以分为数据级、特征级和决策级。

（1）数据级融合 数据级融合示意图如图 4-7 所示，数据级融合是直接接收传感器采集到的环境数据进行处理，此时数据只经过了筛选等初步操作，因此能够最大程度上保留数据本身的特性，同时没有引入其他识别或累计误差，信息量丰富且精度较高，便于进行后续分析处理，能够保障之后环境特征提取的准确度。但是由于原始数据信息量大，这要求系统具备分辨信息优劣的能力。

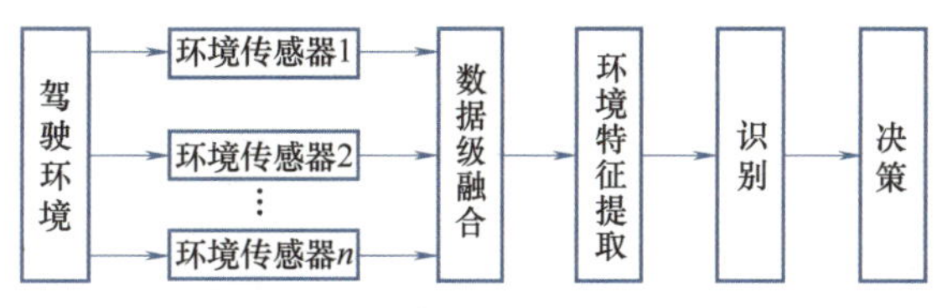

图 4-7 数据级融合示意图

（2）特征级融合 特征级融合示意图如图 4-8 所示，在特征级融合中，首先会对传感器采集到的原始环境数据进行环境特征提取，之后再对每个传感器所提取的特征信息进行算法融合，由于中间完成了传感器特征的初步提取，所以所需融合的信息量大大减少，提高了系统的处理速度，同时可以减少之后决策层的计算量以及数据冗余量，但是这种融合方法舍弃了许多环境数据。

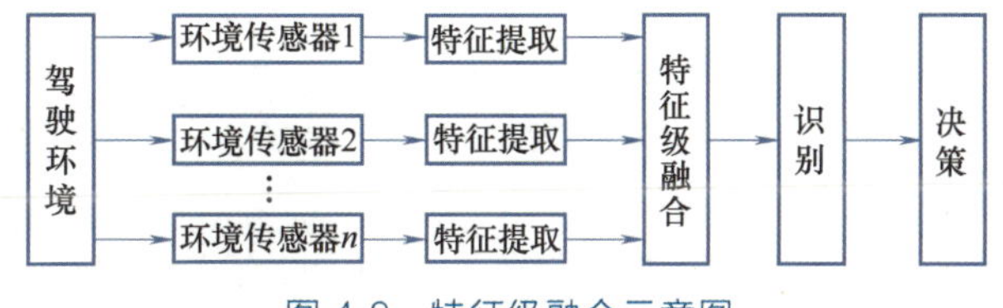

图 4-8 特征级融合示意图

（3）决策级融合 决策级融合示意图如图 4-9 所示，决策级融合是对传感器最终检测结果进行融合，从而为实际应用中的决策和控制等提供参考建议。由于决策级融合以检测识别结果作为输入，需要处理的信息量极少，因此计算实时性高。当系统中存在失效传感器时，也能根据剩余传感器的识别结果做出决策，容错性好。但是这种融合方法需要预先求解出各传感器的识别结果，所以处理过程较烦琐。

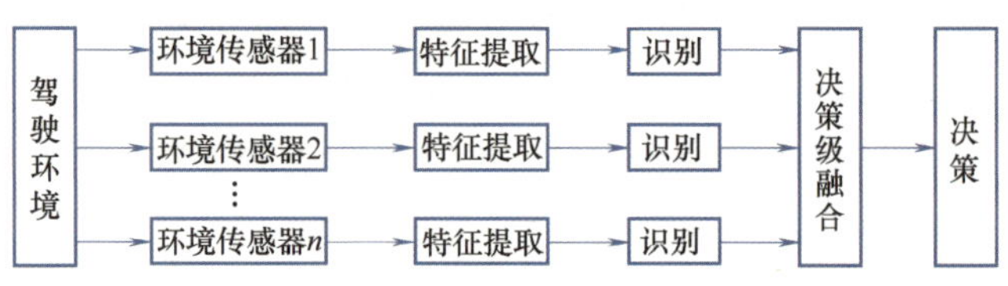

图 4-9　决策级融合示意图

融合级别的选择应综合考虑智能网联汽车的具体行驶工况和所需解决的问题，选取最贴近感知需求的融合层级，有时也可能要组合多种不同级别的融合方式。一般来说，首先需要保证系统处理信息的鲁棒性以及高效性，除此之外还需要结合自身车辆的实际应用场景，来综合比较各类方法的处理速度以及融合精度。

3. 多传感器后融合与前融合

多传感器融合技术可以分为后融合与前融合。

（1）后融合　后融合技术指的是每个传感器都独立地输出探测数据信息，在对每个传感器的数据信息进行处理后，再把最后的感知结果进行融合汇总。例如，相机会有独立的感知信息，生成一个自己的探测到的目标列表，同样激光雷达也会根据探测得到的点云数据生成一个探测目标列表，最后将这些探测结果按照一定合适的算法做融合。后融合的结构如图 4-10 所示。

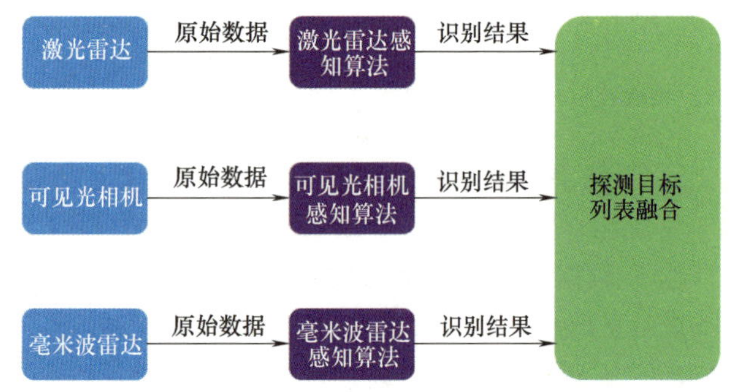

图 4-10　后融合的结构

（2）前融合　前融合技术是指在原始数据层面，把所有传感器的数据信息进行直接融合，然后根据融合后的数据信息实现感知功能，最后输出一个结果层的探测目标。前融合的结构如图 4-11 所示。基于这种融合方式，仅需要设计一种感知算法来处理融合信息，这种融合信息包含着十分丰富的信息，如 RGB 信息、纹理特征、三维信息等，极大地提高了感知的精确度。

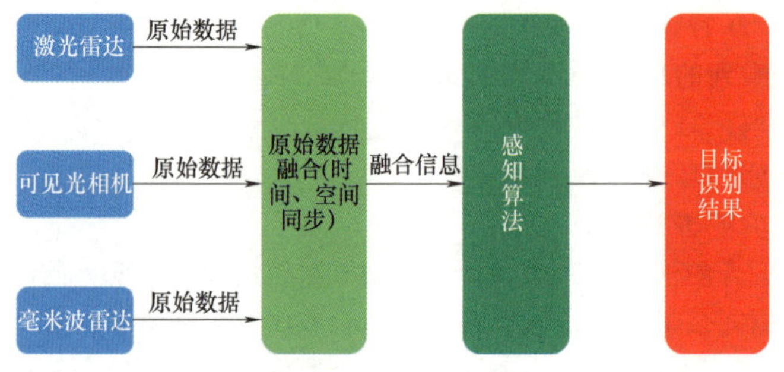

图 4-11　前融合的结构

与后融合相比，前融合在很多场景的检测精度更高，有着更为广泛的发展前景。例如，针对同一探测目标，激光雷达探测到了其中一部分，相机探测到了另一部分，在这种情况下，如果使用后融合方法，由于每个传感器都只探测到了目标的某一部分，而这一部分极有可能不能提供足够的信息让系统完成识别，最终就会被作为背景滤除。但使用前融合方法，融合是在原始数据进行的，感知算法能获得此目标更多的信息，相当于该目标的两个部分都被探测到了，这样识别结果会更加可靠。也就是说，在后融合过程中，低置信度信息会被过滤掉，产生原始数据的丢失。而这些滤除掉的低置信度信息往往能够通过对原始数据融合来提高置信度。

二、多传感器融合的算法

多传感器融合的算法有加权平均法、卡尔曼滤波法、多贝叶斯估计法、D-S证据推理法、模糊逻辑推理、人工神经网络法等。事实上，多传感器融合在硬件层面并不难实现，重点和难点都在算法上。多传感器融合软硬件难以分离，但算法是重点和难点，拥有很高的技术壁垒，因此，未来算法将在整个自动驾驶行业中占据价值链的主要部分。

1. 加权平均法

信号级融合方法最简单直观的方法是加权平均法，它是将一组传感器提供的冗余信息进行加权平均，结果作为融合值。该方法是一种直接对数据源进行操作的方法。

2. 卡尔曼滤波法

卡尔曼滤波法主要用于融合低层次实时动态多传感器冗余数据。该方法用测量模型的统计特性递推，决定统计意义下的最优融合和数据估计。如果系统具有线性动力学模型，且系统与传感器的误差符合高斯白噪声模型，则卡尔曼滤波将为融合数据提供唯一统计意义下的最优估计。

卡尔曼滤波的递推特性使系统处理时无须大量的数据存储和计算。但是采用单一的卡尔曼滤波器对多传感器融合系统进行数据统计时，存在很多严重问题，例如，在组合信息大量冗余情况下，计算量将以滤波器维数的三次方剧增，实时性难以满足；传感器子系统的增加使故障概率增加，在某一系统出现故障而没有来得及被检测出时，故障会污染整个系统，使可靠性降低。

自动驾驶汽车融合感知算法主要采用卡尔曼滤波算法，它是利用线性系统状态方程，通过系统输入输出观测数据，对系统状态进行最优估计的算法，是目前解决绝大部分问题的最优、效率最高的方法。

3. 多贝叶斯估计法

多贝叶斯估计法是将每一个传感器作为一个贝叶斯估计，把各单独物体的关联概率分布合成一个联合的后验概率分布函数，通过使联合分布函数的似然函数为最小，提供多传感器信息的最终融合值，融合信息与环境形成一个先验模型以提供整个环境的一个特征描述。

4. D-S证据推理法

D-S证据推理法是贝叶斯推理的扩充，包含基本概率赋值函数、信任函数和似然函数三个基本要点。

D-S证据推理法的推理结构是自上而下的，分为三级：第一级为目标合成，其作用是把来自独立传感器的观测结果合成为一个总的输出结果（ID）；第二级为推断，其作用是获得传感器的观测结果并进行推断，将传感器观测结果扩展成目标报告，这种推理的基础是，一定的传感器报告以某种可信度在逻辑上会产生可信的某些目标报告；第三级为更新，各传感器一般都存在随机误差，因此在时间上充分独立地来自同一传感器的一组连续报告比任何单一报告更加可靠。所以在推理和多传感器合成之前，要先组合（更新）传感器的观测数据。

5. 模糊逻辑推理

模糊逻辑是多值逻辑，通过指定一个 0~1 之间的实数表示真实度（相当于隐含算子的前提），允许将多个传感器信息融合过程中的不确定性直接表示在推理过程中。如果采用某种系统化的方法对融合过程中的不确定性进行推理建模，则可以产生一致性模糊推理。

与概率统计方法相比，逻辑推理存在许多优点，它在一定程度上克服了概率论所面临的问题，对信息的表示和处理更加接近人类的思维方式，一般比较适合于在高层次上的应用（如决策）。但是逻辑推理本身还不够成熟和系统化。此外，由于逻辑推理对信息的描述存在很多的主观因素，所以信息的表示和处理缺乏客观性。

模糊集合理论对于数据融合的实际价值在于它外延到模糊逻辑，模糊逻辑是一种多值逻辑，隶属度可视为一个数据真值的不精确表示。在开发系统过程中，存在的不确定性可以直接用模糊逻辑表示，然后使用多值逻辑推理，根据模糊集合理论的各种演算对各种命题进行合并，进而实现数据融合。

6. 人工神经网络法

神经网络具有很强的容错性以及自学习、自组织及自适应能力，能够模拟复杂的非线性映射。神经网络的这些特性和强大的非线性处理能力，恰好满足多传感器数据融合技术处理的要求。在多传感器系统中，各信息源所提供的环境信息都具有一定程度的不确定性，对这些不确定信息的融合过程实际上是一个不确定性推理过程。神经网络根据当前系统所接收的样本相似性确定分类标准，这种确定方法主要表现在网络的权值分布上，同时可以采用学习算法来获取知识，得到不确定性推理机制。利用神经网络的信号处理能力和自动推理功能，即实现了多传感器数据融合。

三、多传感器融合方案

多传感器融合有很多种组合和选择，常见的有激光雷达与视觉传感器融合、激光雷达与毫米波雷达融合、视觉传感器与毫米波雷达融合。

1. 激光雷达与视觉传感器融合

激光雷达和视觉传感器融合是一个经典方案。在无人驾驶应用中，视觉传感器价格便宜，但是受环境光影响较大，可靠性相对较低；激光雷达探测距离远，对物体运动判断精准，可靠性高，但价格高。视觉传感器可进行车道线检测、障碍物检测和交通标志的识别，激光雷达可进行路沿检测、动态和静态物体识别、定位和地图创建。对于动态的物体，视觉传感器能判断出前后两帧中物体或行人是否为同一物体或行人，而激光雷达得到信息后测算前后两帧间隔内的运动速度和运动位移。

视觉传感器和激光雷达分别对物体识别后，再进行标定。对于安全性要求 100% 的无人驾驶汽车，激光雷达和视觉传感器融合将是未来互补的方案。

2. 激光雷达与毫米波雷达融合

激光雷达和毫米波雷达融合是新的流行方案。毫米波雷达已经成为先进驾驶辅助系统的核心传感器，它具有体积小、重量轻和空间分辨率高的特点，而且穿透雾、烟、灰尘的能力强，弥补了激光雷达的不足。

但毫米波雷达受制于波长，探测距离有限，也无法感知行人，并且对周边所有障碍物无法进行精准的建模，这恰恰是激光雷达的强项。激光雷达和毫米波雷达不仅可以在性能上实现互补，还可以大大降低使用成本，可以为无人驾驶的开发提供一个新的选择。

3. 视觉传感器与毫米波雷达融合

将视觉传感器与毫米波雷达进行融合，相互配合共同构成智能网联汽车的感知系统，取长补短，实现更稳定可靠的先进驾驶辅助系统功能。视觉传感器与毫米波雷达融合具有以下优势：

（1）可靠性　目标真实，可信度提高。

（2）互补性　全天候应用与远距离提前预警。

（3）高精度　大视场角、全距离条件下的高性能定位。

（4）识别能力强　对各种复杂对象都能够识别。

单元3 基于V2I/V2N的感知融合系统技术应用

一、基于V2I / V2N的感知融合系统架构

基于V2I/V2N的感知融合系统技术应用

基于V2I/V2N的感知融合系统架构如图4-12所示。基于V2I/V2N的感知融合系统利用V2I通信技术将路侧感知与车载感知连接在一起，采用在路端布设毫米波雷达、激光雷达及摄像头组成路侧感知子系统，利用毫米波雷达、摄像头、激光雷达、组合导航等感知设备构建车载感知子系统，系统感知中心单元放置于汽车端，为智能汽车的决策与控制部分提供有效的目标信息。云平台为智能汽车、路侧设备、交通管理者等提供定制化服务，如区域地图、天气预告、前方拥堵、交通管理及区域规划等。边缘计算是指在靠近用户终端设备的网络边缘处理和存储数据，就近为用户提供可靠稳定的服务的一种计算模式。可以通过V2N技术实现智能车辆、路侧设备、交通地图、交通服务商等的连接，通过局域优化方式规划智能汽车的行车路线，实现智能汽车的节能控速和绿波通行等功能。在车端与路端布设5G通信终端和OBU和RSU，组成V2I/V2N通信单元，实现低延迟、大带宽的通信能力，以支持多种场景的应用需求。不同的交通场景对感知的需求存在差异，感知融合系统的信息接入方式应采用模块化方式设计，在不同的场景需求条件下可以灵活配置感知模块。

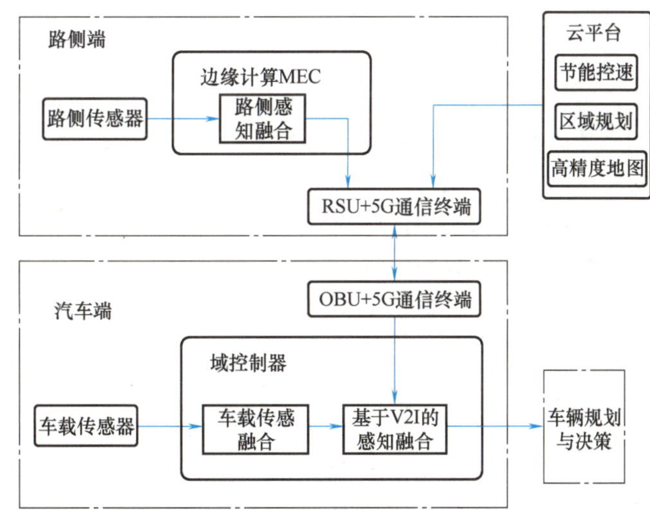

图4-12　基于V2I / V2N的感知融合系统架构

二、基于V2I/V2N的感知融合系统的典型应用场景

基于V2I/V2N的感知融合系统的典型应用场景有前车跟车行驶场景、车辆穿越交叉路口场景、高速路匝道车辆汇入场景等。

1. 前车跟车行驶场景

本车（Subject Vehicle，SV）跟随前方车辆（Target Vehicle 2，TV2）行驶，而前方车辆（TV2）随其前方车辆（Target Vehicle 1，TV1）行驶。在此类场景下，如果TV1车辆因紧急状况而采取紧急制动，SV车辆因受TV2车辆遮挡，而无法提前预知TV1紧急制动的状况。图4-13所示为前车跟车行驶场景。

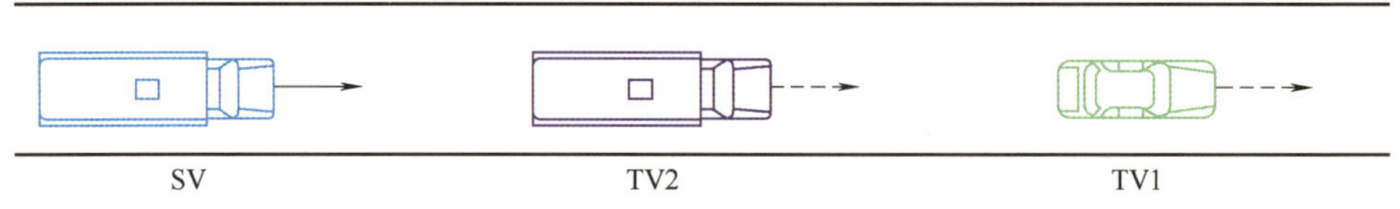

图4-13 前车跟车行驶场景

利用V2I/V2N等技术，合理布局感知设备，可以使SV车辆获得透视感知能力。在路侧布设毫米波雷达、高清摄像头，毫米波雷达可以检测过往目标动态信息、逆行事件等，摄像头可以识别道路行驶车辆、行人横穿马路、路面事故等，两种传感器融合可以高效地检测TV1状态信息、TV2前方（SV的遮挡区域）的交通动态场景，路侧感知融合在MEC中完成，并将路侧感知信息通过V2I实时发送给SV，实现SV感知遮挡区域目标信息的功能。在车端布设前视摄像头、前视长距毫米波雷达，实时检测前方车辆TV2的运动状态，车载组合导航系统提供本车运动状态信息。云平台通过V2N向SV提供前方事故、前方临时交通管制等信息。车载感知融合单元汇总车载感知信息、路侧感知信息及云平台，实现SV跟车行驶、保持车距，并提前获取前方道路状况而做出预判，避免碰撞危险。

基于V2I/V2N的感知系统，SV通过路侧传感器和云平台获取被遮挡车辆TV1的加减速度信息和其前方路况，若探测到TV1的制动减速度大于一定的阈值或者TV1前方存在紧急事故，可预测TV1将紧急制动，SV可根据前车的距离、速度信息及相邻车道环境，采取适当的减速或者变换车道策略，避免紧急制动或者碰撞，这类结果对于保障大型客车或者货车的安全是非常必要的。

2. 车辆穿越交叉路口场景

在繁忙的十字路口，多个道路的交通量汇入，交通参与者运动轨迹灵活多样，尤其是行人闯红灯穿越马路、非机动车辆不按规则行驶、遮挡区域运动的行人及车辆等难以检测，造成十字路口较容易发生交通事故。SV车辆经过十字路口时，需要提前获取红绿灯状态信息、路口行车标识线、盲区行人及车辆信息、冲突方向车辆行驶状态，以达到及时决策避免碰撞的目的。图4-14所示为车辆穿越交叉路口场景。

针对交通环境复杂的十字路口，应采用检测区域全面覆盖各个路口的传感器布局方案，以达到全方位检测行进区域冲突目标的目的，确保车辆安全通过路口。在路口各道路方向布设交通雷达，获取道路车辆排队长度、路口车辆速度和重点车辆轨迹等。同时，各入口布设摄像头，识别斑马线的行人、道路标识、盲区目标分类。在路口布设可覆盖各方向的激光雷达，检测与识别进入路口的行人和车辆等目标。路侧传感器数据在MEC中完成数据融合，获取路口区域目标融合信息，通过V2I发送到车端，实现路口无盲区覆盖检测。交通灯、道路指示牌等通过V2I向车辆提供红绿灯状态信息和限速信息等，实现准确获取道路指示信息。云平台的高精度地图通过V2N向车辆提供路口的车道线、斑马线、停车线及路口道路结构信息，帮助车辆实现精确定位、正确遵守道路指示等功能；区域规划服务可为车辆提供

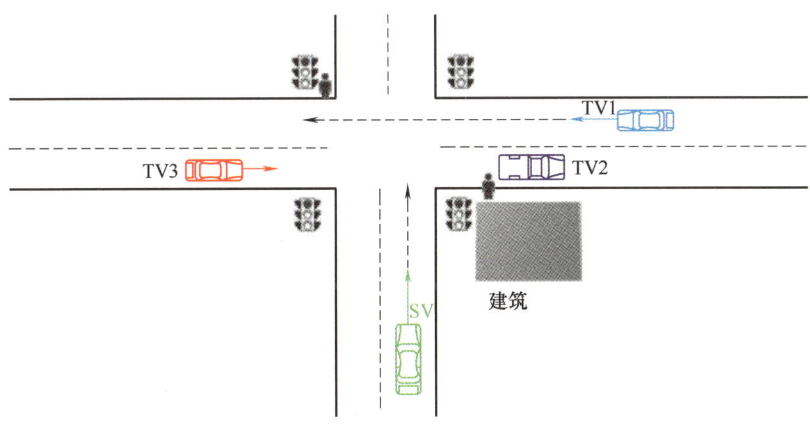

图 4-14 车辆穿越交叉路口场景

区域规划的行驶路线和车速，实现节能控速和绿波通行等功能。

在车端布设前视摄像头、前向毫米波雷达及激光雷达，两个传感器融合用于检测与识别前方车辆、行人目标，实现跟车行驶、前向碰撞预警等功能。角向雷达、侧向摄像头及激光雷达融合，协助车辆感知前方切入车辆、横穿马路的行人以及变道行驶。组合导航，提供本车的精确位置、速度和航向角等信息，实现高精度定位。车载传感器融合后的信息与路侧感知信息、道路设施信息、云平台信息汇总于车载系统感知融合单元，实现路口交通场景的全方位感知，为车辆决策规划提供可靠依据，确保车辆安全穿过十字路口。

在穿过十字路口时，通过基于 V2I/V2N 的感知系统，SV 车辆提前获取红绿灯状态计时信息和路口限速信息，提前规划车辆速度和路线，保证平稳行驶。通过路侧传感器获取遮挡区域行人、车辆信息、闯红灯车辆，提前规划行车路径，以避开遮挡区域障碍。通过云平台获取区域规划及高精度地图信息，与本车感知信息融合，保障 SV 车辆无违章、按照既定行驶路线通过路口。

3. 高速路匝道车辆汇入场景

高速路的匝道入口，引导车流汇入，收取车辆通行费用，限制车辆行驶速度，一般路面宽度较窄，短时间内汇聚多辆汽车，易发生拥堵与事故。匝道与高速路之间存在遮挡等，造成匝道车辆受遮挡而无法判断并入车道是否有车辆高速行驶，易造成碰撞。为避免此类冲突事件发生，匝道汇入车辆 SV 应具备感知受遮挡区域的主路车辆信息，根据主路车辆及时调整并道时机，安全稳定地进入主路。SV 与路侧 ETC 实时通信，实现不停车缴费，提高匝道通行效率。同时，SV 应及时感知前车运动状态的能力，保持安全距离，安全跟车行驶，在变换车道时感知相邻车道前后车辆运动状态信息，为 SV 汇入主路提供决策依据。图 4-15 所示为高速路匝道车辆汇入场景。

在路侧布设交通雷达，实时检测主路冲突车道车辆运动信息，并跟踪潜在冲突车辆的运动轨迹。布设路侧高清摄像头，实时监控及识别应急车道特殊车辆、冲突区域车辆类型、车道标识等。交通雷达与路侧高清相机实时融合，实时检测主路交通信息，通过 V2I 下发到车端。路侧限速标识、ETC 等设施，通过 V2I 与车辆实时交互，提供道路限速预警及高速收费信息；在车端，布设前视摄像头和前视毫米波雷达，实时监控前车运动状态，确保 SV 安全跟车。安装角向雷达、后视摄像头及侧视摄像头，检测主路汇入车道车辆运行信息，协助

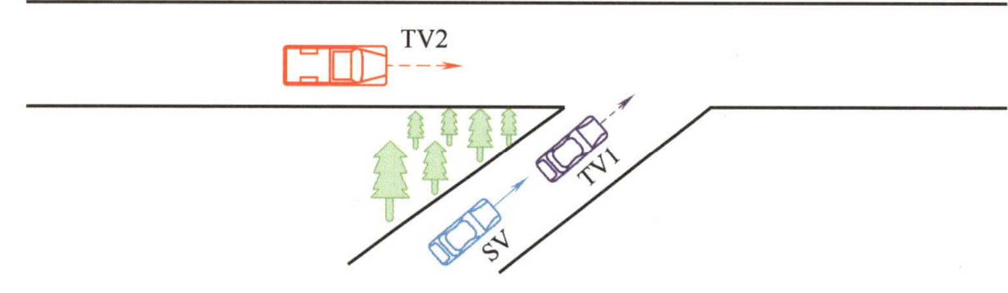

图 4-15　高速路匝道车辆汇入场景

SV 变道进入主路。组合导航设备提供本车的速度、航向和时间同步等信息，为传感器融合中的时空同步提供基准信息。路侧感知信息、道路基数设施交互信息及车辆感知信息，在车端完成信息融合，实现 SV 车辆透过障碍物感知主路车辆信息，实时监视周围环境，并具备不停车缴费的功能。

基于 V2I/V2N 的感知框架，SV 行驶在匝道欲汇入高速主路时，通过路侧 ETC 完成不停车计费，提高匝道通行效率；提前获取匝道限速、弯道曲率，规划行车速度和行车方向控制，保证车辆平稳行驶；本车传感器获取前车运动信息，保持安全行车间距和速度；利用路侧感知信息，提前感知主路冲突车道的车辆运动信息，规划好切入主路时机，保障车辆安全汇入主路。

单元 4　BEV 感知融合技术应用

BEV 感知融合技术应用

一、 BEV 感知的定义与必要性

1. BEV 感知的定义

自动驾驶系统在实际应用中需要面对各种复杂的场景，尤其是极端情况，对自动驾驶的感知和决策能力提出了更高的要求。极端情况指的是在实际驾驶中可能出现的极端或罕见情况，如交通事故、恶劣天气条件或复杂的道路状况。鸟瞰图（Bird's Eye View，BEV）技术通过提供全局视角来增强自动驾驶系统的感知能力，从而有望在处理这些极端情况时提供更好的支持。

BEV 感知是一种从鸟瞰视角观察场景的感知技术，它可以提供更全面、更准确的环境感知信息。BEV 感知技术已经在自动驾驶、智能交通、物流配送等领域得到广泛应用和研究，因为它能够有效地解决传统单目、双目摄像头在场景感知范围、视野盲区、姿态变化等方面的限制。

以视觉为中心的 BEV 感知指的是基于多个视角的图像序列，算法需要将这些透视图转换为 BEV 特征并进行感知，如输出物体的 3D 检测框或俯视图下的语义分割。相比于激光雷达，BEV 感知技术的视觉感知的语义信息更丰富，但缺少准确的深度测量。

BEV 感知技术主要应用于高精度地图构建、多传感器数据融合、目标检测与跟踪、场景理解与推理、自主决策与规划等。

2. BEV 感知的必要性

自动驾驶汽车中的决策规划模块依赖于多个感知任务、预测任务模块，以提供充足的环境信息，其中，感知任务不仅需要检测场景中的动态物体，还需要识别道路边界、人行横道、车道线、路标等静态元素。而预测任务需要系统能够推理其他动态物体的运动趋势，为决策提供信息依据，规划出道路，从而避免碰撞。

基于纯视觉传感器的感知、预测算法通常仅解决单个子问题，如3D目标检测、语义地图识别或物体运动预测，通过前融合或后融合的方式将不同网络的感知结果进行融合，这导致在搭建整体系统时只能以线性结构堆叠多个子模块。这种串行架构具有以下缺点：

1）上游模块的模型误差会不断向下游传递，然而在解决子问题时通常以真值作为输入，这使累积误差会显著影响下游任务的性能表现。

2）不同子模块中存在重复的特征提取、维度转换等运算，但是串行架构无法实现这些冗余计算的共享，不利于提升系统的整体效率。

3）无法充分利用时序信息，时序信息可以作为空间信息的补充，更好地检测当前时刻被遮挡的物体，为定位物体的位置提供更多参考信息；时序信息能够帮助判断物体的运动状态。

BEV方案通过多摄像头或雷达将视觉信息转换至鸟瞰视角进行相关感知任务，这样的方案能够为自动驾驶感知提供更大的视野，并且能够并行地完成多项感知任务。图4-16所示为BEV感知效果图。

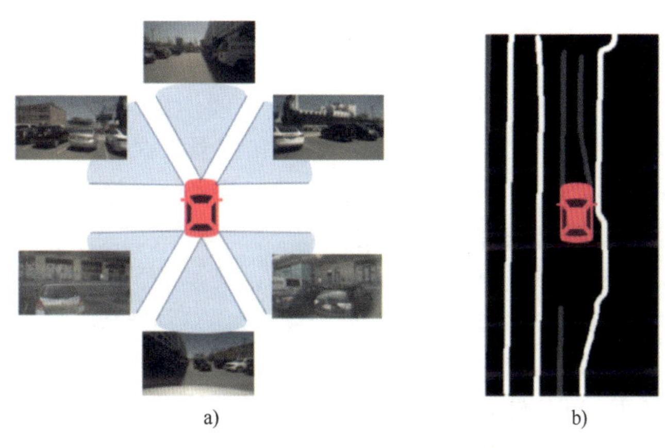

图4-16　BEV感知效果图

a）多图像的输入　b）鸟瞰图

在BEV感知空间中，传统的BEV变换算法通常是在图像空间中进行特征提取，并产生分割结果，再利用逆透视变换（IPM）将其转化为BEV空间，如图4-17所示。

逆透视变换的功能是消除视觉上的影响，如在自动/辅助驾驶中，因为在前视摄像头拍摄的图像中，原本平行的物体会因为透视的原因而发生交叉。

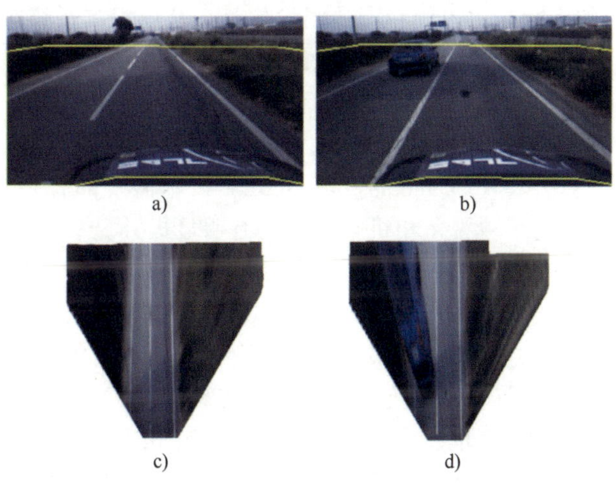

图4-17　BEV空间

a）图像a　b）图像b　c）图像a的逆透视变换投影　d）图像b的逆透视变换投影

逆透视变换是把影像与BEV空间连接起来的一种简便、直接的方式，要得到一幅影像的逆透视变换，就必须了解视觉传感器的内部参数（焦距、光心）和外部参数（俯仰角、偏航角和地面高度）。在这个过程中，视觉传感器必须保持俯仰角，但这种约束太严格，难以在实际应用中得到满足。同时，由于参数的变化，会引起系统对物体感知能力的变化，从而降低视觉质量，造成平行车道之间的夹角。

为减小俯仰角对视觉的影响，改进后的算法采用了视觉传感器的实时位姿，并将俯仰校正添加到相邻的帧中，这样可以获得较好的逆变换效果，但由于实时位姿难以精确地获得，因而无法获得最理想的结果。

BEV相关算法的发展让深度学习应用于BEV空间转换的方式逐渐成为主流。与以往的算法相比，利用神经网络进行二维BEV空间变换可以获得更好的视觉效果。该方法主要流程是：首先利用主干网对各视觉传感器进行特征提取，再利用Transformer等技术将多视觉传感器数据从图像空间转化为BEV空间。在BEV空间中，由于利用同一坐标系统，可以很方便地将激光雷达、毫米波雷达等传感器数据与其他传感器数据进行融合，还可以进行时序融合形成4D空间，这也是BEV感知技术的大趋势。

3. BEV感知技术的优势

BEV感知技术与激光雷达相比，具有以下特点：

1）BEV感知技术能提供全局视角的环境感知，有助于提高自动驾驶系统在复杂场景下的表现。

2）BEV感知技术通过摄像头捕捉图像，可以获取颜色和纹理信息；激光雷达在这方面的性能较弱。

3）BEV感知技术的成本相对较低，适用于大规模商业化部署。

BEV感知技术与传统单视角相机相比，具有以下特点：

1）传统单视角相机可以捕捉车辆周围的环境信息，但在视野和信息获取方面存在一定局限性。BEV感知技术整合多个相机的图像，提供全局视角，可以更全面地了解车辆周围的环境。

2）BEV感知技术在复杂场景和恶劣天气条件下，相对于单视角相机具有更好的环境感知能力，因为BEV能够融合来自不同角度的图像信息，从而提高系统对环境的感知。

3）BEV感知技术可以帮助自动驾驶系统更好地处理极端情况，如复杂道路状况、狭窄或遮挡的道路等，而单视角相机在这些情况下可能表现不佳。

4）在成本和资源占用情况方面，由于BEV感知需要进行各视角下的图像感知、重建和拼接，因此是比较耗费算力和存储资源的。虽然BEV技术需要部署多个摄像头，但总体成本仍低于激光雷达，且相对于单视角相机在性能上有明显提升。

BEV感知具有以下优势：

（1）跨视觉传感器融合和多模态融合更易实现　传统跨视觉传感器融合或者多模态融合时，由于数据空间的差异，需要用很多后处理规则去关联不同传感器的感知结果，操作非常复杂。而在BEV空间内进行多视觉传感器或多模态融合后，再做目标检测、实例分割等任务，可以使算法的实现更加简单，也能更直观地显示出BEV空间中的物体大小和方向。

（2）时序融合更易实现　在BEV空间中，可以很容易地实现时序信息的融合，从而构建一个4D空间。在4D空间内，感知算法能够更好地完成诸如速度测量等感知任务，并能将运动预测的结果传递到下游的决策模块和控制模块。

（3）可“脑补”出被遮挡的目标 由于视觉的透视效应，现实世界的物体在2D图像中很容易受到其他物体的遮挡，因此，传统的基于2D的感知方式只能感知可见的目标，对于被遮挡的部分算法将无能为力。而在BEV空间内，算法可以基于先验知识，对被遮挡的区域进行预测，“脑补”出被遮挡的区域是否有物体。虽然“脑补”出来的物体固然有“想象”的成分，但对后续的控制模块来说，还是有不少益处。

（4）端到端的优化更加容易 在传统感知任务中，识别、跟踪和预测更像是个“串行系统”，系统上游的误差会传递到下游，从而造成误差累积，但在BEV空间内，感知和预测都是在一个统一的空间中进行的，因此，可以通过神经网络直接做端到端优化，“并行”出结果，这样既可以避免误差累积，又可以极大地减小算法逻辑的影响，让感知网络能够以数据驱动的方式来自学习，进行更好的功能迭代。

二、视觉 Transformer

视觉 Transformer 是一种基于自注意力机制的神经网络模型，被广泛用于计算机视觉领域中的图像处理任务。与传统的卷积神经网络（CNNs）不同，视觉 Transformer 在不使用卷积操作的情况下对图像进行处理。

视觉 Transformer 模型由多个层次组成，每个层次都包括多头自注意力模块和前馈神经网络模块。自注意力模块是模型的核心组件，它能够自适应地关注输入的不同区域，并学习到区域之间的关系。前馈神经网络模块则用于对每个位置的特征进行非线性变换和扩展。

与传统的 CNNs 相比，视觉 Transformer 具有以下优点：

（1）更好的全局视野 自注意力机制能够关注整个图像，而不是像卷积神经网络一样只能关注固定大小的局部区域。因此，视觉 Transformer 在处理图像中的长程依赖性问题时表现更好。

（2）更好的可解释性 由于自注意力机制能够对不同位置之间的关系进行建模，因此，视觉 Transformer 模型的特征映射可以被解释为输入图像中的不同部分之间的关系。这使模型的预测结果更容易被理解和解释。

（3）更好的灵活性 视觉 Transformer 模型可以适用于不同大小的输入图像，而不像卷积神经网络那样需要预定义的固定大小的卷积核。这使视觉 Transformer 更适合处理尺寸不一的图像数据，如遥感图像和医学图像等。

目前，视觉 Transformer 已被应用于多个计算机视觉任务，如图像分类、目标检测和图像分割等。在许多任务中，视觉 Transformer 的性能已经超过传统 CNNs 的性能，并成为计算机视觉领域中的研究热点之一。

三、 BEV 感知的应用

BEV 作为一种有效的环境感知方法，在自动驾驶系统中发挥着重要作用。结合 Transformer 和 BEV 的优势，可以构建一个端到端的自动驾驶系统，实现高精度的感知、预测和决策。

基于 Transformer 和 BEV 的自动驾驶系统包括数据预处理、感知模块、预测模块和决策模块。

（1）数据预处理 将激光雷达、毫米波雷达和相机等多模态数据融合为 BEV 格式，并进行必要的预处理操作，如数据增强、归一化等。首先需要将激光雷达、毫米波雷达和相机等多模态数据转换为 BEV 格式。对于激光雷达点云数据，可以将三维点云投影到一个二维平面上，然后对该平面进行栅格化，以生成一个高度图；对于毫米波雷达数据，可以将距离和角度信息转换为笛卡儿坐标，然后在 BEV 平面上进行栅格化；对于相机数据，可以将图像数据投影到 BEV 平面上，生成一个颜色或强度图。

（2）感知模块　在自动驾驶的感知阶段，Transformer 模型可以用于提取多模态数据中的特征，如激光雷达点云、相机图像、毫米波雷达数据等。通过对这些数据进行端到端的训练，Transformer 能够自动学习到这些数据的内在结构和相互关系，从而有效地识别和定位环境中的障碍物。

（3）预测模块　基于感知模块的输出，使用 Transformer 模型预测其他交通参与者的未来行为和轨迹。通过学习历史轨迹数据，Transformer 能够捕捉到交通参与者的运动模式和相互影响，从而为自动驾驶系统提供更准确的预测结果。

（4）决策模块　根据预测模块的结果，结合交通规则和车辆动力学模型，采用 Transformer 模型生成合适的驾驶策略。

通过将环境信息、交通规则和车辆动力学模型整合到模型中，Transformer 能够学习到高效且安全的驾驶策略，如路径规划、速度规划等。此外，利用 Transformer 的多头自注意力机制，可以有效地平衡不同信息源之间的权重，从而在复杂环境中做出更为合理的决策。

采用 Transformer+BEV 的技术可以有效地解决极端情况出现的场景：

（1）处理复杂道路状况　在复杂道路状况下，如交通拥堵、复杂的路口或者不规则的路面，Transformer+BEV 技术可以提供更全面的环境感知。通过整合车辆周围多个摄像头的图像，BEV 生成一个连续的俯视视角，使自动驾驶系统能够清晰地识别车道线、障碍物、行人和其他交通参与者。例如，在一个复杂的路口，BEV 技术能帮助自动驾驶系统准确识别各交通参与者的位置和行驶方向，从而为路径规划和决策提供可靠依据。

（2）应对恶劣天气条件　在恶劣天气条件下（如雨、雪、雾等），传统的摄像头和激光雷达可能会受到影响，降低自动驾驶系统的感知能力。Transformer+BEV 技术在这些情况下仍具有一定优势，因为它可以融合来自不同角度的图像信息，从而提高系统对环境的感知。为了进一步增强 Transformer+BEV 技术在恶劣天气条件下的性能，可以考虑采用红外摄像头或者热成像摄像头等辅助设备，以补充可见光摄像头在这些情况下的不足。

（3）预测异常行为　在实际道路环境中，行人、骑行者和其他交通参与者可能会出现异常行为，如突然穿越马路、违反交通规则等。BEV 技术可以帮助自动驾驶系统更好地预测这些异常行为。借助全局视角，BEV 可以提供完整的环境信息，使自动驾驶系统能够更准确地跟踪和预测行人和其他交通参与者的动态。此外，结合机器学习和深度学习算法，Transformer+BEV 技术可以进一步提高对异常行为的预测准确性，从而使自动驾驶系统在复杂场景中做出更为合理的决策。

（4）狭窄或遮挡的道路　在狭窄或遮挡的道路环境中，传统的摄像头和激光雷达可能难以获取足够的信息来进行有效的环境感知。然而，Transformer+BEV 技术可以在这些情况下发挥作用，因为它可以整合多个摄像头捕获的图像，生成一个更全面的视图。这使自动驾驶系统能够更好地了解车辆周围的环境，识别狭窄通道中的障碍物，从而安全地通过这些场景。

（5）并车和交通合流　在高速公路等场景中，自动驾驶系统需要应对并车和交通合流等复杂任务。这些任务对自动驾驶系统的感知能力提出了较高要求，因为系统需要实时评估周围车辆的位置和速度，以确保安全地进行并车和交通合流。借助 Transformer+BEV 技术，自动驾驶系统可以获得一个全局视角，清晰地了解车辆周围的交通状况。这将有助于自动驾驶系统制定合适的并车策略，确保车辆安全地融入交通流。

（6）紧急情况应对　在紧急情况下（如交通事故、道路封闭或突发事件），自动驾驶系统需要快速做出决策以确保行驶安全。在这些情况下，Transformer+BEV 技术可以为自动驾驶系统提供实时、全面的环境感知，帮助系统迅速评估当前的道路状况。结合实时数据和先进的路径规划算法，自动驾驶系统可以制定合适的应急策略，避免潜在的风险。

复习思考题

1. 传感器时间戳有哪些？
2. 什么是软件同步和硬件同步？
3. 多传感器融合的体系架构有哪些？
4. 多传感器融合的级别有哪些？
5. 什么是后融合和前融合？
6. 多传感器融合的算法有哪些？
7. 多传感器融合主要有哪些方案？
8. 基于 V2I/V2N 的感知融合系统的典型应用场景主要有哪些？
9. BEV 感知有哪些优势？
10. 采用 Transformer+BEV 的技术可以解决哪些极端情况出现的场景？

模块5

环境感知与识别

【教学目标】

通过对本模块的学习，学生能够了解环境感知与识别的基础知识；掌握道路识别，车辆识别，行人识别，交通标志识别，交通信号灯识别的定义、目的和方法等。

【教学要求】

单元	要求	参考学时
环境感知与识别的基础知识认知	了解图像处理技术、机器学习技术、深度学习技术、语义分割技术、卷积神经网络	4
道路识别	掌握道路识别的目的、道路识别的流程、道路识别的方法	4
车辆识别	掌握车辆识别的目的、车辆识别的方法	4
行人识别	掌握行人识别的目的、行人识别的特征、行人识别的方法	
交通标志识别	掌握交通标志识别的目的、交通标志识别的流程、交通标志识别的方法	4
交通信号灯识别	掌握交通信号灯识别的目的、交通信号灯识别的流程、交通信号灯识别的方法	

【导入案例】

智能网联汽车在行驶时，必须对周围的车辆、行人和交通标志等进行检测与识别，如图 5-1 所示。

图 5-1　车辆、行人和交通标志的检测与识别

环境感知与识别涉及哪些知识？如何对道路、车辆、行人、交通标志、交通信号灯进行检测与识别？通过对本模块的学习，读者便可以得到答案。

单元1 环境感知与识别的基础知识认知

一、图像处理技术

环境感知与识别的基础知识认知

视觉传感器拍摄的图像要经过图像处理技术才能对目标进行检测或识别。图像处理技术主要有图像的点运算、图像的几何变换、空间域图像增强、频率域图像增强、形态学图像处理和图像分割等。

1. 图像的类型

图像的类型主要有彩色图像、灰度图像、二值图像和索引图像等。

（1）彩色图像　彩色图像分别用红（R）、绿（G）、蓝（B）三个亮度值为一组，代表每个像素的颜色。这些亮度值直接存放在图像数组中，而不是存放在颜色图中。数据一般为 uint8 类型；图像数组为 $m \times n \times 3$，m 和 n 表示图像像素的行列数。

（2）灰度图像　灰度图像是指每个像素只有一个采样颜色的图像，这类图像通常显示为从最暗黑色到最亮白色的灰度。灰度图像是保存在一个矩阵中的，矩阵中的每个元素代表一个像素点；矩阵可以为双精度型（Double），其值域为［0，1］；也可以为 uint8 类型，其值域为［0，255］。矩阵的每个元素代表不同的亮度或灰度级，对于双精度型，0 代表黑色，1 代表白色；对于 uint8 类型，0 代表黑色，255 代表白色。

（3）二值图像（黑白图像）　二值图像是指每个像素点只有两种可能，即 0 和 1，0 代表黑色，1 代表白色。数据类型通常为一个二进制位。

（4）索引图像　索引图像包括图像矩阵和颜色图数组，其中，颜色图是按照图像中的颜色值进行排序后的数组；对于每个像素，图像矩阵包含一个值，这个值就是颜色图数组中的索引。颜色图为 $m \times 3$ 双精度值矩阵，各行分别指定红、绿、蓝单色值。

2. 图像的点运算

图像的点运算包括图像直方图、图像的线性变换、图像的对数变换、图像的 Gamma 变换、图像的阈值变换等。

（1）图像直方图　图像直方图是反映一个图像像素分布的统计表，其横坐标代表了图像像素的种类，可以是灰度的，也可以是彩色的；纵坐标代表了每一种颜色值在图像中的像素总数或者占所有像素个数的百分比。图像由像素构成，反映像素分布的直方图往往可以作为图像一个很重要的特征。

灰度直方图描述了一幅图像的灰度级统计信息，主要应用于图像分割和图像灰度变换等处理过程中。从数学角度来说，灰度直方图描述图像各灰度级的统计特性，它是图像灰度值的函数，统计一幅图像中各灰度出现的次数或概率。横坐标为图像中各像素点的灰度级别，纵坐标表示具有各灰度级别的像素在图像中出现的次数或概率。灰度级别一般用 0~255 表示。

（2）图像的线性变换　图像的线性变换表达式为

$$f(x)=kx+b \tag{5-1}$$

式中，$f(x)$ 为目标灰度值；x 为原灰度值；k 为直线的斜率；b 为在 y 轴上的截距。

通过改变 k、b 的数值，可以对图像的灰度值进行线性变换。当 $k>1$ 时，输出图像的对比度将增大；当 $k<1$ 时，输出图像的对比度将减小；当 $k=1$ 且 $b\neq 0$ 时，所有像素的灰度值上移或下移，使整个图像更暗或更亮；当 $k<0$ 且 $b=0$ 时，图像的暗区变亮，亮区变暗；当 $k=1$ 且 $b=0$ 时，图像恒定不变；当 $k=-1$ 且 $b=255$ 时，图像反转变化。

（3）图像的对数变换　图像的对数变换表达式为

$$t=c\log(1+ks) \tag{5-2}$$

式中，t 为变换后的目标灰度值；c 为尺度比例常数；k 为常数，k 越大，灰度提高越明显；s 为原灰度值。

图像的对数变换可以增强一幅图像中较暗部分的细节，可以用来扩展被压缩的高值图像中的较暗像素，广泛应用于对数值范围过大的数据进行调整显示，如傅里叶变换后的图像数据。

（4）图像的 Gamma 变换　Gamma 变换是对输入图像灰度值进行的非线性操作，使输出图像灰度值与输入图像灰度值呈指数关系。

图像的 Gamma 变换的表达式为

$$y=(x+esp)^{\gamma} \tag{5-3}$$

式中，y 为变换后的目标灰度值；x 为原灰度值，x、y 的取值范围为［0，1］；esp 为补偿系数；γ 为 Gamma 系数。

Gamma 变换是根据 γ 的不同取值，选择性地增强低灰度区域的对比度或者高灰度区域的对比度。当 $\gamma>1$ 时，较亮的区域灰度被拉伸，较暗的区域灰度被压缩得更暗，图像整体变暗；$\gamma<1$ 时，较亮的区域灰度被压缩，较暗的区域灰度被拉伸得较亮，图像整体变亮。

（5）图像的阈值变换　图像阈值变换的表达式为

$$f(x)=\begin{cases}0 & x<T\\ 255 & x\geqslant T\end{cases} \tag{5-4}$$

式中，T 为阈值。

当图像像素点的灰度大于 T 时，设置这个点为全黑，否则为全白。

3. 图像的几何变换

图像的几何变换又称为图像空间变换，它是将一幅图像中的坐标位置映射到另一幅图像中的新坐标位置。图像的几何变换不改变图像的像素值，只是在图像平面上进行像素的重新安排。

图像的几何变换主要用于目标识别中的目标配准，包括图像平移、图像镜像、图像转置、图像缩放和图像旋转。

图像平移是指所有像素加上或减去指定的水平或垂直偏移量。

图像镜像分为水平镜像和垂直镜像。水平镜像是指将图像的左右部分以图像垂直中轴线为中心进行镜像对换，垂直镜像是指将图像的上下两部分以图像水平中轴线为中心进行镜像对换。

图像转置是将图像像素的 x 坐标和 y 坐标互换，图像的大小会随之改变，高度和宽度将互换。

图像缩放包括图像缩小和图像放大。图像缩小就是对原有的多个数据进行挑选或处理，获得期望缩小尺寸的数据，并且尽量保持原有的特征不丢失，最简单的方法就是等间隔地选取数据。图像放大是图像缩小的逆操作，从信息处理的角度来看，两者难易程度完全不同。图像缩小是从多个信息中选出所需要的信息，而图像放大则是需要对多出的空位填入适当的值，是信息的估计。

图像旋转就是将图像旋转一定角度。

4. 空间域图像增强

图像增强是采用一系列技术去改善图像的视觉效果，或将图像转换成一种更适合于人或机器进行分析和处理的形式。空间域图像增强是直接对图像各像素进行处理，如空间域滤波、中值滤波、图像锐化等。

空间域滤波就是基于邻域（在图像坐标）下，利用模板对图像中的像素执行运算，用得到的新像素值代替原来像素值的处理方法。

中值滤波是基于排序理论的一种能有效抑制噪声的非线性平滑技术，其基本原理是把数字图像或数字序列中一点的值用该点的一个邻域中各点值的中值代替，让周围的像素接近真实值，从而消除孤立的噪声点。中值滤波对于某些类型的随机噪声具有非常理想的降噪能力，典型的应用就是消除椒盐噪声。

图像锐化主要采用拉普拉斯算子、Prewitt 算子、Sobel 算子、Log 算子、高斯滤波、Robert 交叉梯度等，增强图像边缘，使模糊的图像变得更加清晰，颜色变得鲜明突出，图像的质量有所改善，产生更适合人眼观察和识别的图像；希望通过锐化处理后，目标物体的边缘鲜明，以便于提取目标的边缘，对图像进行分割、目标区域识别、区域形状提取等，为进一步的图像处理与分析奠定基础。

5. 频率域图像增强

频率域图像增强是利用图像变换方法将原来的图像空间中的图像以某种形式转换到其他空间中，然后利用该空间的特有性质方便地进行图像处理，最后再转换回原来的图像空间中，从而得到处理后的图像。

频率域图像增强主要是使用傅里叶变换和逆变换对图像进行处理。

6. 形态学图像处理

形态学即数学形态学，是图像处理中应用最为广泛的技术之一，主要用于从图像中提取对表达和描绘区域形状有意义的图像分量，使后续的识别工作能够抓住目标对象最为本质的形状特征，如边界和连通区域等。同时图像细化、像素化和修剪毛刺等技术也常应用于图像的预处理和后处理中，成为图像增强技术的有力补充。

7. 图像分割

图像分割就是把图像分成若干个特定的、具有独特性质的区域，并提出感兴趣的目标的技术和过程，它是图像处理和图像分析的关键步骤之一。

8. 图像处理应用实例

视觉传感器的环境感知流程一般包括图像采集、图像预处理、图像特征提取、图像模式识别、结果传输等，根据具体识别目标和采用的识别方法不同，感知流程也会略有差异。下面以车道偏离预警系统为例，介绍视觉传感器的感知流程。

（1）图像采集　图像采集主要是通过摄像头采集图像，如果是模拟信号，要把模拟信号转换为数字信号，并把数字图像以一定格式表现出来。根据具体研究对象和应用场合，选择性价比高的摄像头。图 5-2 所示为 Sony HDR-XR520E 高清摄像头采集的车道线原始图像。

（2）图像预处理　图像预处理包含的内容较多，要根据具体实际情况进行选择。

1）图像灰度化。视觉传感器采集的原始图像是彩色图像，即由红色（Red）、绿色（Green）、蓝色（Blue）三通道构成的图像，直接对采集到的图像进行处理时需要对每个像素点的三个颜色分量信息进行处理，需要处理的数据量很大。而灰度图像是 $R=G=B$ 的一种特殊的彩色图像，其中，$R=G=B$ 的值就叫作灰度值。在灰度图像中，每个像素点的信息只需一个变量来表示，即灰度值（数据处理范围为 0~255），需要处理的数据量小。同时，灰度图像与彩色图像一样，可以完整地反映图像的色度和亮度的分布和特征。彩色图像灰度化的常用方法有分量法、最大值法和平均值法等。

图 5-3 所示为车道线的灰度图像。

图 5-2　车道线原始图像

图 5-3　车道线的灰度图像

2）图像压缩。图像压缩技术可以减少描述图像的数据量，以便节省图像传输、处理时间和减少所占用的存储器容量。压缩可以在不失真的前提下获得，也可以在允许失真的条件下进行。比较常用的数字图像压缩方法有基于傅里叶变换的图像压缩算法、基于离散余弦变换的图像压缩算法、基于小波变换的图像压缩算法、基于数论变换的图像压缩算法、基于神经网络的图像压缩算法等。

3）图像增强和复原。图像增强和复原的目的是为了提高图像的质量，如去除噪声、提高图像的清晰度等。

图像增强技术有空域法和频域法两类方法。空域法主要在空域内对像素灰度值直接运算处理，如图像灰度变换、直方图修正、图像空域平滑和锐化处理、伪彩色处理等。图像增强的频域法就是在图像的某种变换域内，对图像的变换值进行计算，如傅里叶变换等。

图像复原技术与增强技术不同，它需要了解图像降质的原因，一般要根据图像降质过程的某些先验知识，建立降质模型，再用降质模型，按照某种处理方法，恢复或重建原来的图像。

图 5-4 所示为增强处理后的车道线图像。

图 5-4　增强处理后的车道线图像

4）图像分割。图像分割方法主要有阈值

分割法、区域分割法、边缘分割法和特定理论分割法等。

（3）图像特征提取　为了完成图像中目标的识别，要在图像分割的基础上，提取需要的特征，并将某些特征计算、测量和分类，以便于计算机根据特征值进行图像分类和识别。

在图像识别中，主要有以下特征：

1）边缘特征。图像的边缘特征往往体现了图像属性的显著变化，主要包括场景照明的变化、深度上的不连续性、表面方向的不连续性、物体属性的变化。因此，图像边缘包含大量信息（如物体形状、纹理等），不仅可以反映图像局部的不连续性，还可以根据图像边缘的特点将图像划分为不同的区域。在图像处理和机器视觉检测过程中，往往只对图像中的那些能体现物体结构属性的信息感兴趣。因此，对图像进行边缘检测能保留图像的重要信息，剔除不相关信息，大大减少后续处理的计算量。常用来获取图像边缘的检测算子有 Canny 算子、Roberts 算子和 Prewitt 算子等。

2）图像幅度特征。图像像素灰度值、RGB、颜色模型（HSI）和频谱值等表示的幅值特征是图像的最基本特征。

3）直观性特征。图像的边缘、轮廓、纹理和区域等，这些都属于图像灰度的直观特征。它们的物理意义明确，提取比较容易，可以针对具体问题设计相应的提取算法。

4）图像统计特征。图像统计特征主要有直方图特征、统计性特征（如均值、方差、能量、熵等）、描述像素相关性的统计特征（如自相关系数、协方差等）。

5）图像几何特征。图像几何特征主要有面积、周长、分散度、伸长度、曲线的斜率和曲率、凸凹性、拓扑特性等。

6）图像变换系数特征。如傅里叶变换系数、Hough 变换、Wavelet 变换系数、Gabor 变换、哈达玛变换、K-L 变换等。

此外，还有一些其他描述图像的特征，如纹理特征、三维几何结构描述特征等。

（4）图像模式识别　图像模式识别的方法很多，从图像模式识别提取的特征对象来看，图像识别方法可分为基于形状特征的识别技术、基于色彩特征的识别技术以及基于纹理特征的识别技术等。

从模式特征选择及判别决策方法的不同来看，图像模式识别方法可分为统计模式（决策理论）识别方法、句法（结构）模式识别方法、模糊模式识别方法和神经网络模式识别方法等。

为了减小图像识别的运算量，一般要对图像感兴趣的区域进行划分。车道线图像划分如图 5-5 所示，区域 A 和 B 构成了感兴趣区域，其中，A 为近视野区域，大约为道路区域的 3/4；B 为远视野，大约为道路区域的 1/4。

基于形状特征的识别技术，车道线识别结果如图 5-6 所示。

（5）结果传输　通过环境感知系统识别出的信息，传输到车辆其他控制系统或者传输到车辆周围的其他车辆，完成相应的控制功能。把车道线识别结果输入车道偏离预警系统中，可以对车道偏离进行预警，如图 5-7 所示。

二、人工智能技术

当使用人工智能技术时，经常涉及机器学习和深度学习这两个术语。如何理解人工智能、机器学习和深度学习的关系？

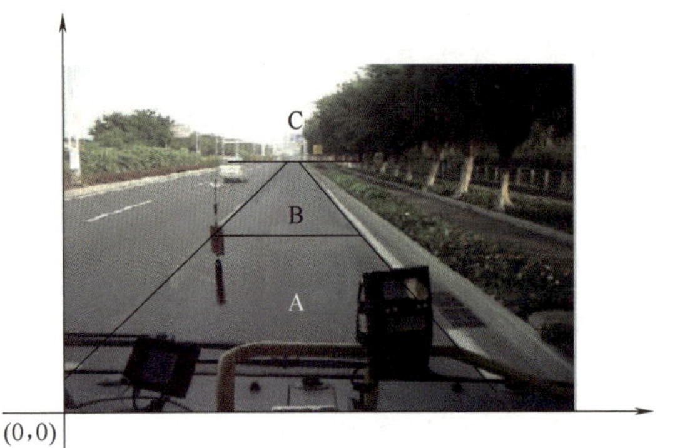

图 5-5　车道线图像划分

图 5-6　车道线识别结果

图 5-7　车道偏离预警系统

人工智能是让计算机以某种方式模仿人类行为；机器学习是人工智能的一个子集，它指通过数据训练出能完成一定功能的模型，是实现人工智能的手段之一，也是目前最主流的人工智能实现方法；深度学习是机器学习的一个子集，它是利用深度神经网络来解决特征表达的一种学习过程，其动机在于建立、模拟人脑进行分析学习的神经网络，它模仿人脑的机制来解释数据，如图像、声音、文本等。一般超过八层的神经网络模型就叫作深度学习。

机器学习是一种实现人工智能的方法，深度学习是一种实现机器学习的技术，它们的关系如图 5-8 所示。

1. 机器学习技术

机器学习是人工智能的一个重要子领域，涵盖概率论、统计学、近似理论和复杂算法等知识，是使用计算机作为工具并致力于真实、实时地模拟人类学习方式，并将现有内容进行知识结构划分，来有效提高学习效率。

(1) 机器学习的定义　机器学习有下面几种定义：

1) 机器学习是一门人工智能的科学，该领域的主要研究对象是人工智能，特别是如何在经验学习中改善具体算法的性能。

2) 机器学习是对能通过经验自动改进的计算机算法的研究。

3) 机器学习是用数据或以往的经验，以此优化计算机程序的性能标准。

4) 机器学习是一种通过利用数据训练出模型，然后使用模型进行预测的方法。

图 5-8　人工智能、机器学习和深度学习的关系

(2) 机器学习的分类　机器学习的分类方法有很多，如基于学习策略的分类、基于学习方法的分类、基于学习方式的分类、基于数据形式的分类、基于学习目标的分类等，其中，最常用的分类是基于学习方式的分类。

基于学习方式的分类，机器学习分为监督学习、非监督学习和强化学习，其中，监督学习又分为分类学习、回归学习、排序学习、匹配学习等。

1) 监督学习是从给定的训练数据集中学习出一个函数（模型参数），当新的数据到来时，可以根据这个函数预测结果。监督学习的训练集要求包括输入输出，也可以说是特征和目标。分类是最常见的机器学习应用问题，如垃圾邮件过滤、人脸检测、用户画像、网页归类等，本质上都是分类问题。

监督学习是训练神经网络和决策树的常用技术。这两种技术高度依赖事先确定的分类系统给出的信息，对于神经网络，分类系统利用信息判断网络的错误，然后不断调整网络参数；对于决策树，分类系统用它判断哪些属性提供了最多的信息。

监督学习最典型的算法是 K 近邻算法和支持向量机。

2) 对于非监督学习，输入数据没有标签，也没有确定的结果。样本数据类别未知，需要根据样本间的相似性对样本集进行聚类，试图使类内差距最小化，类间差距最大化。非监督学习目标不是告诉计算机怎么做，而是让计算机自己学习怎样做。

3) 强化学习就是通过结果的反馈来对有效规则进行强化，并弱化无效或者较差的规则。与监督学习不同之处在于，强化学习在学习期的训练前没有标记样本的结果，而需要通过尝试来得到各行为的结果，进而来对训练本身进行反馈。

(3) 机器学习的常用算法　机器学习的常用算法主要有决策树、朴素贝叶斯、支持向量机、随机森林、人工神经网络、关联规则、期望最大化算法等。

1) 使用决策树进行决策的过程就是从根节点开始，测试待分类项中相应的特征属性，并按照其值选择输出分支，直到到达叶子节点，将叶子节点存放的类别作为决策结果。

2) 朴素贝叶斯是基于贝叶斯定理与特征条件独立假设的分类方法。在所有的机器学习分类算法中，朴素贝叶斯和其他绝大多数的分类算法都不同。对于大多数的分类算法，比如决策树、支持向量机等，它们都是判别方法，也就是直接学习出特征输出 Y 和特征 X 之间的关系，要么是决策函数 $Y=f(X)$，要么是条件分布 $P(Y|X)$。但是朴素贝叶斯是生成方

法，也就是直接找出特征输出 Y 和特征 X 的联合分布 $P(X, Y)$，然后用 $P(Y|X)=P(X, Y)/P(X)$ 得出。朴素贝叶斯很直观，计算量也不大，在很多领域有广泛的应用。

3）支持向量机是一个分类器，是一个能够将不同类样本在样本空间分隔的超平面。换句话说，给定一些标记好的训练样本，支持向量机算法输出一个最优化的分隔超平面。支持向量机应用于垃圾邮件识别、人脸识别等多种分类问题。

支持向量机算法的实质就是找出一个能够将某个值最大化的超平面，这个值就是超平面离所有训练样本的最小距离，这个最小距离称为间隔。最优分割超平面就是最大化训练数据的间隔。

4）随机森林是指利用多棵决策树对样本数据进行训练、分类并预测的一种方法。它在对数据进行分类的同时，还可以给出各变量（基因）的重要性评分，评估各变量在分类中所起的作用。随机森林主要是应用于回归和分类这两种场景，又侧重于分类。对于分类问题，按多棵树分类器投票决定最终分类结果；对于回归问题，则由多棵树预测值的均值决定最终预测结果。

5）人工神经网络是从信息处理角度对人脑神经元网络进行抽象，建立某种简单模型，按不同的连接方式组成不同的网络。

一个简单人工神经网络的逻辑架构如图 5-9 所示，它分成输入层、隐含层和输出层。输入层负责接收信号，隐含层负责对数据的分解与处理，最后的结果被整合到输出层。每层中的一个圆代表一个处理单元，可以认为是模拟了一个神经元，若干个处理单元组成了一个层，若干个层再组成了一个网络，也就是神经网络。

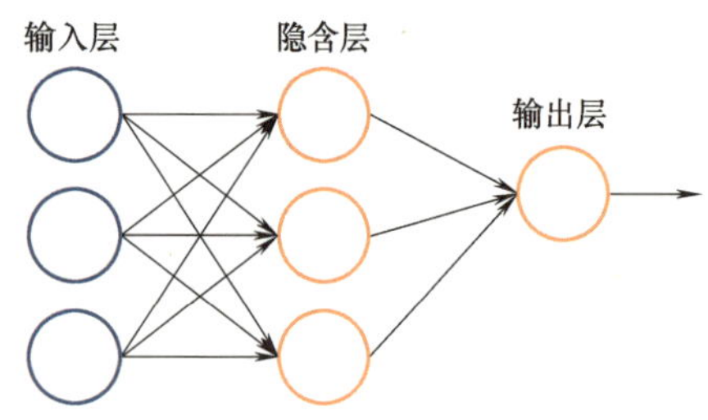

图 5-9　人工神经网络

6）关联规则是用规则去描述两个变量或多个变量之间的关系，是客观反映数据本身性质的方法。它是机器学习的一大类任务，可分为两个阶段，先从资料集中找到高频项目组，再去研究它们的关联规则，其得到的分析结果即是对变量间规律的总结。

7）期望最大化算法是统计学中通过不断迭代得到模型中参数的最大似然或最大后验概率的方法，其中，模型依赖于未观测的隐藏变量。

例如，食堂的大师傅炒了一份菜，要等分成两份给两个人吃，显然没有必要拿天平精确地去称分量，最简单的办法是先随意地把菜分到两个碗中，然后观察是否一样多，把比较多的那一份取出一点放到另一个碗中，这个过程一直迭代地执行下去，直到大家看不出两个碗所容纳的菜有什么分量上的不同为止。

（4）机器学习的范围　机器学习的范围包括模式识别、数据挖掘、统计学习、计算机视觉、语音识别和自然语言处理等。

1）模式识别是指用计算机通过计算的方法，根据样本的特征对样本进行分类，它包括文字识别、指纹识别和图像识别等，是典型的机器学习。

2）数据挖掘是指从数据库的大量数据中揭示出隐含的、先前未知的并有潜在价值的信息过程。数据挖掘的算法主要包括神经网络法、决策树法、遗传算法、粗糙集法、模糊集法、关联规则法等。

3）统计学习是指使用统计方法的一种机器学习，可视作基于数据的机器学习问题的一个特例。从一些观测（训练）样本出发，试图得到一些目前不能通过原理分析得到的规律，并利用这些规律来分析客观对象，从而对未来的数据进行较为准确的预测。

4）计算机视觉是指用摄像头和计算机代替人眼对目标进行识别、跟踪和测量等，并进一步做图像处理，使计算机处理成为更适合人眼观察或传送给仪器检测的图像。

5）语音识别也称为自动语音识别，其目标是将人类语音中的词汇内容转换为计算机可读的输入，如按键、二进制编码或者字符序列。与说话人识别及说话人确认不同，后者尝试识别或确认发出语音的说话人而非其中所包含的词汇内容。

6）自然语言处理是计算机科学领域与人工智能领域中的一个重要方向。它研究能实现人与计算机之间用自然语言进行有效通信的各种理论和方法。自然语言处理是一门融语言学、计算机科学、数学于一体的科学。自然语言处理并不是一般地研究自然语言，而在于研制能有效地实现自然语言通信的计算机系统，特别是其中的软件系统，因而它是计算机科学的一部分。

（5）机器学习的应用　自动驾驶汽车是人工智能和机器学习的重要应用之一。机器学习可以用于传感器数据的处理和分析、目标识别和检测、路径规划、提高自动驾驶汽车的安全性等。

1）自动驾驶汽车需要收集大量的传感器数据，包括摄像头、雷达、激光雷达和 GPS 等信息，这些数据需要进行处理和分析才能帮助汽车做出正确的决策。机器学习技术可以帮助自动驾驶汽车进行实时数据分析，以提高数据的准确性和实时性。

2）目标识别和检测是自动驾驶汽车的核心任务之一。机器学习可以训练计算机识别道路标志、交通灯、车辆和行人等物体，以及了解它们的位置、方向和速度等信息。机器学习算法如卷积神经网络（CNN）和循环神经网络（RNN）等，已经在自动驾驶汽车中得到了广泛应用。

3）自动驾驶汽车需要能够规划最佳路径并遵循交通规则。机器学习可以帮助自动驾驶汽车分析和理解道路信息和交通状况，以及考虑车辆和行人的行为，规划最优的路径。机器学习算法（如强化学习和深度强化学习等）已经在自动驾驶汽车的路径规划中得到了应用。

4）自动驾驶汽车的安全性是人们关注的重点。机器学习可以帮助自动驾驶汽车识别和预测潜在的危险情况，并及时采取措施避免交通事故的发生。机器学习算法（如异常检测、分类和回归等）已经在自动驾驶汽车的安全性方面得到了广泛应用。

总的来说，机器学习在自动驾驶汽车的各个方面都发挥着重要作用，不仅能提高自动驾驶汽车的准确性和效率，而且能够提高道路交通的安全性。

2. 深度学习技术

（1）深度学习的定义　深度学习是机器学习的一个类型，该类型的模型直接从图像、文本或声音中学习执行分类任务。通常，使用神经网络架构实现深度学习。“深度”一词是指网络中的层数，层数越多，网络越深。传统的神经网络只包含两层或三层，而深度网络可能有几百层。

深度神经网络由一个输入层、多个隐含层和一个输出层组成。各层通过节点或神经元相互连接，每个隐含层使用前一层的输出作为其输入，如图 5-10 所示。

深度学习是机器学习的子类型。使用机器学习，需要手动提取图像的相关特征。使用深度学习，需要将原始图像直接反馈送给深度神经网络，该网络自动学习特征。为了获得最佳结果，深度学习通常需要成百上千甚至数百万张图像，而且属于计算密集型，需要高性能图像处理器。

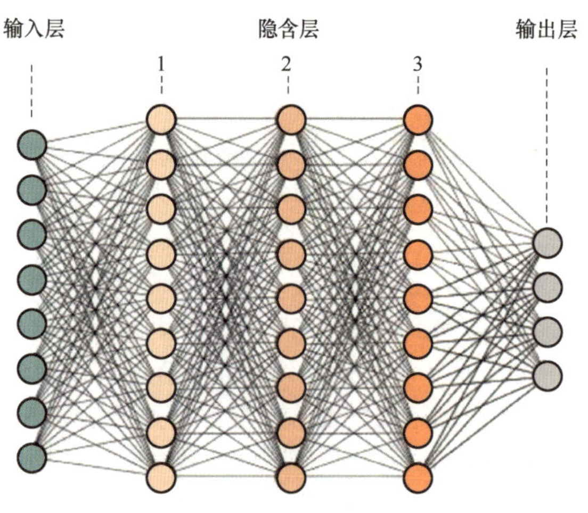

图 5-10　深度神经网络

（2）深度学习的特点　与机器学习、浅层神经网络相比，深度学习通常具有以下特点：

1）数据量。深度学习的网络层数较深，模型的参数量有成百上千万个，为了防止过拟合，需要数据集的规模通常也是巨大的。现代社交媒体的流行让收集海量数据成为可能，如 2010 年的图像数据集（ImageNet）收录了 14197122 张图片，整个数据集的压缩文件大小就有 154GB。

尽管深度学习对数据集需求较高，收集数据尤其是收集带标签的数据，往往代价昂贵。数据集的形成通常需要手动采集、抓取原始数据，并清洗掉无效样本，再通过人类智能去标注数据样本，不可避免地引入主观偏差和随机误差。因此，研究数据量需求较少的算法模型是非常有用的一个方向。

2）计算能力。深度学习非常依赖并行加速计算设备，目前的大部分神经网络均使用英伟达的图形处理器和谷歌的张量处理器或其他神经网络并行加速芯片训练模型参数。如围棋程序 AlphaGo Zero 在 64 块图形处理器上从零开始训练 40 天才得以超越所有的 AlphaGo 历史版本，自动网络结构搜索算法使用 800 块图形处理器同时训练才能优化出较好的网络结构。目前，普通消费者能够使用的深度学习加速硬件设备主要来自英伟达的图形处理器。

3）网络规模。随着深度学习的兴起和计算能力的提升，神经网络层数不断增加，8 层、16 层、22 层、50 层、121 层的模型相继被提出，同时输入图片的大小也从 28×28 逐渐增大，变成 224×224、299×299 等，这些使网络的总参数量达到千万级别。

一方面，网络规模的增大，使神经网络的容量相应增大，从而能够学习到复杂的数据模态，模型的性能也随之提升；另一方面，网络规模的增大，意味着更容易出现过拟合现象，训练需要的数据集和计算代价也会变大。

4）通用智能。设计一种像人脑一样可以自动学习、自我调整的通用智能机制一直是人类的共同愿景。深度学习从目前来看，是最接近通用智能的算法之一。在计算机视觉领域，过去需要针对具体的任务设计特征、添加先验的做法，已经被深度学习完全摒弃，目前在图像识别、目标检测、语义分割等方向，几乎全是基于深度学习端到端地训练，获得的模型性能好，适应性强。

（3）深度学习的应用　深度学习在智能网联汽车中主要用于物体识别、可行驶区域检测和行驶路径识别等。

1）智能网联汽车行驶时要识别周围的各种物体，如车辆、行人、障碍物等。一般物体识别效果如图 5-11 所示，有一个长方形框能识别出来车在哪里，但其具体位置、车的朝向信息完全没有。

图 5-11　一般物体识别效果

图 5-12 所示为基于深度学习的物体识别效果。基于深度学习的物体识别可以实现非常准确的车辆正面及侧面的检测，以及完全正确地区分左边侧面以及右边侧面，可以相对精确地估算出车的位置和行驶方向等重要信息，与人看到后可以推测的信息基本一致。

图 5-12　基于深度学习的物体识别效果

2）深度学习以前的可行驶区域检测（传统检测）主要有两种方法：一种是基于双目摄像头立体视觉；另一种是基于局部特征的图像分割。传统的可行驶区域检测如图 5-13 所示。可行驶区域的左边部分涵盖了道路的路边石以及人行道，因为路边石也就比路面高 10cm 左右，靠立体视觉是很难与道路区分开的。而传统的图像分割也很困难，因为局部特征上，路边石和路面的颜色极其接近，区分两者需要对环境的综合理解。

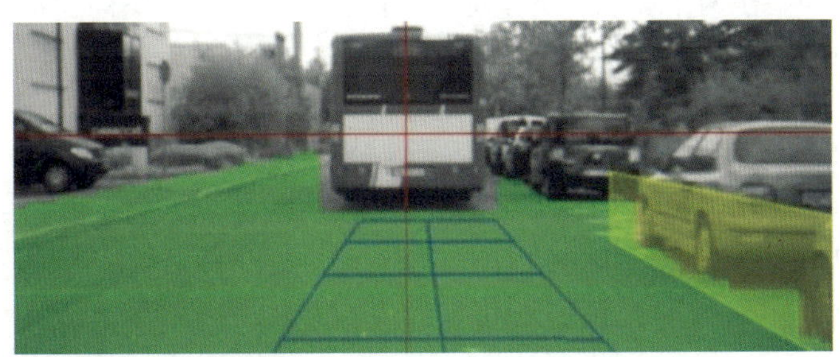

图 5-13　传统的可行驶区域检测

图 5-14 所示为基于深度学习的可行驶区域检测。基于深度学习的可行驶区域检测不仅可以准确检测可行驶区域的边界，而且为什么是边界的原因也可以检测出来。图中鼠标位置表示的是护栏。在正常情况下知道哪些区域是可以行驶的，而在紧急情况下，也可以知道哪里是可以冲过去的。

3）在车道线清楚的情况下，行驶路径检测准确无误。图 5-15 所示为车道线清楚情况下的行驶路径检测。

3. 语义分割技术

（1）语义分割的定义　语义分割是将标签或类别与图像的每个像素关联的一种深度学习算法。它用来识别构成可区分类别的像素集合。例如，自动驾驶汽车需要识别车辆、行人、交通信号、人行道和其他道路特征等。

图 5-14　基于深度学习的可行驶区域检测

图 5-15　车道线清楚情况下的行驶路径检测

语义分割的一个简单例子就是将图像划分成两类，如图 5-16 所示，一副图像显示一个人在海边，与之相配的版本显示分割为人和背景两个不同类别的图像像素。

图 5-16　语义分割

语义分割并不局限于两个类别，可以更改对图像内容进行分类的类别数。例如，图 5-16 中的图像也可分割为人、天空、水和背景四个类别。

(2) 语义分割与目标检测的区别　语义分割可以作为对象检测的一种有用替代方法，因为它允许感兴趣的对象在像素级别上跨越图像中的多个区域。这种技术可以清楚地检测到形态不规则的对象，相比之下，目标检测要求目标必须位于有边界的方框内，如图 5-17 所示。

图 5-17　自动驾驶的车辆检测

(3) 语义分割在自动驾驶中的应用　因为语义分割会给图像中的像素加上标签，所以精确性高于其他形式的目标检测。这使语义分割适用于各种需要准确图像映射的行业应用，如自动驾驶，通过区分道路、行人、人行道、电线杆和其他汽车等，让汽车识别可行驶的路径。图 5-18 所示为自动驾驶场景的语义分割。

图 5-19 所示为激光雷达点云的语义分割。

4. 卷积神经网络

卷积神经网络是一类包含卷积计算且具有深度结构的前馈神经网络，是深度学习的代表算法之一。特别是在模式分类领域，由于该网络避免了对图像的复杂前期预处理，可以直接输入原始图像，因而得到了更为广泛的应用。

图 5-18　自动驾驶场景的语义分割

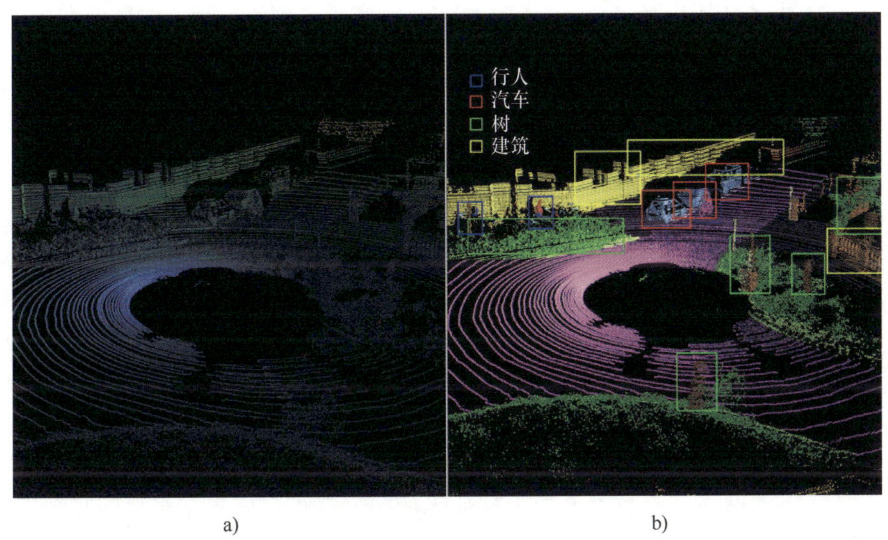

图 5-19　激光雷达点云的语义分割

a）激光点云　b）分割结果

卷积神经网络包括一维卷积神经网络、二维卷积神经网络以及三维卷积神经网络。一维卷积神经网络主要用于序列类的数据处理，二维卷积神经网络常应用于图像类文本的识别，三维卷积神经网络主要应用于医学图像以及视频类数据识别。

卷积神经网络是一个多层的神经网络，每层由多个二维平面组成，而每个平面由多个独立神经元组成，如图 5-20 所示。

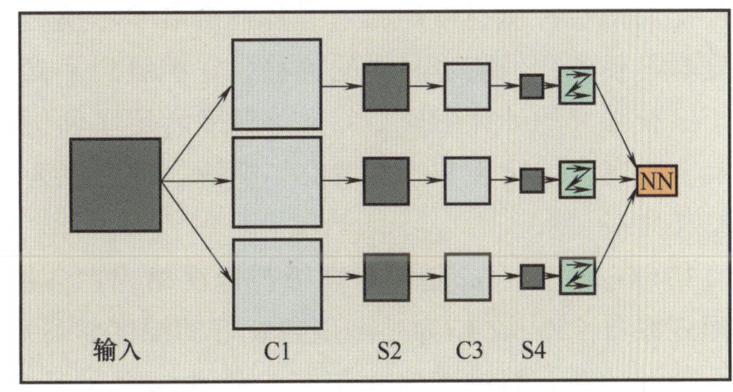

图 5-20　卷积神经网络的结构

输入图像通过和三个可训练的滤波器和可加偏置进行卷积，卷积后在 C1 层产生三个特征映射图，然后特征映射图中每组的四个像素再进行求和、加权值、加偏置，通过一个 S 型函数得到三个 S2 层的特征映射图。这些映射图再经过滤波得到 C3 层。这个层级结构再和 S2 一样产生 S4。最终，这些像素值被光栅化，并连接成一个向量输入传统的神经网络，得到输出。

一般地，C 层为特征提取层，每个神经元的输入与前一层的局部感受及视野相连，并提取该局部的特征，一旦该局部特征被提取，它与其他特征间的位置关系也随之确定下来；S 层为特征映射层，网络的每个计算层由多个特征映射组成，每个特征映射为一个平面，平面上所有神经元的权值相等。特征映射结构采用 S 型函数作为卷积网络的激活函数，使特征映射具有位移不变性。

此外，由于一个映射面上的神经元共享权值，因而减少了网络自由参数的个数，降低了网络参数选择的复杂度。卷积神经网络中的每一个特征提取层（C 层）都紧跟着一个用来求局部平均与二次提取的计算层（S 层），这种特有的两次特征提取结构使网络在识别时对输入样本有较高的畸变容忍能力。

卷积神经网络在本质上是一种输入到输出的映射，它能够学习大量的输入与输出之间的映射关系，而不需要任何输入和输出之间的精确的数学表达式，只要用已知的模式对卷积神经网络加以训练，网络就具有输入输出之间的映射能力。

卷积神经网络有一个非常重要的特点就是头重脚轻，即输入权值越小，输出权值越多，呈现出一个倒三角的形态，这就很好地避免 BP 神经网络中反向传播时梯度损失得太快。

卷积神经网络主要用来识别位移、缩放及其他形式扭曲不变性的二维图形。由于卷积神经网络的特征检测层通过训练数据进行学习，所以在使用卷积神经网络时，避免了显式的特征抽取，而隐式则从训练数据中进行学习；再者，由于同一特征映射面上的神经元权值相同，所以网络可以并行学习，这也是卷积神经网络相对于神经元彼此相连网络的一大优势。卷积神经网络以其局部权值共享的特殊结构在语音识别和图像处理方面有着独特的优越性，其布局更接近于实际的生物神经网络，权值共享降低了网络的复杂性，特别是多维输入向量的图像可以直接输入网络这一特点避免了特征提取和分类过程中数据重建的复杂度。

三、 Python 及相关库介绍

1）Python：Python 是一种高级、通用、解释型的编程语言，由 Guido van Rossum 于 1989 年底至 1990 年初设计开发。它以简单易读的语法、强大的标准库和广泛的应用领域而闻名。Python 支持多种编程范式，包括面向对象、面向过程和函数式编程。Python 在数据科学、人工智能领域成为最广泛使用的编程语言，因此本书的代码多用 Python 作为编程语言。

2）TensorFlow：TensorFlow 是由 Google 开发的开源机器学习框架。它提供了一个灵活且高性能的平台，用于构建和训练各种机器学习模型，包括神经网络。TensorFlow 最初专注于深度学习任务，但随着时间的推移，它扩展到了支持更广泛的机器学习应用。TensorFlow 提供了一个强大的计算图模型，允许开发者定义和优化复杂的数学运算。此外，TensorFlow 还拥有一个庞大的社区和丰富的文档资源，使它成为许多研究者和工程师在深度学习领域的首选框架之一。

3）Keras：Keras 是一个高级神经网络 API，最初由 François Chollet 创建并以开源项目的形式发布。Keras 作为一个用户友好的深度学习库，被设计为易用、模块化和可扩展的接口，使开发者能够快速建立和实验各种深度学习模型。自从 TensorFlow 2.0 版本起，Keras 已经成为 TensorFlow 的一部分，而且被称为 TensorFlow 的高层 API。因此，使用 TensorFlow 的用户可以直接通过 tf.keras 访问 Keras 的功能。本书中，交通标志和交通灯的分类用的就是 Keras。

4）PyTorch：PyTorch 是由 Facebook 开发的开源深度学习框架。与 TensorFlow 不同，Py-

Torch 采用动态计算图的方式，使模型的构建和调试更加直观和灵活。PyTorch 的设计理念注重 Pythonic 风格，易于学习和使用，也被广泛用于深度学习研究和应用开发。PyTorch 提供了丰富的工具和库，包括自动求导、各种优化算法以及用于构建神经网络的模块。本书中利用 YOLO 模型来进行行人识别，车辆识别都是通过 PyTorch 来实现的。

5）OpenCV 库：OpenCV 库（Open Source Computer Vision Library）是一个开源的计算机视觉和机器学习库。它提供了大量的图像处理和计算机视觉算法，支持实时图像和视频处理。OpenCV 库可以与深度学习框架集成，形成全面的解决方案。OpenCV 库的跨平台性和丰富的功能使其成为计算机视觉领域中的重要工具，广泛应用于图像处理、对象检测和人脸识别等方面。本书例子中的车道线识别就是利用了 Opencv 库实现的。

单元 2 道路识别

一、道路识别的目的

道路识别

道路识别就是把真实的道路通过激光雷达转换成汽车认识的道路，供自动驾驶汽车行驶；或通过视觉传感器识别出车道线，提供车辆在当前车道中的位置，帮助智能网联汽车提高行驶的安全性。

基于视觉传感器的车道线识别主要用于车道偏离预警系统和车道保持辅助系统。车道偏离预警系统能够实时监测车辆在本车道的行驶状态，并在出现或即将出现非驾驶意愿的车道偏离时发出警告信息。车道保持辅助系统能够实时监测车辆与车道边线的相对位置，持续或在必要情况下控制车辆横向运动，使车辆保持在原车道内行驶。

智能网联汽车道路识别的目的主要是寻找可行驶区域。

二、道路识别的流程

利用视觉传感器进行道路识别的流程主要是“图像采集→图像灰度化→图像滤波→图像二值化→车道线提取”，如图 5-21 所示。

（1）图像采集　图像采集主要是通过摄像头采集目标的彩色图像，如果是模拟信号，要把模拟信号转换为数字信号，并把数字图像以一定格式表现出来。

（2）图像灰度化　彩色图像分别用红、绿、蓝三个亮度值为一组，代表每个像素的颜色。灰度图像是指每个像素只有一个采样颜色的图像，这类图像通常显示为从最暗黑色到最亮的白色的灰度。0 代表黑色，255 代表白色。图像灰度化是指将彩色图像变成灰度图像，其目的是为了简化矩阵，提高运算速度。

（3）图像滤波　图像滤波是指尽量保留图像细节特征的条件下对目标图像的噪声进行抑制，其处理的好坏直接影响后续图像处理的有效性和可靠性。

（4）图像二值化　图像二值化是将图像上像素点的灰度值设置为 0 或 255，也就是将整个图像呈现出明显的黑白效果的过程。通过图像二值化能更好地分析物体的形状和轮廓。

（5）车道线提取　根据选择的道路识别方法提取车道线。

三、道路识别的方法

道路识别的方法主要有基于区域分割的识别方法、基于道路特征的识别方法、基于道路模型的识别方法和基于道路特征与模型相结合的识别方法以及基于深度学习的识别方法。

图 5-21 道路识别的流程

a）原始图像采集 b）图像灰度化 c）图像滤波 d）图像二值化 e）车道线提取

1. 基于区域分割的识别方法

基于区域分割的识别方法是把道路图像的像素分为道路和非道路两类。分割的依据一般是颜色特征或纹理特征。基于颜色特征的区域分割方法的依据是道路图像中道路部分的像素与非道路部分的像素的颜色存在显著差别。根据采集到的图像性质，颜色特征可以分为灰度特征和彩色特征两类。灰度特征来自灰度图像，可用的信息为亮度的大小。彩色特征除了亮度信息外，还包含色调和饱和度。基于颜色特征的车道检测的本质是彩色图像分割问题，主要涉及颜色空间的选择和采用的分割策略两个方面。

2. 基于道路特征的识别方法

基于道路特征的识别方法主要是结合道路图像的一些特征，如颜色、梯度和纹理等特征，从所获取的图像中识别出道路边界或车道标识线，适合有明显边界特征的道路。

基于道路特征的识别方法与道路的形状没有关系，鲁棒性较好，但对阴影和水迹较为敏感，且计算量较大。

3. 基于道路模型的识别方法

基于道路模型的识别方法主要是基于不同的（2D 或 3D）道路图像模型，采用不同的检测技术（Hough 变换、模板匹配技术、神经网络技术等）对道路边界或车道线进行识别。

基于道路模型的识别方法检测出的道路较为完整，只需较少的参数就可以表示整个道路，所以基于道路模型的方法对阴影和水迹等外界影响有较强的抗干扰性。不过在道路类型比较复杂的情况下，很难建立准确的模型，从而降低了对任意类型道路检测的灵活性。

4. 基于道路特征与模型相结合的识别方法

基于道路特征与模型相结合的识别方法的基本思想是利用基于道路特征的识别方法在对

抗阴影、光照变化等方面的鲁棒性，对待处理的图像进行分割，找出其中的道路区域，再根据道路区域与非道路区域的分割结果找出道路边界，并使用道路边界拟合道路模型，从而达到综合利用基于道路特征的识别方法与基于道路模型的识别方法的目的。

5. 基于深度学习的识别方法

基于深度学习的车道线检测算法是目前最先进的算法之一，它利用深度神经网络自动学习特征和规律，可以有效地解决传统算法中存在的一些问题。基于深度学习的车道线检测算法的主要特点和方法如下：

（1）特点　深度学习算法可以自动学习特征和规律，避免了传统算法中需要手动提取特征的烦琐过程。深度学习算法具有较强的适应性和鲁棒性，可以适应不同的道路场景和光照条件。另外，深度学习算法可以处理视频流数据，实现实时车道线检测。

（2）方法　基于深度学习的车道线检测算法主要有以下几种：

1）基于卷积神经网络的算法。该算法使用卷积神经网络对车道线进行检测。卷积神经网络可以学习图像的局部特征，识别车道线的位置和形状。该算法需要大量的标注数据和计算资源来训练模型，但检测效果较好，具有一定的实时性。

2）基于循环神经网络的算法。该算法使用循环神经网络（RNN）对车道线进行检测。循环神经网络可以学习图像的时序特征，根据前一帧图像的信息预测下一帧图像中的车道线位置。该算法需要输入连续的图像序列，并具有一定的实时性。

3）基于端到端学习的算法。该算法使用端到端学习的方法，直接从输入图像中学习车道线的位置和形状。该算法可以减少人工干预和预处理，提高检测的鲁棒性和实时性。该算法需要大量的训练数据和计算资源，来训练模型，但检测效果较好。

除此之外，还有一些基于深度学习的车道线检测算法采用多任务学习、弱监督学习等方法，可以进一步提高检测效果和鲁棒性。

图 5-22 所示为基于深度学习的车道线检测。LaneNet 是一种端到端的车道线检测方法，

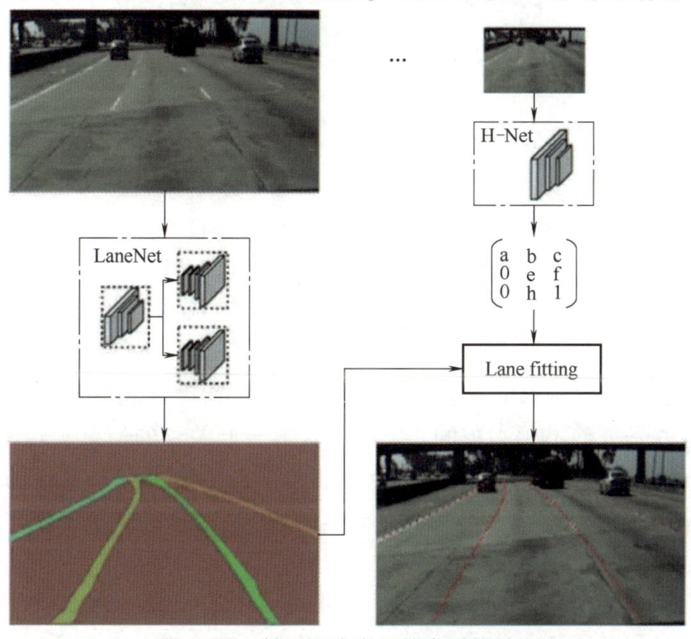

图 5-22　基于深度学习的车道线检测

是将语义分割和对像素进行向量表示结合起来的多任务模型，最后利用聚类完成对车道线的实例分割；H-Net 是由卷积层和全连接层组成的网络模型，负责预测转换矩阵，对车道线像素点进行修正，并对修正后的结果利用 Lane fitting 拟合出一个三阶多项式作为预测的车道线。

道路识别

四、车道线识别实例

环境配置：opencv=4.7，numpy，matplotlib。

第一步：载入模块，需要载入 tensorflow，numpy，matplotlib 模块（图 5-23）。其中，matplotlib 在这个任务中用于显示图片。

```
In [1]: import cv2
        import numpy as np
        from matplotlib import pyplot as plt
```

图 5-23　载入模块

第二步：用 matplotlib 显示图片，使用 OpenCV 加载图像时，默认使用 BGR 的格式，而使用 matplotlib 显示图像时又采用 RGB 的格式，因此用 matplotlib 显示图像时，需要先将图片转为 RGB 格式（图 5-24）。

```
In [2]: color_img = cv2.imread('img.jpg')
        img = cv2.cvtColor(color_img, cv2.COLOR_BGR2RGB)
        plt.imshow(img)
Out[2]: <matplotlib.image.AxesImage at 0x13ea58eb0>
```

图 5-24　显示原图

第三步：提取图片边缘。首先，使用高斯滤波剔除原图像中的一些噪点，如果不使用高斯滤波，直接处理原图，图中一些无关紧要的特征就无法避开，影响后面的处理，相反，通过高斯滤波之后，一些不那么清晰的噪点就被删除掉了；接着，使用 OpenCV 中的 cvtColor 函数可以直接将 RGB 的图像转换成灰度图；最后使用 Canny 边缘检测函数来提取边缘（图 5-25）。

第四步：找到感兴趣的区域。从图 5-25 中可以看出，通过边缘检测得到的图片包含了很多环境信息，这些是人们不感兴趣的，需要先提取人们关注的信息；观察原图可知，车道线一般位于图片下方的一个梯形区域，手动设定四个点，组成梯形区域的四个顶点；利用 fillPoly 函数可以画出多边形。将梯形掩模区域与原图进行 bitwise_and 操作，可以只得到感兴趣区域内的边缘检测图（图 5-26）。

第五步：执行霍夫变换。如图 5-27 所示，通过前面的步骤，人们获得了构成车道线的一系列像素点，但它们都是孤立的像素点，没有连接成线条。霍夫变换可以从这些像素点中

```
In [3]: def get_edge_img(color_img, gaussian_ksize=5, gaussian_sigmax=1,
                     canny_threshold1=50, canny_threshold2=100):
            gaussian = cv2.GaussianBlur(color_img, (gaussian_ksize, gaussian_ksize),
                                  gaussian_sigmax)
            gray_img = cv2.cvtColor(gaussian, cv2.COLOR_BGR2GRAY)
            edges_img = cv2.Canny(gray_img, canny_threshold1, canny_threshold2)
            return edges_img
        edges_img = get_edge_img(color_img)
        plt.imshow(edges_img)

Out[3]: <matplotlib.image.AxesImage at 0x13ec6bd90>
```

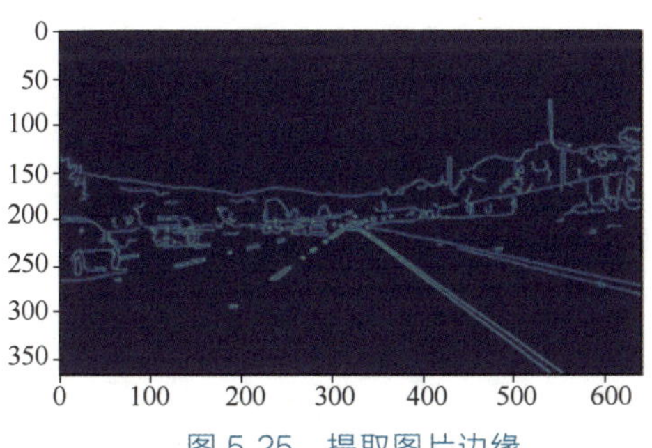

图 5-25　提取图片边缘

```
In [4]: def roi_mask(gray_img):
            poly_pts = np.array([[[0, 368], [300, 210], [340, 210], [640, 368]]])
            mask = np.zeros_like(gray_img)
            mask = cv2.fillPoly(mask, pts=poly_pts, color=255)
            img_mask = cv2.bitwise_and(gray_img, mask)
            return img_mask
        img_mask = roi_mask(edges_img)
        plt.imshow(img_mask)

Out[4]: <matplotlib.image.AxesImage at 0x13ece2d30>
```

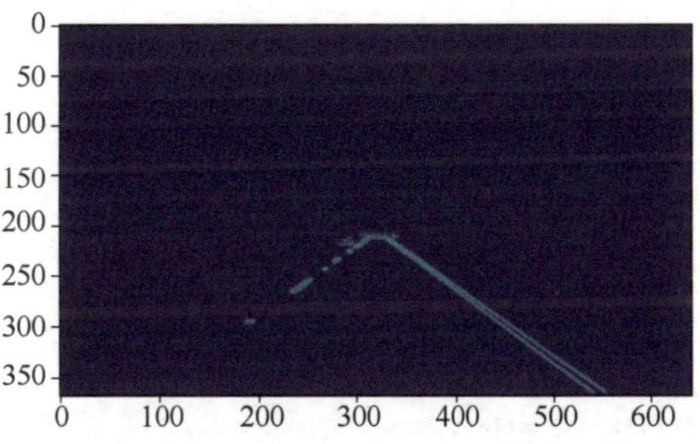

图 5-26　应用帧屏蔽并找到感兴趣的区域

找到图像中的直线。最简单的车道线拟合方法是直接绘制出霍夫变换找到的直线，对于连续的线段没有影响，但是如果车道线是虚线，可能会出现间断的情况。

为了解决虚线之间的不连续问题，需要对霍夫变换得到的线段进行处理。一张图像经过霍夫变换后可能会得到许多线段，人们可以根据斜率将它们分为两类，即左侧车道线和右侧车道线。然后，对于同一侧的线段，人们可以对它们的斜率和截距进行平均处理，然后利用平均后的参数直接绘制出一条完整的直线。

第六步：按图 5-28 所示代码将识别的车道线画在图片中。

第七步：处理视频流文件。图 5-29 展示了在视频中识别以及画出车道线的代码。使用 capture 函数读取视频，然后将视频中的每一帧图像传递给 frame。通过构造函数将 frame 传递给处理单张图片的函数，最后显示。

```
In [5]: def get_lines(edge_img):
            def calculate_slope(line):
                x_1, y_1, x_2, y_2 = line[0]
                return (y_2 - y_1) / (x_2 - x_1)

            def reject_abnormal_lines(lines, threshold=0.2):
                slopes = [calculate_slope(line) for line in lines]
                while len(lines) > 0:
                    mean = np.mean(slopes)
                    diff = [abs(s - mean) for s in slopes]
                    idx = np.argmax(diff)
                    if diff[idx] > threshold:
                        slopes.pop(idx)
                        lines.pop(idx)
                    else:
                        break
                return lines

            def least_squares_fit(lines):
                x_coords = np.ravel([[line[0][0], line[0][2]] for line in lines])
                y_coords = np.ravel([[line[0][1], line[0][3]] for line in lines])
                poly = np.polyfit(x_coords, y_coords, deg=1)
                point_min = (np.min(x_coords), np.polyval(poly, np.min(x_coords)))
                point_max = (np.max(x_coords), np.polyval(poly, np.max(x_coords)))
                return np.array([point_min, point_max], dtype=int)

            # 获取所有线段
            lines = cv2.HoughLinesP(edge_img, 1, np.pi / 180, 15, minLineLength=40,
                                    maxLineGap=20)
            # 按照斜率分成车道线
            left_lines = [line for line in lines if calculate_slope(line) > 0]
            right_lines = [line for line in lines if calculate_slope(line) < 0]
            # 剔除离群线段
            left_lines = reject_abnormal_lines(left_lines)
            right_lines = reject_abnormal_lines(right_lines)

            return least_squares_fit(left_lines), least_squares_fit(right_lines)
```

```
In [6]: lines = get_lines(img_mask)
        lines
```

```
Out[6]: (array([[326, 209],
                [553, 371]]),
         array([[233, 268],
                [321, 208]]))
```

图 5-27 霍夫变换及保留两条线段

```
In [7]: def draw_lines(img, lines):
            left_line, right_line = lines
            cv2.line(img, tuple(left_line[0]), tuple(left_line[1]), color=(0, 255, 255),
                     thickness=5)
            cv2.line(img, tuple(right_line[0]), tuple(right_line[1]),
                     color=(0, 255, 255), thickness=5)
        draw_lines(img, lines)
        plt.imshow(img)
```

```
Out[7]: <matplotlib.image.AxesImage at 0x13ef5dac0>
```

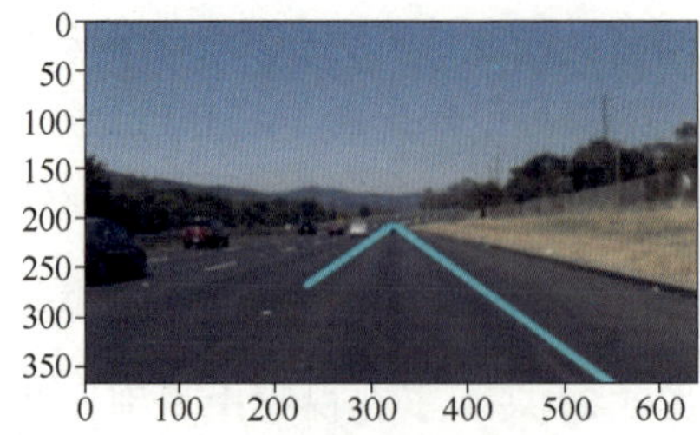

图 5-28 画出车道线

```
In [11]:
cap = cv2.VideoCapture('video.mp4')                    # 打开视频文件
fourcc = cv2.VideoWriter_fourcc(*'MJPG')               # 设置视频编码器
outfile = cv2.VideoWriter('output.avi', fourcc, 25., (1280, 368))  # 创建输出视频文件

# 循环处理每一帧
while cap.isOpened():
    ret, frame = cap.read()                            # 读取一帧
    if not ret:                                        # 如果读取失败，退出循环
        break
    origin = np.copy(frame)                            # 复制原始帧
    edge_img = get_edge_img(frame)                     # 边缘检测
    mask_gray_img = roi_mask(edge_img)                 # 应用ROI掩码
    lines = get_lines(mask_gray_img)                   # 检测车道线
    draw_lines(frame, lines)                           # 绘制车道线
    output = np.concatenate((origin, frame), axis=1)   # 并排显示原图和结果
    outfile.write(output)                              # 写入输出视频
    cv2.imshow('video', output)                        # 显示处理结果

    # 处理退出
    if cv2.waitKey(1) & 0xFF == ord('q'):              # 按'q'键退出
        break

cap.release()                                          # 释放视频文件
cv2.destroyAllWindows()                                # 关闭所有窗口
```

图 5-29　视频流文件的车道线识别

单元 3　车辆识别

一、车辆识别的目的

车辆识别

车辆识别就是把真实的车辆通过视觉传感器、毫米波雷达和激光雷达等转换成汽车认识的车辆，提供给智能网联汽车，保障智能网联汽车安全行驶。

基于视觉传感器和毫米波雷达的车辆识别，其目的主要是应用于先进驾驶辅助系统，保障车辆安全行驶；基于激光雷达的车辆识别，其目的是确定可行驶区域。下面主要介绍先进驾驶辅助系统的应用：

（1）前向碰撞预警系统　前向碰撞预警系统能够实时监测主车前方行驶的车辆，并在可能发生前向碰撞危险时发出警告信息。

（2）后向碰撞预警系统　后向碰撞预警系统能够实时监测主车后方的车辆，并在可能受到后方碰撞危险时发出警告信息。

（3）变道碰撞预警系统　变道碰撞预警系统能够在主车变道过程中，实时监测相邻车道，并在主车侧方和/或侧后方出现可能与主车发生碰撞危险的其他道路车辆时发出警告信息。

（4）盲区监测系统　盲区监测系统能够实时监测驾驶人视野盲区，并在其盲区内出现

其他车辆时发出提示或警告信息。

(5) 自动紧急制动系统　自动紧急制动系统能够实时监测主车前方行驶车辆，并在可能发生碰撞危险时自动启动车辆制动系统使车辆减速，以避免碰撞或减轻碰撞后果。

(6) 自适应巡航控制系统　自适应巡航控制系统能够实时监测主车前方行驶环境，在设定的速度范围内自动调整行驶速度，以适应前方车辆和/或道路条件等引起的驾驶环境变化。

(7) 交通拥堵辅助系统　交通拥堵辅助系统能够在车辆低速通过交通拥堵路段时，实时监测车辆前方及相邻车道行驶环境，并自动对车辆进行横向和纵向控制。

二、车辆识别的方法

用于识别前方运动车辆的方法主要有基于特征的识别方法、基于机器学习的识别方法、基于光流场的识别方法和基于模型的识别方法等。

1. 基于特征的识别方法

基于特征的识别方法是在车辆识别中最常使用的方法之一，又称为基于先验知识的识别方法。

对于行驶在前方的车辆，其颜色、轮廓和对称性等特征都可以用来将车辆与周围背景区别开。因此，基于特征的车辆识别方法就以这些车辆的外形特征为基础从图像中识别前方行驶的车辆。当前，常用的基于特征的方法有使用阴影特征的方法、使用边缘特征的方法、使用对称特征的方法、使用位置特征的方法和使用车辆尾灯特征的方法等。

(1) 使用阴影特征的方法　前方运动车辆底部的阴影是一个非常明显的特征。通常的做法是先使用阴影找到车辆的候选区域，再利用其他特征或者方法对候选区域进行下一步验证。

(2) 使用边缘特征的方法　前方运动车辆无论是水平方向上还是垂直方向上都有着显著的边缘特征，边缘特征通常与车辆所符合的几何规则结合起来运用。

(3) 使用对称特征的方法　前方运动车辆在灰度化的图像中表现出较为明显的对称特征。一般来说，对称特征分为灰度对称和轮廓对称这两类特征。灰度对称特征一般指统计意义上的对称特征，而轮廓对称特征指的是几何规则上的对称特征。

(4) 使用位置特征的方法　一般情况下，前方运动车辆存在于车道区域之内，所以在定位出车道区域的前提下，将检测范围限制在车道区域之内，不但可以减少计算量，还能够提高识别的准确率。而在车道区域内如果检测到不属于车道的物体，一般都是车辆或者障碍物，对于驾驶人来说，都是需要注意的目标物体。

(5) 使用车辆尾灯特征的方法　在夜间驾驶场景中，前方运动车辆的尾灯是将车辆与背景区别出来的显著且稳定的特征。夜间车辆尾灯在图像中呈现的是高亮度、高对称性的红白色车灯对。利用空间以及几何规则能够判断前方是否存在车辆及其所在的位置。

因为周围环境的干扰和光照条件的多样性，如果仅使用一个特征实现对车辆的识别难以达到良好的稳定性和准确性。所以如果想获得较好的识别效果，目前都是使用多个特征相结合的方法完成对前方运动车辆的识别。

2. 基于机器学习的识别方法

前方运动车辆的识别其实是对图像中车辆区域与非车辆区域的定位与判断的问题。基于机器学习的识别方法一般需要从正样本集和负样本集提取目标特征，再训练出识别车辆区域与非车辆区域的决策边界，最后使用分类器判断目标。通常的识别过程是对原始图像进行不同比例的缩放，得到一系列的缩放图像，然后在这些缩放图像中全局搜索所有与训练样本尺度相同的区域，再由分类器判断这些区域是否为目标区域，最后确定目标区域并获取目标区域的信息。

机器学习的方法无法预先定位车辆可能存在的区域，因此只能对图像进行全局搜索，这样造成识别过程的计算复杂度高，无法保证识别的实时性。

3. 基于光流场的识别方法

光流场是指图像中所有像素点构成的一种二维瞬时速度场，其中的二维速度矢量是景物中可见点的三维速度矢量在成像表面的投影。通常，光流场是由于摄像头、运动目标，或两者在同时运动的过程中产生的。在存在独立运动目标的场景中，通过分析光流可以检测目标数量、目标运动速度、目标相对距离以及目标表面结构等。

光流分析的常用方法有特征光流法和连续光流法。特征光流法是在求解特征点处光流时，利用图像角点和边缘等进行特征匹配。特征光流法的主要优点是能够处理帧间位移较大的目标，对于帧间运动限制很小；降低了对于噪声的敏感性；所用特征点较少，计算量较小。特征光流法的主要缺点是难以从得到的稀疏光流场中提取运动目标的精确形状；不能很好地解决特征匹配问题。连续光流法大多采用基于帧间图像强度守恒的梯度算法，其中最为经典的算法是 L-K 法和 H-S 法。

光流场在进行运动背景下的目标识别时效果较好，但是也存在计算量较大、对噪声敏感等缺点。在对前方车辆进行识别尤其是车辆距离较远时，目标车辆在两帧之间的位移非常小，有时候仅移动一个像素，因此这种情况下不能使用连续光流法。另外，车辆在道路上运动时，车与车之间的相对运动较小，而车与背景之间的相对运动较大，这就导致了图像中的光流包含了较多的背景光流，而目标车辆光流相对较少，因此特征光流法也不适用于前方车辆识别。但是在进行从旁边超过的车辆识别时，由于超越车辆和摄像头之间的相对运动速度较大，所以在识别从旁边超过的车辆时采用基于光流的方法效果较好。

4. 基于模型的识别方法

基于模型的识别方法是根据前方运动车辆的参数来建立二维或三维模型，然后利用指定的搜索算法来匹配查找前方车辆。这种方法对建立的模型依赖度高，但是车辆外部形状各异，难以通过仅建立一种或者少数几种模型的方法来对车辆实施有效的识别，如果为每种车辆外形都建立精确的模型又将大幅增加识别过程中的计算量。

5. 基于深度学习的识别方法

近年来，深度学习方法不断发展完善，图形处理器计算性能不断提升，深度学习方法在目标检测领域得到了飞速发展。如今已经出现了许多优秀的卷积神经网络结构，如 RCNN、Fast RCNN、Faster RCNN、Mask RCNN、YOLO 等目标检测算法，并且这类深度学习算法也逐步应用于车辆检测。

卷积神经网络在目标检测领域有两条发展主线，第一条是基于目标候选框的检测主线，这条主线是按照 RCNN、Fast RCNN、Faster RCNN、Mask RCNN 的线路不断发展；第二条是基于一体化卷积网络的检测主线，这条主线是按照 YOLO、SSD、YOLOV2、YOLOV3 的线路不断发展。第一条主线采用的方法是先粗检测找到目标候选框，再精检测确定检测目标；第二条主线采用的方法得到最终检测结果，所以两条主线相比而言，第一条主线中的算法检测精度较高，第二条主线中的算法检测速度较快。

1）RCNN。RCNN（Region based CNN）的主要思路就是根据一张图像提取多个区域，再将每个区域输入 CNN，来进行特征的提取。因此，RCNN 可以分为区域候选框生成和特征提取两个主要部分，提取的特征可以输入任意一个分类器来进行分类。

RCNN 的目标是借助边界框获取图像，并正确地识别图像中的主要对象；它运用选择性搜索给出边界框或者候选区域，选择性搜索通过不同尺寸的窗口在图像中进行滑动，然后通过纹理、颜色和亮度等特征将不同滑窗聚合，减少候选区域的数量，降低模型的复杂度。

生成一组候选区域之后，RCNN 将这些区域变换为标准的方形尺寸并采用改进后的 AlexNet 进行特征提取。在 CNN 的最终层，RCNN 增加了支持向量机（SVM），用于简单判断区域中是否包含目标以及它是什么。

RCNN 识别效果非常好，但是效率非常低，训练困难，主要原因一是需要对每个图像的每个候选区域进行 CNN 前向传播，每个图像需要大约 2000 次前向传播，存在大量重复计算；二是该方法必须分别训练三个不同的模型—CNN 图像特征提取模型、SVM 分类模型、线性边框回归模型，训练困难而且中间保存特征向量需占用大量的空间，这使模型很难训练。

图 5-30 所示为基于 RCNN 模型的车辆检测框架。

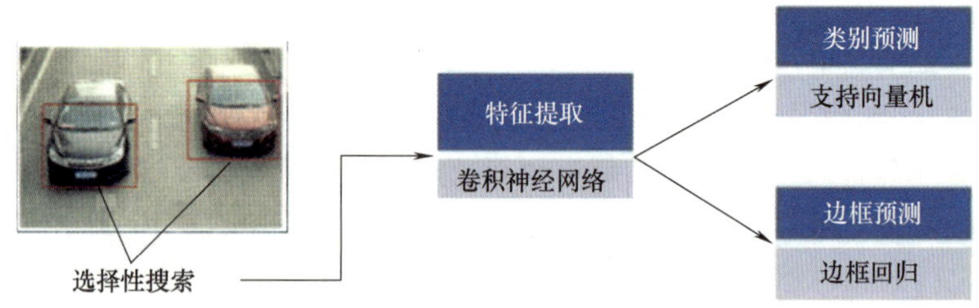

图 5-30　基于 RCNN 模型的车辆检测框架

2）Fast RCNN。为了解决 RCNN 效率低、训练难的问题，因此提出了 Fast RCNN 的方法。Fast RCNN 相对于 RCNN 主要改进的一个方面在于，不再对每一个候选区域进行重复卷积操作，而是对整张图像先提取泛化特征，这样就减少了大量的计算（RCNN 中对于每一个候选区域做卷积会有很多重复计算），并在 CNN 中引入兴趣区池化层（Region of Interest Pooling，RoIPooling），这样图片首先进行选择性搜索生成候选区域，同时在 CNN 中对整张图片进行特征提取，将候选区域通过映射的方式在池化层特征图上确定位置和矩形框。如此一来，只需要一次原始图像的 CNN 前向传播，而不是 2000 次；另一方面，Fast RCNN 把分类从支持向量机改进为 softmax，并将 CNN、softmax 分类和边界框线性回归的训练融合到一个模型中，降低了训练的难度。

图 5-31 所示为基于 Fast RCNN 模型的车辆检测框架。

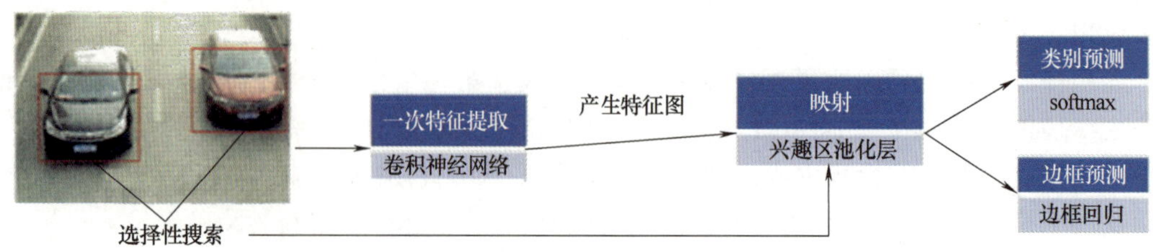

图 5-31　基于 Fast RCNN 模型的车辆检测框架

3）Faster RCNN。Faster RCNN 的想法来源于候选区域的特征计算依赖于图像的特征，这些特征已经通过 CNN 的前向传播（分类的第一步），那么为何不重用这些相同的 CNN 特征给出候选区，从而取代单独的选择性搜索，实际上，这就是 Faster RCNN 方法最大的改进。创新性地提出候选框提取不一定非要在原图上做，可以考虑在特征图上做。继而提出了候选区域网络（Region Proposal Network，RPN），使其可以摒弃传统候选区域的方法，大幅加快训练速度。

图 5-32 所示为基于 Faster RCNN 模型的车辆检测框架。

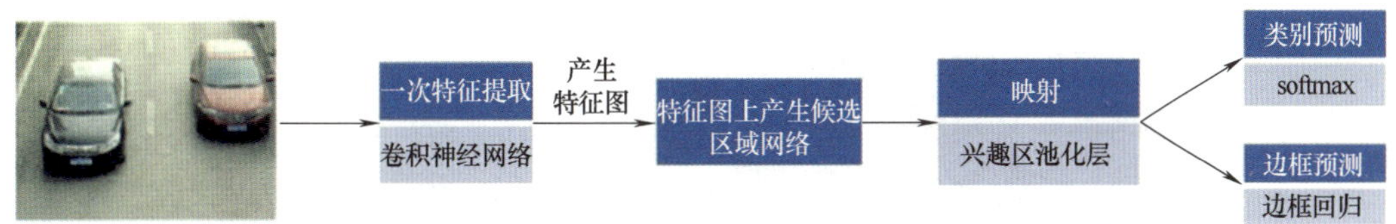

图 5-32 基于 Faster RCNN 模型的车辆检测框架

4）Mask RCNN。Mask RCNN 是将 Faster RCNN 扩展到像素级分割。原始的 Faster RCNN 架构，由兴趣区池化层选择的特征图的区域与原始图像的区域稍有偏差，与边界框不同，图像分割需要像素级的特征，少量的偏差也会导致不准确。通过巧妙地采用兴趣区对齐层（RoIAlign）的方法代替兴趣区池化层，使之更精确地对齐。与 Faster RCNN 不同，Mask RCNN 新增加了一个输出作为物体的 mask。与 Faster RCNN 类似的是，Mask RCNN 同样采用候选区域网络，来进行候选区域提取。但是在之后，对于每一个兴趣区域，Mask RCNN 还输出了一个二值化（二进制）的 mask，说明给定像素是否是目标的一部分，从而实现像素级分割。所谓二进制 mask，就是当像素在目标的所有位置上时标识为 1，其他位置标识为 0。

图 5-33 所示为 RCNN 系列算法的比较。

图 5-33 RCNN 系列算法的比较

a）RCNN b）Fast RCNN c）Faster RCNN d）Mask RCNN

从 RCNN 网络的演进可以看出，最初的 RCNN 由最基础的三个部分完成检测，到 Faster RCNN 实现了端到端的检测，不断地加快效率；而 Mask RCNN 更加实现了像素级分割，使结果更加精确。

图 5-34 所示为基于深度学习的车辆检测结果。

多传感器融合技术是未来车辆识别技术的发展方向。目前，在车辆识别中主要有两种融合技术，即视觉和激光雷达传感器的融合技术，以及视觉和毫米波雷达传感器的融合技术。

三、车辆识别实例

环境配置 torch = 1. 13. 1。

第一步：按照图 5-35 所示代码导入包和模块。需要载入 torch，pycocotools，

车辆识别

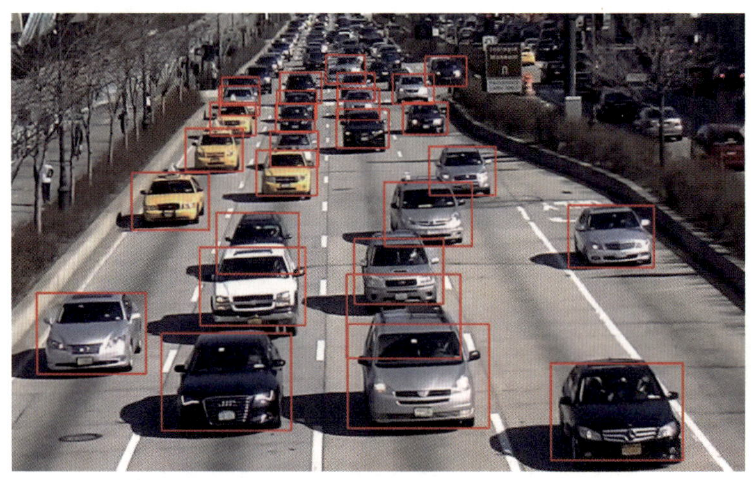

图 5-34　基于深度学习的车辆检测结果

IPython. display，shutil，os 模块。其中，Pytorch 是深度学习常用的第三方库，pycocotools 是 MS COCO 数据集的 API，用于管理 coco 数据集。此外，还需要从 YOLOV5（https：//github. com/ultralytics/yolov5）的官网下载部署 YOLOV5 相关代码。

```
import os
from IPython.display import Image, display
import torch
from pycocotools.coco import COCO
import shutil
```

图 5-35　导入包和模块

第二步：配置数据文件。训练车辆识别的数据集用的是 MS COCO（Microsoft Common Objects in Context），起源于微软于 2014 年出资标注的 Microsoft COCO 数据集，目标检测项目包含约 20 万张图像，约 11.5 万多张训练集图像，5 千张验证集图像，2 万多张测试集图像。包含 80 个类别，超过 50 万个目标标注，平均每张图像的目标数为 7.2。其中，和车有关的标注共六类，包括小汽车（12251 张）、货车（6127 张）、自行车（3252 张）、摩托车（3502 张）、公共汽车（3952 张）和火车（3588 张）。图 5-36 的代码展示了如何从 coco 数据集中获取和车相关的图片。

```
cocoRoot = "../datasets/coco"
dataType = "train2017"
annFile = os.path.join(cocoRoot, f'annotations/instances_{dataType}.json')
print(f'Annotation file: {annFile}')
coco=COCO(annFile)

Annotation file: ../datasets/coco/annotations/instances_train2017.json
loading annotations into memory...
Done (t=17.70s)
creating index...
index created!
```

图 5-36　获取和车相关的图片

```
# 获取包含车的所有图片
vehicle_types =['bicycle', 'car', 'motorcycle', 'bus', 'train', 'truck']
file_names = []
for veh in vehicle_types:
    _id = coco.getCatIds([veh])[0]
    imgIds = coco.catToImgs[_id]
    print(f'包含{veh}的图片共有: {len(set(imgIds))}张')
    for imgid in set(imgIds):
        imgInfo = coco.loadImgs(imgid)[0]
#           imPath=os.path.join('.', 'images', dataType, imgInfo['file_name'])
        if imgInfo['file_name'] not in file_names:
            file_names.append(imgInfo['file_name'])
print(f'共有{len(file_names)}张包含车图片')
```

```
包含自行车的图片共有: 3252张
包含小汽车的图片共有: 12251张
包含摩托车的图片共有: 3502张
包含公共汽车的图片共有: 3952张
包含火车的图片共有: 3588张
包含货车的图片共有: 6127张
共有22743张包含车图片
```

图 5-36 获取和车相关的图片（续）

然后，需要提取出车相关的图片和标注数据，并且重新生成标注文件。COCO 数据集的原始标注是 JSON 格式，YOLOV5 官方提供了 txt 格式的标注文档，下载地址为 https://github.com/ultralytics/yolov5/releases/download/v1.0/coco2017labels.zip，但是由于人们只想训练一个专门用于识别车辆的模型，因此需要移除文档中除了车辆以外的其他类别的标记。并且，由于只训练六个类别，因此，需要把标注文件中的索引改为 0~5 之间。图 5-37 展示了将 coco 数据标注格式转换为 YOLO 数据标注格式的代码。

```
original_index = {'1': 'bicycle', '2': 'car', '3': 'motorcycle',
                  '5': 'bus', '6': 'train', '7': 'truck'}
new_index = {'0': 'bicycle', '1': 'car', '2': 'motorcycle',
             '3': 'bus', '4': 'train', '5': 'truck'}
def map_index(original_index, new_index):
    dic = {}
    for ori_ind, new_ind in zip(original_index, new_index):
        dic.update({ori_ind:new_ind})
    return dic
dic = map_index(original_index, new_index)
```

```
#新建一个文件夹
def mkdir(path):
    try:
        os.mkdir(path)
    except OSError as error:
        print(error)
```

```
#设置原始coco数据集的路径，以及过滤后新的文件名称
lab_path = '../datasets/coco/labels'
img_path = '../datasets/coco/images'
raw_name = 'train2017'
fil_name = 'filter_vehicle'
fil_lab_path = os.path.join(lab_path, fil_name)
fil_img_path = os.path.join(img_path, fil_name)
```

```
#建立新的文件夹来存储新的标注文件
mkdir(fil_lab_path)
mkdir(fil_img_path)
```

图 5-37 标注格式转换

```
original_index = {'1': 'bicycle', '2': 'car', '3': 'motorcycle',
                  '5': 'bus', '6': 'train', '7': 'truck'}
new_index = {'0': 'bicycle', '1': 'car', '2': 'motorcycle',
             '3': 'bus', '4': 'train', '5': 'truck'}
def map_index(original_index, new_index):
    dic = {}
    for ori_ind, new_ind in zip(original_index, new_index):
        dic.update({ori_ind:new_ind})
    return dic
dic = map_index(original_index, new_index)
```

```
#新建一个文件夹
def mkdir(path):
    try:
        os.mkdir(path)
    except OSError as error:
        print(error)
```

```
#设置原始coco数据集的路径，以及过滤后新的文件名称
lab_path = '../datasets/coco/labels'
img_path = '../datasets/coco/images'
raw_name = 'train2017'
fil_name = 'filter_vehicle'
fil_lab_path = os.path.join(lab_path, fil_name)
fil_img_path = os.path.join(img_path, fil_name)
```

```
#建立新的文件夹来存储新的标注文件
mkdir(fil_lab_path)
mkdir(fil_img_path)
```

图 5-37　标注格式转换（续）

图 5-38 所示为最终训练数据的 yaml 文件。该文件设定了训练数据和标注文件的路径，以及训练的类别。

```
# YOLOv5 🚀 by Ultralytics, GPL-3.0 license
# COCO 2017 dataset http://cocodataset.org by Microsoft
# Example usage: python train.py --data coco.yaml
# parent
# ├── yolov5
# └── datasets
#     └── coco  ← downloads here (20.1 GB)


# Train/val/test sets as 1) dir: path/to/imgs, 2) file: path/to/imgs.txt, or 3) list: [path/to/imgs1, path/to/imgs2, ..]
path: ../datasets/coco  # dataset root dir
train: filter_vehicle.txt  # train images (relative to 'path')
val: filter_vehicle.txt  # val images (relative to 'path')
test:

nc: 6
# Classes
names:
  0: bicycle
  1: car
  2: motorcycle
  3: bus
  4: train
  5: truck
```

图 5-38　最终训练数据的 yaml 文件

第三步：训练自己的 YOLOV5 模型。YOLOV5 提供了便捷的训练方式，只需要设置一些参数，用一行代码就可以训练 YOLOV5 模型。以下采用最小的 YOLOV5s. pt 作为预训练，设置训练次数为 10 次，并且冻结模型的前 10 层。图 5-39 展示了训练自定义数据级的 YOLO 模型的代码，也展示了模型的训练结果，全部类别的 mAP50 为 0.512。Precision 为 0.683，Recall 为 0.77。

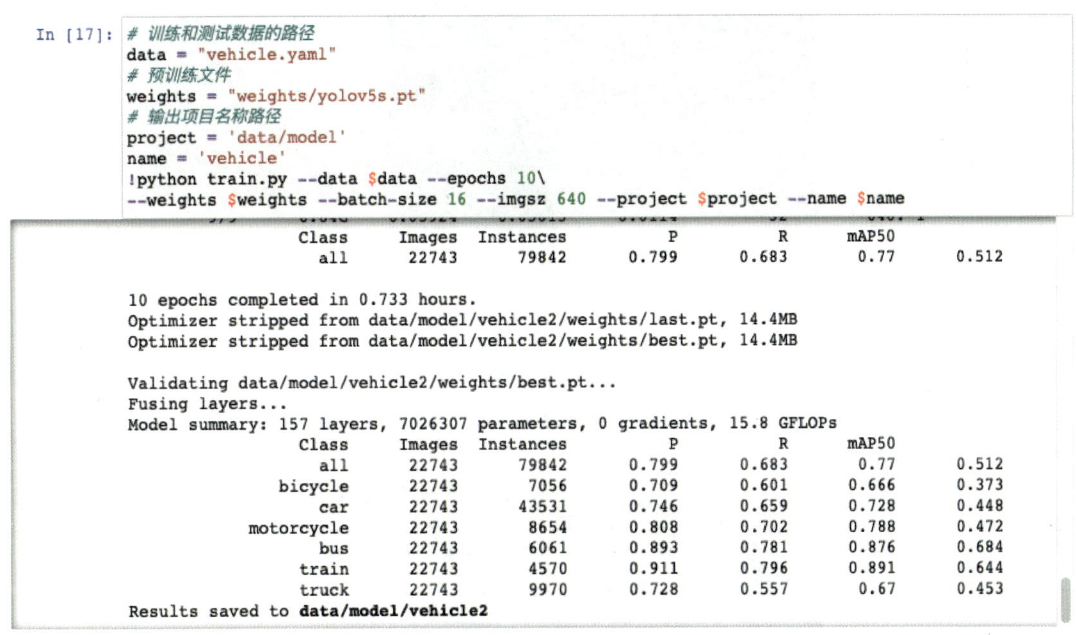

```
In [17]: # 训练和测试数据的路径
data = "vehicle.yaml"
# 预训练文件
weights = "weights/yolov5s.pt"
# 输出项目名称路径
project = 'data/model'
name = 'vehicle'
!python train.py --data $data --epochs 10\
--weights $weights --batch-size 16 --imgsz 640 --project $project --name $name
```

```
                 Class     Images  Instances          P          R      mAP50
                   all      22743      79842      0.799      0.683       0.77      0.512

10 epochs completed in 0.733 hours.
Optimizer stripped from data/model/vehicle2/weights/last.pt, 14.4MB
Optimizer stripped from data/model/vehicle2/weights/best.pt, 14.4MB

Validating data/model/vehicle2/weights/best.pt...
Fusing layers...
Model summary: 157 layers, 7026307 parameters, 0 gradients, 15.8 GFLOPs
                 Class     Images  Instances          P          R      mAP50
                   all      22743      79842      0.799      0.683       0.77      0.512
               bicycle      22743       7056      0.709      0.601      0.666      0.373
                   car      22743      43531      0.746      0.659      0.728      0.448
            motorcycle      22743       8654      0.808      0.702      0.788      0.472
                   bus      22743       6061      0.893      0.781      0.876      0.684
                 train      22743       4570      0.911      0.796      0.891      0.644
                 truck      22743       9970      0.728      0.557       0.67      0.453
Results saved to data/model/vehicle2
```

图 5-39　训练自定义数据级的 YOLO 模型

第四步：在完成训练后，可以测试一下模型的检测效果。YOLOV5 同样提供了便捷的测试方式，只需要设置一些参数，用一行代码就可以输出 YOLOV5 模型的检测结果。按照图 5-40

```
In [13]: # 测试图片的文件路径
image_dir='vehicle-test'
# 模型文件
weights="data/model/vehicle2/weights/best.pt"
# 测试结果保存路径
out_dir="runs"
name = "vehicle-result"
!python detect.py --weights $weights --img 640 --conf 0.25、
--source $image_dir --project $out_dir --name $name
```

```
k, 7.7ms
image 9/16 /home/dell/Documents/yolov5-master/vehicle-test/000000009379.jpg: 448x640 1 bicy
cle, 1 car, 7.4ms
image 10/16 /home/dell/Documents/yolov5-master/vehicle-test/000000016470.jpg: 480x640 5 bic
ycles, 7.7ms
image 11/16 /home/dell/Documents/yolov5-master/vehicle-test/000000016526.jpg: 480x640 1 bic
ycle, 7.2ms
image 12/16 /home/dell/Documents/yolov5-master/vehicle-test/000000016616.jpg: 416x640 1 bic
ycle, 15 cars, 1 truck, 13.1ms
image 13/16 /home/dell/Documents/yolov5-master/vehicle-test/000000016961.jpg: 480x640 4 bic
ycles, 5 cars, 2 trucks, 8.0ms
image 14/16 /home/dell/Documents/yolov5-master/vehicle-test/000000017192.jpg: 448x640 2 car
s, 1 bus, 1 truck, 7.5ms
image 15/16 /home/dell/Documents/yolov5-master/vehicle-test/000000017244.jpg: 640x448 1 bic
ycle, 1 bus, 13.1ms
image 16/16 /home/dell/Documents/yolov5-master/vehicle-test/000000017267.jpg: 640x480 1 bic
ycle, 4 cars, 1 motorcycle, 12.5ms
Speed: 0.4ms pre-process, 9.5ms inference, 0.7ms NMS per image at shape (1, 3, 640, 640)
Results saved to runs/vehicle-result
```

图 5-40　检测代码

的代码可以检测图 5-41 中车辆的位置。可以看到，检测一张大小为 640mm×640mm×3mm 的图片的时间是 0.7ms。

folder = os.path.join(out_dir, name)
for filename in os.listdir(folder):
    display(Image(os.path.join(folder, filename)))
bicycle 0.80
bicyc

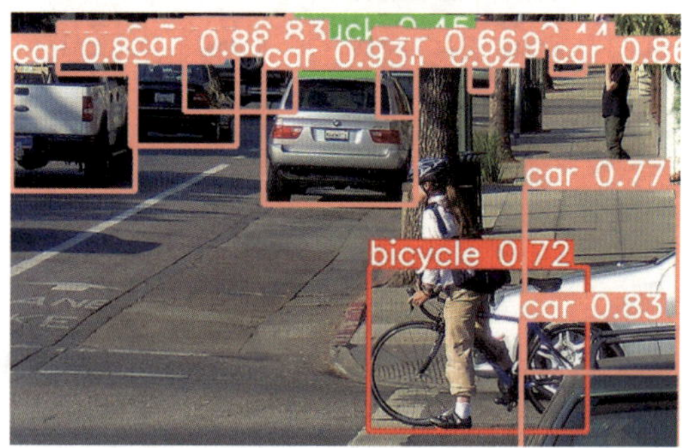

图 5-41　车辆检测效果展示

单元 4　行人识别

行人识别

一、行人识别的目的

行人识别是采用安装在车辆前方的视觉传感器采集前方场景的图像信息，通过一系列复杂的算法分析、处理这些图像信息，实现对行人的识别。

智能网联汽车的行人识别主要有两种应用场景，一种是城市工况下的车辆外的行人识别，另一种是驾驶室内的驾驶人脸部识别。

城市工况下的行人识别系统是搜索车辆前方的行人，发现后对其标记并跟踪，提醒驾驶人或自动驾驶系统车辆前方有行人，提高城市的交通安全，如图 5-42 所示。

图 5-42　行人识别系统

驾驶人疲劳检测与驾驶行为识别预警系统能够实时监测驾驶人状态并在确认其疲劳和行为不规范时发出提示信息。

二、行人识别的特征

行人识别特征的提取是利用数学方法和图像处理技术从原始的灰度图像或者彩色图像中提取表征人体信息的特征，它伴随着分类器训练和检测的全过程，直接关系到行人检测系统的性能，因此行人识别特征提取是行人识别的关键技术。在实际环境中，由于行人自身的姿态不同、服饰各异和背景复杂等因素的影响，使行人特征提取比较困难，因此选取的行人特征需要鲁棒性比较好。目前，行人识别特征主要有（方向梯度直方图）（HOG）特征、小波（Haar）特征、小边（Edgelet）特征和颜色特征等。

1. HOG 特征

HOG 特征的主要思想是用局部梯度大小和梯度方向的分布来描述对象的局部外观和外形，而梯度和边缘的确切位置不需要知道。

梯度方向直方图描述符一般有三种不同形式，如图 5-43 所示，都是基于密集型的网格单元，用图像梯度方向的信息代表局部的形状信息，图 5-43a 所示为矩形梯度直方图描述符，图 5-43b 所示为圆形梯度方向直方图描述符，图 5-43c 所示为单个中心单元的圆形梯度直方图描述符。

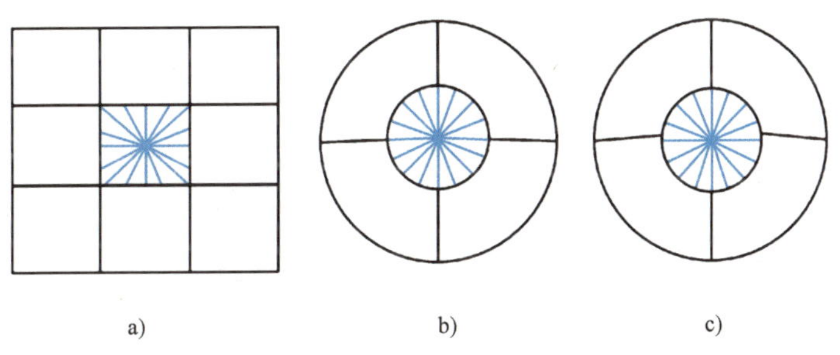

图 5-43 梯度方向直方图描述符变量

a）R-HOG b）C-HOG c）单个中心单元的 C-HOG

2. 小波特征

小波特征反映图像局部的灰度值变化，是黑色矩形与白色矩形在图像子窗口中对应区域灰度级总和的差值。小波特征计算方便且能充分地描述目标特征，常与 Adaboost 级联分类器结合，检测行人目标。

常用的小波特征主要分为八种线性特征、四种边缘特征、两种中心环绕特征和一种特定方向特征，如图 5-44 所示。

可以看出，小波特征都是由 2~4 个白色和黑色的矩形框构成的。由该特征定义可知，每一种特征的计算都是由黑色填充区域的像素值之和与白色填充区域的像素值之和的差值，这种差值就是小波特征的特征值。实验表明，一副很小的图像就可以提取成千上万的大量的小波特征，这样就给算法带来了巨大的计算量，严重降低了检测小波和分类器训练的速度，为了解决这些问题，可以在特征提取中引入积分图的概念，并应用到实际的对象检测框架中。

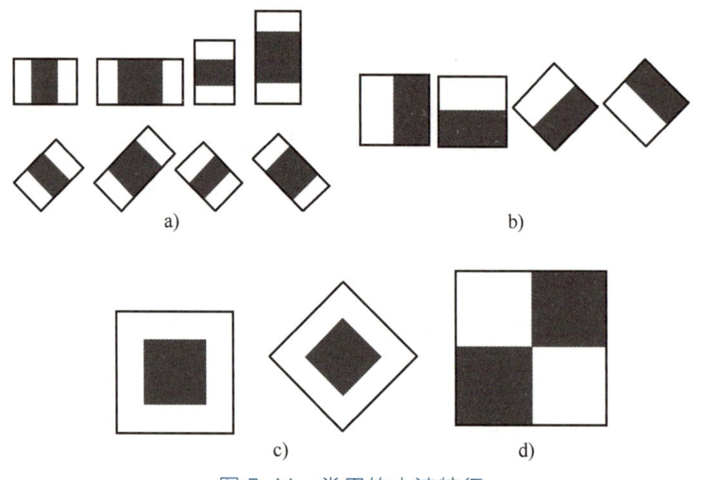

图 5-44　常用的小波特征

a）线性特征　b）边缘特征　c）中心环绕特征　d）对角线（特定方向）特征

3. 小边特征

小边特征描述的是人体的局部轮廓特征，该特征不需要人工标注，从而避免了重复计算相似的模板，降低了计算的复杂度，由于是对局部特征的检测，该算法能较好地处理行人之间的遮挡问题，对复杂环境中多个行人相互遮挡的检测效果明显优于其他特征。

人体部位的定义如图 5-45 所示。

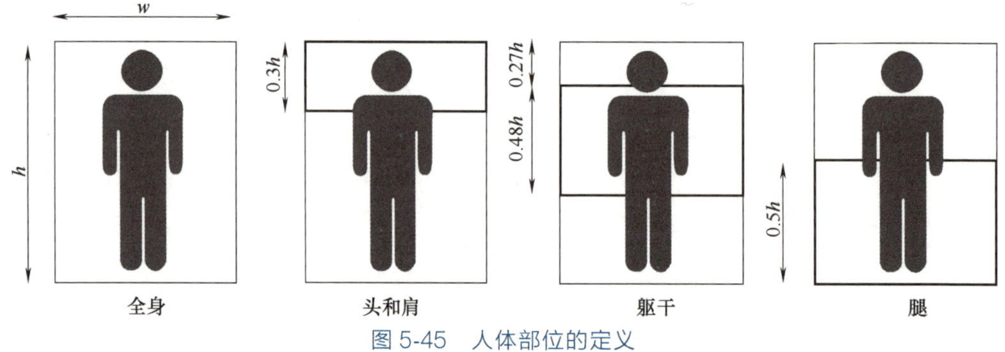

图 5-45　人体部位的定义

每一个小边特征就是一条由边缘点组成且包含一定形状与位置信息的小边，主要有直线形、弧形和对称形三种形式的小边特征，该方法是通过 Adaboost 算法筛选出一组能力强的小边特征进行学习训练，便能检测行人的各个部位，如头、肩、躯干和腿，最后分析各个局部特征相互之间的关系，来进行整体的行人检测。

4. 颜色特征

颜色特征具有较强的鲁棒性，图像中子对象的方向和大小的改变对它影响不大，颜色给人以直观的视觉冲击，是最稳定、最可靠的视觉特征，颜色特征经常描述跟踪对象来实现目标的跟踪。

颜色特征提取与颜色空间和颜色直方图有关。颜色空间包括 RGB、HSV 和 HIS 等。颜色直方图表示的是整幅图像中不同颜色所占的比例，并不关心每种颜色所处空间位置，即无法描述图像中的对象。在运动目标的检测与跟踪中，颜色直方图有其独特的优点，即物体形变对其影响较小，由于颜色直方图不表示物体的空间位置，仅表示颜色，跟踪目标的颜色不变，形体发生变化不会影响颜色直方图的分布，所以应用颜色直方图作为特征进行行人跟踪，很好地改善了行人动作随意和形变较大的缺点。

上述四种特征各有优缺点，概括如下：

① 方向梯度直方图特征是比较经典的行人特征，具有良好的光照不变性和尺度不变性，能较强地描述行人的特征，对环境适应性较强，但它也有其自身的不足，如特征维数较高和计算量大，难保证实时性。

② 小波特征容易理解，计算简单，特别是引入积分图概念后，计算速度提高，实时性高，在稀疏行人且遮挡不严重的环境下检测效果较好，但是它对光照和环境遮挡等因素敏感，适应性差，不适合复杂易变的行人场景。

③ 小边特征表征的是人体局部轮廓特征，可以处理一定遮挡情况下的行人检测，但是该算法是要去匹配图像中所有相似形状的边缘，这样就需要耗费大量时间进行搜索，不能达到实时要求。

④ 颜色特征具有较强的鲁棒性，图像中子对象的方向和大小的改变对它影响不大，颜色给人以直观的视觉冲击，是最稳定和最可靠的视觉特征，常应用于行人跟踪领域，但是该特征容易受到背景环境的影响。

三、行人识别的方法

行人识别的方法主要有基于特征分类的行人识别方法、基于模型的行人识别方法、基于运动特性的行人识别方法、基于形状模型的行人识别方法、小波变换和支持向量机以及基于深度学习的行人检测方法等。

1. 基于特征分类的行人识别方法

基于特征分类的行人识别方法着重于提取行人的特征，然后通过特征匹配来识别行人目标，是目前较为主流的行人识别方法，主要有基于方向梯度直方图特征的行人识别方法、基于小波特征的行人识别方法、基于小边特征的行人识别方法、基于形状轮廓模板特征的行人识别方法、基于部件特征的行人识别方法等。

2. 基于模型的行人识别方法

基于模型的行人识别方法是通过建立背景模型来识别行人。常用的基于背景建模的行人识别方法有混合高斯法、核密度估计法和密码本法。

3. 基于运动特性的行人识别方法

基于运动特性的行人识别方法就是利用人体运动的周期性特性来确定图像中的行人。该方法主要针对运动的行人进行识别，不适合识别静止的行人。在基于运动特性的行人识别方法中，比较典型的算法有背景差分法、帧间差分法和光流法。

4. 基于形状模型的行人识别方法

基于形状模型的行人识别方法主要依靠行人的形状特征来识别行人，避免了由于背景变化和摄像机运动带来的影响，适合于识别运动和静止的行人。

5. 小波变换和支持向量机

行人识别主要是基于小波模板概念，按照图像中小波相关系数子集定义目标形状的小波模板。系统首先对图像中每个特定大小的窗口以及该窗口进行一定范围的比例缩放得到的窗口进行小波变换，然后利用支持向量机检测变换的结果是否可以与小波模板匹配，如果匹配成功，则认为检测到一个行人。

6. 基于深度学习的行人检测方法

深度学习行人检测方法可以分为基于锚点框的行人检测和基于无锚点框的行人检测。

（1）基于锚点框的行人检测　基于锚点框的目标检测（如 Faster RCNN 和 SSD）是当前较为成熟并且应用较为广泛的一类算法，该方法利用数据集的先验信息设置一系列大小形状不同的锚点框，并利用卷积神经网络对锚点框进一步分类与回归，得到最终的行人检测结果。基于锚点框的行人检测方法分为基于行人部位的检测方法、基于行人整体与部位加权的检测方法以及基于级联的检测方法。

1）基于行人部位的检测方法是处理遮挡行人检测问题最常见也是非常有效的一类方法。该方法利用遮挡行人可见部位判断行人是否存在。基于行人部位检测器的方法往往是通过已训练好的人体关键点或部位检测网络简单有效地识别遮挡行人可见身体部位。基于部位检测器的行人检测框架图如图 5-46 所示，FC 表示全连接网络。该算法通过人体关键点检测网络，识别每个行人目标的六种关键节点，包括头部、上身、手臂和腿部等，并利用关键节点重建相应的部位信息。将含有特定语义的部位信息进行整合，即得到最终更加鲁棒的行人特征表达。该方案直观有效，对于提升检测器的抗遮挡性能有明显效果。但是缺点也显而易见，一是此类方法需要额外的部位标注训练人体关键点或部位检测网络；二是依赖数据驱动的部位检测器往往难以适配遮挡模式的多变。因此，如何降低部位检测器的计算成本，以及如何更有效地利用部位检测器仍然是一个值得探索的问题。

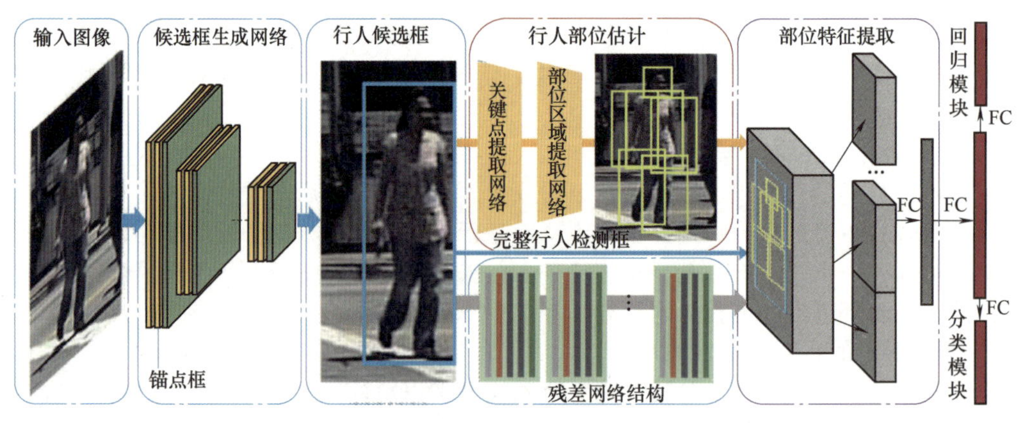

图 5-46　基于部位检测器的行人检测框架图

2）基于行人部位的检测方法较为有效地降低了遮挡行人漏检率，但是由于过于依赖局部（部位）特征，导致对结构形似行人部位的背景目标产生误检，例如，主体结构形似行人躯干的树干、形状形似行人头部的路灯等。显然，仅基于行人部位的检测算法较难满足实际应用的需求。因此，提出了基于行人整体（全局特征）与部位（局部特征）加权的方法，旨在同时保证遮挡行人的低漏检率以及无遮挡行人的低误检率。基于行人头部与整体加权的检测网络如图 5-47 所示。此类方法通过对行人头部和全身同时进行检测，直观有效地缓解了行人检测中的遮挡问题。

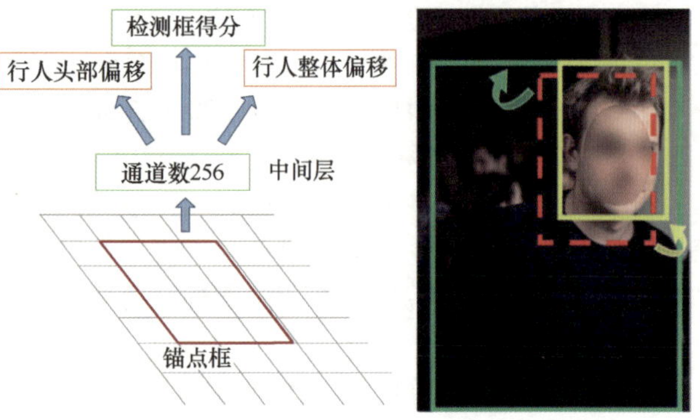

图 5-47　基于行人头部与整体加权的检测网络

3）基于级联的行人检测方法分为基于两阶段检测器的级联方法和基于单阶段检测器的级联方法。

两阶段的检测器是指检测算法包含候选框产生和候选框修正两个阶段。以两阶段 Faster RCNN 网络为例，候选框通过 RPN（Region Proposal Network）模块产生，并经过 RCNN 模块进行修正，由此得到更加精确的检测结果。Cascade RCNN 算法框架图如图 5-48 所示，图中，H 表示检测模块，B 表示检测框回归结果，C 表示检测框分类得分，conv 及 pool 分别表示卷积层及池化层。Cascade RCNN 采用级联式的网络框架，将检测结果迭代式地回归，前一级检测模型的输出作为下一级检测模型的输入，并逐步提高正负样本分类时的交并比阈值。此类方法通过多级级联的模式对检测结果逐步精调，可以取得更好的分类精度和更好的定位效果。

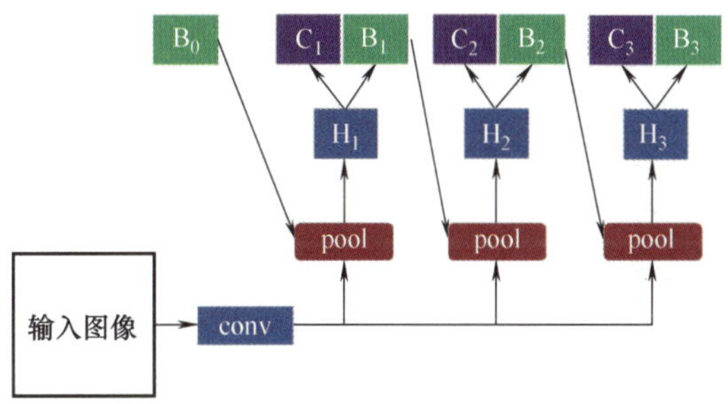

图 5-48　Cascade RCNN 算法框架图

单阶段检测器是指无须经过候选框生成，可以通过锚点框直接预测分类结果和边界框的回归位置。典型的行人检测模型是 ALFNet（Asymptotic Localization Fitting Network），其主要思想是多级渐进定位，即使用较高交并比阈值筛选第 1 级的检测框作为第 2 级检测框的输入，之后逐步提高网络的交并比阈值，从而训练更精确的行人检测器，具体的网络框架图如图 5-49 所示，图中，h 及 w 分别表示特征图高度及宽度。通过该级联的方式，一方面可以为下一级检测网络提供更加精准可靠的行人特征；另一方面通过加权多级检测置信度可以得到更加可靠的检测结果。

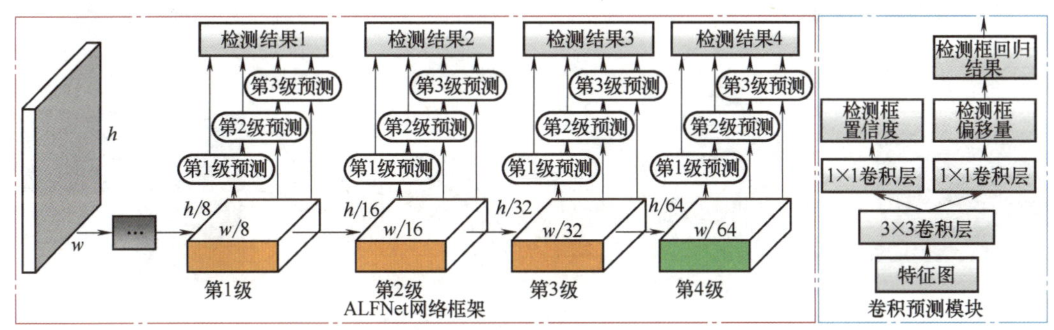

图 5-49　ALFNet 检测框架图

（2）基于无锚点框的行人检测　基于无锚点框的行人检测分为基于点的行人检测方法和基于垂直线的行人检测方法。

1）基于点的行人检测方法的出发点是认为行人目标可以用含有特定语义信息的点表示，例如角点、中心点等。CSP（Center Scale Prediction）是此类算法中的典型代表。CSP 网络的主要思路是通过卷积神经网络直接预测行人目标中心点热力图，热力图上响应较大的点为行人目标置信度较高的位置；通过卷积及全连接层预测相应的行人检测框高度。具体框架图如图 5-50 所示，图中，h 及 w 分别表示输入图像高度及宽度。与基于锚点框的方法相比，基于点的方法优点在于降低了锚点框训练推理过程中的计算复杂度；基于点的方法更多依赖于行人可见部位特征而非整体行人特征，因此，往往对于遮挡行人检测较为有效。

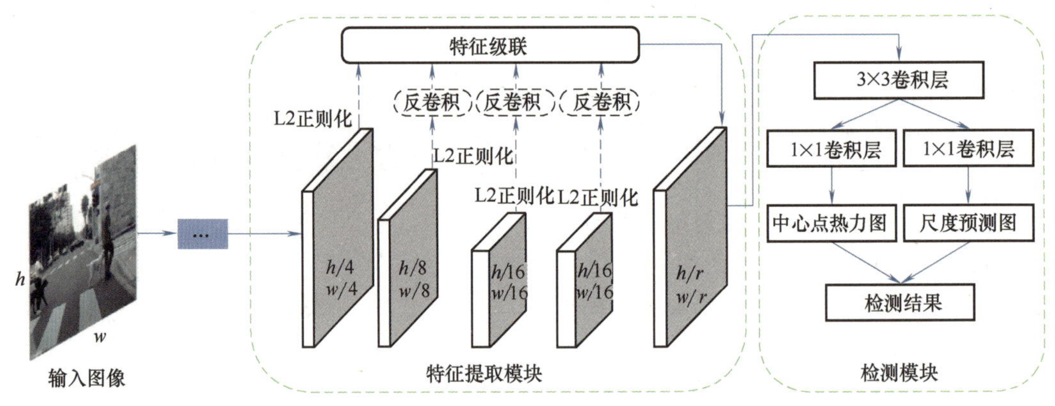

图 5-50　CSP 算法框架图

2）基于垂直线的行人检测网络 TLL（Topological Line Localization）算法框架图如图 5-51 所示，图中，h 及 w 分别表示输入图像高度及宽度。从基于线的检测思路出发，TLL 将行人检测划分为三个子任务，分别是行人目标上顶点预测、行人目标下顶点预测以及行人目标中轴线预测。相较于基于锚点框的行人检测方法，基于线的方法无须根据数据集人工设定大量先验框，降低了计算复杂度；基于锚点框的检测方法不可避免地引入背景噪声，而基于线的方法具有更明确、更清晰的语义特征。相较于基于点的行人检测方法，基于线的方法对行人结构有垂直约束，在检测性能上表现更为鲁棒。

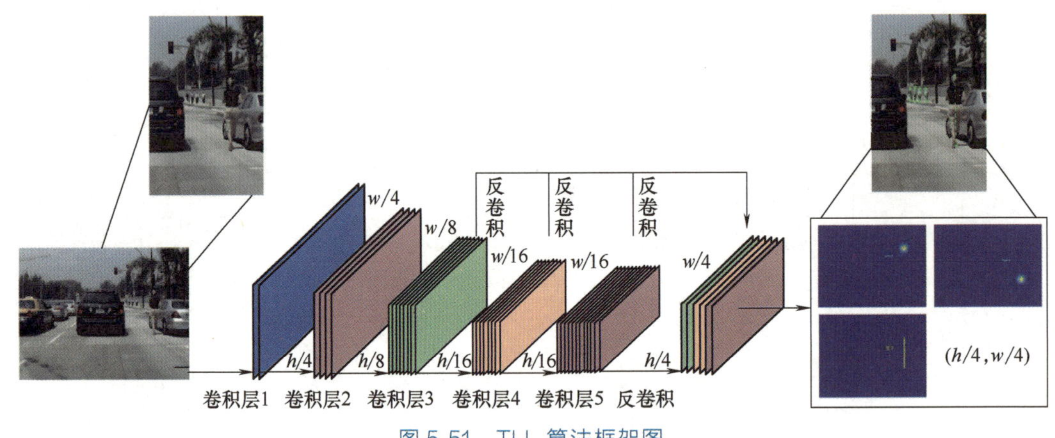

图 5-51　TLL 算法框架图

四、行人识别实例

环境配置 torch = 1.13.1。

第一步：按照图 5-52 所示代码导入包和模块。需要载入 torch，pycocotools，IPython.display，shutil，os 模块。

```
import os
from IPython.display import Image, display
import torch
from pycocotools.coco import COCO
import shutil
```

图 5-52　导入包和模块

第二步：配置数据文件。训练人体识别的数据集用的是 MS COCO。其中，含有人的图片共 64511 张。图 5-53 的代码展示了如何从 COCO 数据集中获取和人相关的图片。

```
cocoRoot = "../datasets/coco"
dataType = "train2017"
annFile = os.path.join(cocoRoot, f'annotations/instances_{dataType}.json')
print(f'Annotation file: {annFile}')
coco=COCO(annFile)
```

```
Annotation file: ../datasets/coco/annotations/instances_train2017.json
loading annotations into memory...
Done (t=10.05s)
creating index...
index created!
```

```
# 获取包含人的所有图片
_id = coco.getCatIds(['person'])[0]
file_names = []
imgIds = coco.catToImgs[_id]
print(f'包含人的图片共有：{len(set(imgIds))}张')
for imgid in set(imgIds):
    imgInfo = coco.loadImgs(imgid)[0]
    if imgInfo['file_name'] not in file_names:
        file_names.append(imgInfo['file_name'])
print(f'共有{len(file_names)}张包含人图片')
```

```
包含人的图片共有：64115张
共有64115张包含人图片
```

图 5-53 获取和人相关的图片

然后，需要提取出与人相关的图片和标注数据，并且重新生成标注文件。COCO 数据集的原始标注是 JSON 格式，YOLOV5 官方提供了 txt 格式的标注文档，下载地址为 https://github.com/ultralytics/yolov5/releases/download/v1.0/coco2017labels.zip，但是由于人们只想训练一个专门用于识别人体的模型，因此需要移除文档中除了人体以外的其他类别的标记。图 5-54 展示了将 COCO 数据标注格式转换为 YOLO 数据标注格式的代码。

```
original_index = {'0': 'person'}
new_index = {'0': 'person'}
def map_index(original_index, new_index):
    dic = {}
    for ori_ind, new_ind in zip(original_index, new_index):
        dic.update({ori_ind:new_ind})
    return dic
dic = map_index(original_index, new_index)
```

```
#新建一个文件夹
def mkdir(path):
    try:
        os.mkdir(path)
    except OSError as error:
        print(error)
```

```
#设置原始coco数据集的路径，以及过滤后新的文件名称
lab_path = '../datasets/coco/labels'
img_path = '../datasets/coco/images'
raw_name = 'train2017'
fil_name = 'filter_people'
fil_lab_path = os.path.join(lab_path, fil_name)
fil_img_path = os.path.join(img_path, fil_name)
```

图 5-54 标注格式转换

```
#建立新的文件夹来存储新的标注文件
mkdir(fil_lab_path)
mkdir(fil_img_path)
```

```
# 修改原始标注文件的索引，并保存至新的路径
for filename in file_names:
    label_name = filename.replace('jpg', 'txt')
    label_path = os.path.join(lab_path, raw_name, label_name)
    with open(label_path, 'r') as f:
        labels = f.read()
    filter_labels = []
    for label in labels.split('\n'):
        ori_ind = label.split(' ')[0]
        if ori_ind in original_index:
            new_ind = dic[ori_ind]
            new_label = ' '.join([new_ind]+label.split(' ')[1:])
            filter_labels.append(new_label)
    filter_label_path = label_path.replace(raw_name, fil_name)
    with open(filter_label_path, 'w') as f:
        f.write('\n'.join(filter_labels))
```

```
# 将过滤后的图片数据集存储至新的文件夹
for img_name in file_names:
    ori_img_path = os.path.join(img_path, raw_name, img_name)
    new_img_path = os.path.join(fil_img_path, img_name)
    shutil.copy(ori_img_path, new_img_path)
```

```
# 将所有过滤后的图片文件路径保存成一个txt文件
data_path = os.path.join(os.path.abspath(os.path.join(lab_path, os.pardir)), fil_name)
with open(data_path+'.txt', 'w') as f:
    for filename in file_names:
        f.write(os.path.join('./images', fil_name, filename)+'\n')
```

图 5-54　标注格式转换（续）

图 5-55 所示为最终训练数据的 yaml 文件。该文件设定了训练数据和标注文件的路径，以及训练的类别。

```
# YOLOv5 🚀 by Ultralytics, GPL-3.0 license
# COCO 2017 dataset http://cocodataset.org by Microsoft
# Example usage: python train.py --data coco.yaml
# parent
# ├── yolov5
# └── datasets
#     └── coco  ← downloads here (20.1 GB)


# Train/val/test sets as 1) dir: path/to/imgs, 2) file: path/to/imgs.txt, or 3) list: [path/to/imgs1, path/to/imgs2, ..]
path: ../datasets/coco  # dataset root dir
train: filter_people.txt  # train images (relative to 'path')
val: filter_people.txt  # val images (relative to 'path')
test:

nc: 1
# Classes
names:
  0: person

# Download script/URL (optional)
download: |
  from utils.general import download, Path
```

图 5-55　最终训练数据的 yaml 文件

第三步：训练自己的 YOLOV5 模型。YOLOV5 提供了便捷的训练方式，只需要设置一些参数，用一行代码就可以训练 YOLOV5 模型。以下采用大的 YOLOV51. pt 作为预训练，设置

训练次数为 50 次，并且冻结模型的前 10 层。图 5-56 展示了训练自定义数据级的 YOLO 模型的代码与模型的训练结果，mAP50 为 0.693，其中，Recall 为 0.905，precision 为 0.819。

```
In [13]: # 训练和测试数据的路径
data = "pedestrian.yaml"
# 预训练文件
weights = "weights/yolov5l.pt"
# 输出项目名称路径
project = 'data/model'
name = 'pedestrian'
!python train.py --data $data --epochs 50\
--weights $weights --batch-size 16 --imgsz 640 --freeze 10 --project $project --name $name
```

```
      48/49     9.98G   0.02888   0.02684          0         36        640: 1
                Class    Images  Instances          P          R      mAP50
                  all     64115     257252       0.89      0.818      0.904      0.692

      Epoch   GPU_mem  box_loss  obj_loss   cls_loss  Instances       Size
      49/49     9.98G   0.02874   0.02661          0         10        640: 1
                Class    Images  Instances          P          R      mAP50
                  all     64115     257252      0.892      0.819      0.905      0.693

50 epochs completed in 12.661 hours.
Optimizer stripped from data/model/pedestrian5/weights/last.pt, 92.7MB
Optimizer stripped from data/model/pedestrian5/weights/best.pt, 92.7MB

Validating data/model/pedestrian5/weights/best.pt...
Fusing layers...
Model summary: 267 layers, 46108278 parameters, 0 gradients, 107.6 GFLOPs
                Class    Images  Instances          P          R      mAP50
                  all     64115     257252      0.892      0.819      0.905      0.693
Results saved to data/model/pedestrian5
```

图 5-56 训练自定义数据级的 YOLO 模型

第四步：在完成训练后，测试一下模型的检测效果。YOLOV5 同样提供了便捷的测试方式，只需要设置一些参数，用一行代码就可以输出 YOLOV5 模型的检测结果。按照图 5-57 所示的代码可以检测图中行人的位置，图 5-58 展示了行人检测的效果。

```
# 测试图片的文件路径
image_dir='data/pedestrian-test'
# 模型文件
weights="data/model/pedestrian5/weights/best.pt"
# 测试结果保存路径
out_dir="runs"
name = "pedestrian-result"
!python detect.py --weights $weights --img 640 --conf 0.25 --source $image_dir --project $out_d
```

```
detect: weights=['data/model/pedestrian5/weights/best.pt'], source=data/pedestrian-test, data
=data/coco128.yaml, imgsz=[640, 640], conf_thres=0.25, iou_thres=0.45, max_det=1000, device=,
view_img=False, save_txt=False, save_conf=False, save_crop=False, nosave=False, classes=None,
agnostic_nms=False, augment=False, visualize=False, update=False, project=runs, name=pedestri
an-result, exist_ok=False, line_thickness=3, hide_labels=False, hide_conf=False, half=False,
dnn=False, vid_stride=1
YOLOv5 🚀 2023-1-3 Python-3.9.15 torch-1.13.1+cu117 CUDA:0 (NVIDIA GeForce RTX 3090, 24260Mi
B)

Fusing layers...
Model summary: 267 layers, 46108278 parameters, 0 gradients, 107.6 GFLOPs
image 1/2 /home/dell/Documents/yolov5-master/data/pedestrian-test/R-C.jpg: 640x640 15 people
s, 12.6ms
image 2/2 /home/dell/Documents/yolov5-master/data/pedestrian-test/R-C2.jpg: 448x640 10 people
s, 18.2ms
Speed: 0.4ms pre-process, 15.4ms inference, 1.0ms NMS per image at shape (1, 3, 640, 640)
Results saved to runs/pedestrian-result
```

图 5-57 行人检测代码

```
folder = os.path.join(out_dir, name)
for filename in os.listdir(folder):
    display(Image(os.path.join(folder, filename)))
```

图 5-58　行人检测效果

单元 5　交通标志识别

交通标志识别

一、交通标志识别的目的

为了保障汽车安全行驶，道路上有各种交通标志。

目前，交通标志识别的典型应用是限速识别预警系统，该系统可帮助驾驶人观察道路限速标志，利用视觉传感器探测行驶道路上或道路旁的限速标志，在组合仪表上向驾驶人显示限制车速，如图 5-59 所示。

道路交通标志作为重要的道路交通安全附属设施，可向驾驶人提供各种引导和约束信息。驾驶人实时地、正确地获取交通标志信息，可保障行车更安全。对应无人驾驶汽车，要把交通标志的信息准确地传递给自动驾驶系统，保障汽车安全行驶。

图 5-59　限速识别预警系统

二、交通标志识别的流程

利用视觉传感器进行交通标志识别的流程主要是“图像采集→图像预处理→图像分割检测→图像特征提取→交通标志识别”，如图 5-60 所示。

（1）图像采集　图像采集主要是通过摄像头采集带有交通标志的彩色图像，如果是模拟信号，要把模拟信号转换为数字信号，并把数字图像以一定格式表现出来。

（2）图像预处理　图像预处理包含的内容较多，要根据具体实际情况进行选择，如图像灰度化、图像压缩以及图像增强与复原等。图像灰度化的目的是把彩色图像变成灰度图像；图像压缩的目的是减少描述图像的数据量，节省图像传输、处理时间和减少所占用的存储器容量；图像增强与复原的目的是提高图像的质量，如去除噪声，提高图像的清晰度等。

图 5-60　交通标志识别的流程

a）原始图像采集　b）图像预处理　c）图像分割检测　d）图像特征提取　e）交通标志识别

（3）图像分割检测　图像分割的目的是把图像分成若干个特定的、具有独特性质的区域并提出感兴趣的目标，它是图像处理和图像分析的关键步骤之一。图像分割方法主要有阈值分割法、区域分割法、边缘分割法以及特定理论分割法等。

（4）图像特征提取 为了完成图像中目标的识别，要在图像分割的基础上，提取需要特征并将某些特征进行计算、测量以及分类，便于计算机根据特征值进行图像分类和识别。常用的特征有边缘特征、图像幅度特征、直观性特征、图像统计特征、图像几何特征以及图像变换系数特征等。

（5）交通标志识别　选择合适的识别方法，对特定的交通标志进行识别。

三、交通标志的识别方法

交通标志的识别方法主要有基于传统的识别方法和基于深度学习的识别方法，如图 5-61 所示。

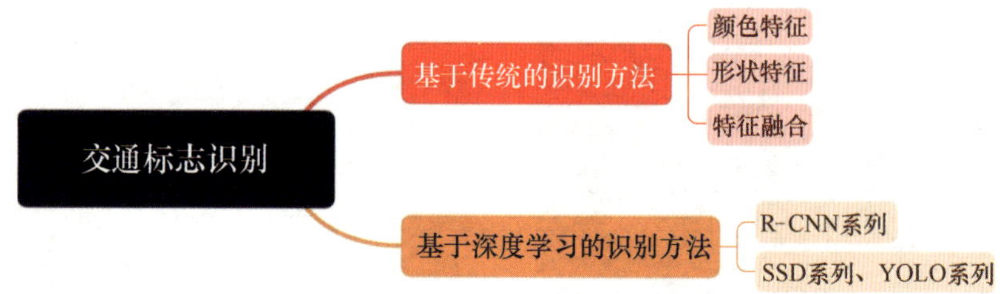

图 5-61　交通标志识别方法

相比于传统的交通识别方法，基于深度学习的识别方法具有更好的实时性和准确性。基于深度学习的识别方法主要分为单级和双级两类，单级是直接根据输入得到输出，而双级在输入得到输出的过程中，多了一步在特征中预选一部分特征，也就是预选框。单级和双级方法的比较如图 5-62 所示。

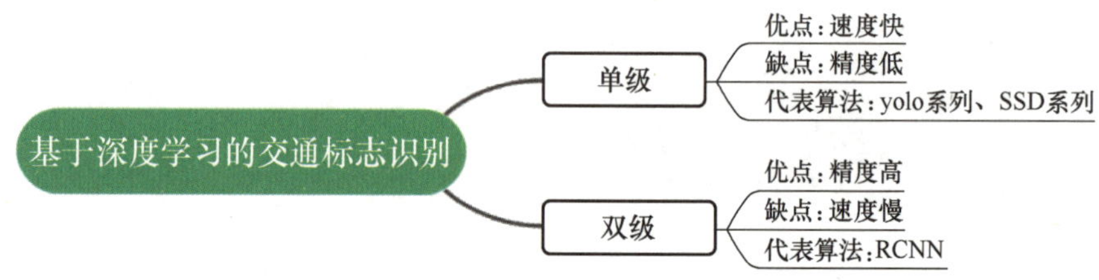

图 5-62　单级和双级方法的比较

四、交通标志分类实例

环境配置：tensorflow＝2. 8，pandas，numpy，matplotlib。

第一步：按照图 5-63 所示代码导入包和模块。需要载入 tensorflow，pandas，numpy，matplotlib，os 模块。其中，tensorflow 是深度学习常用的第三方库，pandas 用于数据分析任务。在这个任务中，用它来读取标注的 csv 文件夹。matplotlib 在这个任务中用于显示图片。

```
In [1]: import tensorflow as tf
        import pandas as pd
        import numpy as np
        import os
        import matplotlib.pyplot as plt
```

图 5-63　导入包和模块

第二步：按图 5-64 的代码进行数据清洗。首先把交通灯的图片都放到一个文件夹里。设置训练图片文件夹的地址为“/traffic_light_images/training”。这个文件夹有 58 个子文件夹，不同类型的交通标志放在不同的文件夹。接着通过 tensorflow 自带的图片生成器把图片每个像素点的值除以 255，把它们缩小到 0～1 的范围内。此外，还通过剪切、旋转、水平翻转进行了数据增强，最后在导入图片时把图片统一成同一个尺寸，这里把所有图片都变成长度方向 100 个像素点、宽度方向 50 个像素点的大小一致的图片。共有 3359 张图片，分别为 58 种不同的类别。

第三步：按图 5-65 所示建立模型，用神经卷积层作为模型的第一层。输入维度为 100，50，3（3 是因为输入的图片是彩色图片），接着将多维的数据一维化，最后设置输出层，输

```
In [2]: TRAINING_DIR = './traffic_sign/train'
        train_datagen = tf.keras.preprocessing.image.ImageDataGenerator(rescale=1./255,
                                                                         shear_range=0.2,
                                                                         zoom_range=0.2,
                                                                         horizontal_flip=True,
                                                                         )
        train_generator = train_datagen.flow_from_directory(TRAINING_DIR, target_size=(100, 50),
                                                             class_mode='categorical')

        Found 3359 images belonging to 58 classes.
```

图 5-64 数据清洗

出层需要设置 units。units 是单元的意思，指类别的数目，根据训练集，共有 58 种不同的交通标志，因此，units 等于 58。

```
In [3]: model = tf.keras.models.Sequential([
            #将神经卷积层作为输入层
            tf.keras.layers.Conv2D(8, (3,3), input_shape=(100, 50, 3)),

            # 将多维的数据一维化
            tf.keras.layers.Flatten(),

            # 输出层，有几个类别就设置几个unitis
            tf.keras.layers.Dense(units = 58, activation='softmax')])
```

图 5-65 建立模型

第四步：按图 5-66 所示的代码编译模型。由于是类别数据，因此损失采用 categorical crossentropy。选择准确度 accuracy 作为模型的评估方式。

```
In [4]: model.compile(loss='categorical_crossentropy', metrics=['accuracy'])
```

图 5-66 编译模型

第五步：按图 5-67 所示的代码训练模型。这里的 train_generator 是训练数据，epochs 是训练次数。经过 5 次训练，模型训练集的损失为 0.4326，准确度为 87.76%。

```
In [5]: history = model.fit(train_generator, epochs=5)

        Epoch 1/5
        105/105 [==============================] - 6s 49ms/step - loss: 2.0217 - accuracy: 0.5502
        Epoch 2/5
        105/105 [==============================] - 5s 46ms/step - loss: 0.8583 - accuracy: 0.7720
        Epoch 3/5
        105/105 [==============================] - 5s 45ms/step - loss: 0.5929 - accuracy: 0.8339
        Epoch 4/5
        105/105 [==============================] - 5s 45ms/step - loss: 0.4858 - accuracy: 0.8613
        Epoch 5/5
        105/105 [==============================] - 5s 45ms/step - loss: 0.4326 - accuracy: 0.8776
```

图 5-67 训练模型

至此，已经成功训练了一个可以分类交通灯颜色的模型。接下来看看模型预测交通标志的结果。

按照图 5-68 的代码载入标注文件。从测试集随机选取了两张从未参与训练的交通标志的图片，然后试着用模型预测一下交通标志的类别，结果如图 5-69 所示。模型准确地预测了两种不同的交通标志，第一张是环岛行驶，第二张是向左急转弯。

```
In [6]: # 载入标注文件
labels= pd.read_csv('./traffic_sign/labels.csv')
class2name = labels.to_dict()['Name']
m_class2t_class = {val: int(key) for key, val in train_generator.class_indices.items()}
```

图 5-68　载入标注文件

```
In [7]: path1 = './traffic_sign/test/027_1_0006_1_j.png'
path2 = './traffic_sign/test/039_0004_j.png'
for path in [path1, path2]:
    img = tf.keras.utils.load_img(path, target_size=(100, 50))
    imgplot = plt.imshow(img)
    x = tf.keras.utils.img_to_array(img)
    x = x/255
    x = np.expand_dims(x, axis=0)
    index_ = np.argmax(model.predict(x))
    index = m_class2t_class[index_]
    print('模型预测的交通标志是 {}, {}'.format(index, class2name[index]))
    plt.show()
```

```
模型预测的交通标志是 27, Roundabout mandatory
```

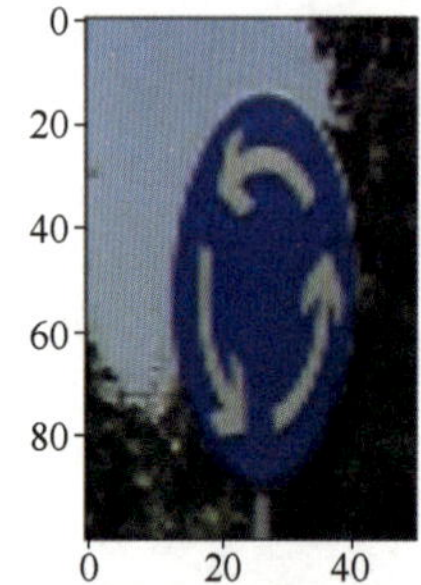

```
模型预测的交通标志是 39, Dangerous curve to the left
```

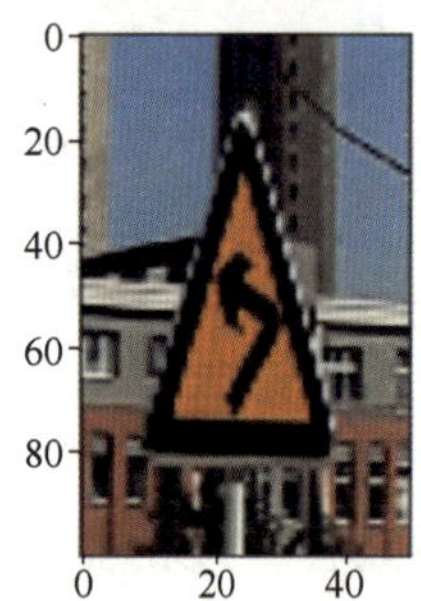

图 5-69　交通标志模型测试结果

单元 6　交通信号灯识别

交通信号灯识别

一、交通信号灯识别的目的

交通信号灯用于道路平面交叉路口，通过对车辆、行人发出行进或停止的指令使各同时到达的人、车交通分流，尽可能地减少相互干扰，从而提高路口的通行能力，保障路口的畅通和安全。

交通信号灯识别就是利用车载传感器或 V2X 技术实时监测交通信号灯状态，并把交通信号灯的信息传递给周围的车辆，保障车辆安全高效地通过交叉路口。

交通信号灯的自动识别是实现城市智能网联汽车安全行驶的关键，特别是在十字路口，可实现车路协同控制，提高通行效率。

如果能从车内预先得知前方的交通信号灯状况，甚至提醒驾驶人目前适合持续加速或者维持速度恒定，甚至预先减速，可以使行车更为顺畅，通行效率大大提高。

奥迪所推出的交通信号灯信息互联系统就是为了解决交通信号灯对于行车顺畅所造成的问题，如图 5-70 所示。奥迪的交通信号灯信息互联系统建立在车辆与基础设施联网的技术之上，让车辆可以通过网络与基础设施连线，共享彼此的信息。交通信号灯信息互联系统正是让车辆能够与交通信号灯建立连线，使驾驶人在车内就能预先得知前方交通信号灯的状态，包括红灯或者绿灯，以及红灯与绿灯的剩余秒数等信息。

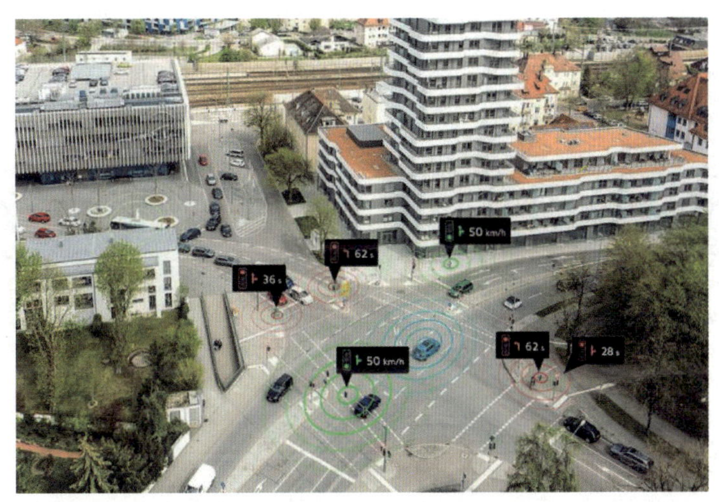

图 5-70 交通信号灯信息互联系统

交通信号灯信息互联服务除了可以通过仪表板或者抬头显示预先得知前方路口的交通信号灯状况外，系统还能够以当下的车速进行计算，判断抵达下个路口时信号灯将会是红灯或者绿灯。若系统判断抵达下个路口时，信号灯将会是红灯，就会显示红灯的倒数计时，让驾驶人可以调整当下的车速。如果调整适宜，将可以迎来一路常绿的状态。

二、交通信号灯识别的流程

交通信号灯识别是智能网联汽车中的一个关键问题，交通信号灯识别就是获取交通信号灯在图像中的坐标以及它的类别。智能网联汽车根据检测的结果采取不同的措施：如果检测到红灯，则在路口等待；如果检测到绿灯，则通过路口。因此，能否准确识别交通信号灯的状态，决定着智能网联汽车的安全。

利用视觉传感器进行交通信号灯识别的流程主要是“原始图像采集→图像灰度化→直方图均衡化→图像二值化→交通信号灯识别”，如图 5-71 所示。

（1）原始图像采集 利用视觉传感器采集带有交通信号灯的彩色图像。

（2）图像灰度化 把带有交通信号灯的彩色图像转换为灰度图像。

（3）直方图均衡化 直方图反映了灰度图像中不同灰度级出现的统计情况，采用直方图均衡化可以把原始图像的直方图变换为均匀分布（均衡）的形式，这样就增加了像素之间灰度值差别的动态范围，从而达到增强图像整体对比度的效果。

图 5-71 交通信号灯识别的流程

a）原始图像采集 b）图像灰度化 c）直方图均衡化 d）图像二值化 e）交通信号灯识别

（4）图像二值化 图像二值化就是将图像上像素点的灰度值设置为 0 或 255，也就是将整个图像呈现出明显的黑白效果。

（5）交通信号灯识别 选择合适的方法对交通信号灯进行识别。

三、交通信号灯识别的方法

交通信号灯识别的方法主要有基于颜色特征的识别方法、基于形状特征的识别方法和基于深度学习的识别方法。

1. 基于颜色特征的识别方法

基于颜色特征的交通信号灯识别方法主要是选取某个色彩空间对交通信号灯的红、黄、绿三种颜色进行描述。在这些方法中，通常依据对色彩空间的不同分类，主要有以下三类：

（1）基于 RGB 颜色空间的识别方法 通常，采集到的交通信号灯图像都是 RGB 格式的，因此，如果直接在 RGB 色彩空间中进行交通信号灯的识别，由于不需要色彩空间的转换，方法的实时性会很好；缺点是 R、G、B 三个通道之间相互依赖性较高，对光学变化很敏感。

（2）基于 HSI 颜色空间的识别方法 HSI 色彩模型比较符合人类对色彩的视觉感知，而且 HSI 模型的三个分量之间的相互依赖性比较低，更加适合交通信号灯的识别。缺点是从 RGB 色彩空间转换过来会比较复杂。

（3）基于 HSV 颜色空间的识别方法 在 HSV 颜色空间中，H 和 S 两个分量是用来描述色彩信息的，V 则是表征对非色彩的感知。虽然在 HSV 颜色空间中进行交通信号灯的识别对光学变化不敏感，但是相关参数的确定比较复杂，必须视具体环境而定。

2. 基于形状特征的识别方法

基于形状特征的识别方法主要是利用交通信号灯和它的相关支撑物之间的几何信息。这一识别方法的主要优势在于交通信号灯的形状信息一般不会受到光学变化和天气气候变化的影响。

也可以将交通信号灯的颜色特征和形状特征结合起来，以减少单独利用某一特征所带来的影响。

3. 基于深度学习的识别方法

交通信号灯识别就是检测当前路况下在摄像头的视觉范围内红绿灯的状态。输入是摄像头拍摄的图像，输出是红绿灯的属性，即红绿灯的颜色信息和位置信息。

交通信号灯识别分为预处理、神经网络模型以及后处理。

预处理是指输入信号的预处理。由于有多个摄像头、定位信息、高精度地图以及标定结果，预处理的目的是有针对性地选择摄像头，选择一个需要处理的图像。还需要根据高精度地图的结果，预先设定一个红绿灯的大致位置。之所以用高精度地图，是因为红绿灯在图像中占的比例比较小，属于小目标检测问题，在有些情况下检测的召回率很难保证，比较容易出现漏检的情况。高精度地图会预先提供红绿灯的大致位置，可以依赖高精度地图给出的信息，预先在图像中选取 ROI 作为后面检测模型的输入，在很大程度上提高了红绿灯在检测模型输入中所占的比例，有效地提高了检测结果的准确性，减少误检的情况。

神经网络模型分为检测和对检测的结果做分类识别两部分。检测模型并不会直接输出灯的颜色信息，它的输出类别是三种形状，即横向灯、竖向灯和方形灯，再根据不同的形状类别，针对性地用分类模型做具体的颜色识别。

后处理是对识别结果做优化和矫正。

图 5-72 所示为要检测的红绿灯。图中可以比较直观地解释 ROI 区域的选取过程，从图中可以看到红绿灯占的比例是比较小的，想要比较准确、完整地检测全部的红绿灯存在一定难度。图中的小矩形框是高精度地图给出的红绿灯位置，在一些情况下，会有一些偏移，并不完全准确。为了避免这种偏移的情况，会对高精度地图给出的位置信息做一定比例的扩展，也就是大矩形框。大矩形框标识的区域就是输入第二步检测模型的图像。

图 5-72 要检测的红绿灯

红绿灯检测模型如图 5-73 所示。检测模型可以分为提取图像特征、区域提取和 ROI 分类器三部分。

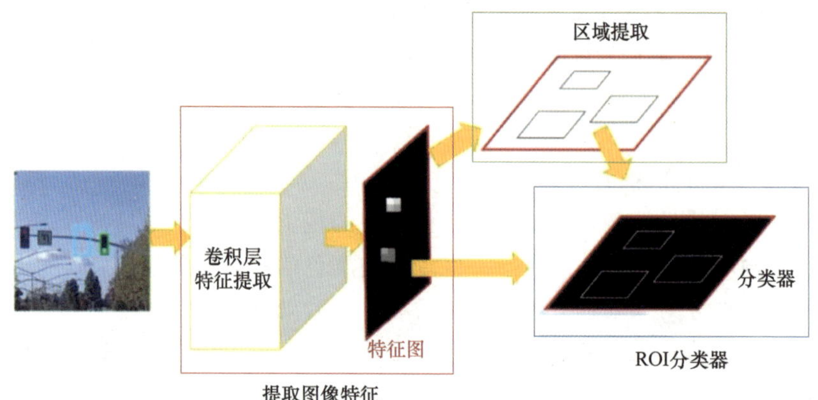

图 5-73　红绿灯检测模型

模型检测采用了一种常规的基于卷积神经网络的目标检测算法，模型接收的就是刚刚选取的 ROI 区域，它的输出是红绿灯的边框以及红绿灯的类别。

可变形的、位置敏感的感兴趣区域池化（Deformable PS RoI Pooling）是一种全卷积的结构，引入了位置信息，其结构如图 5-74 所示。

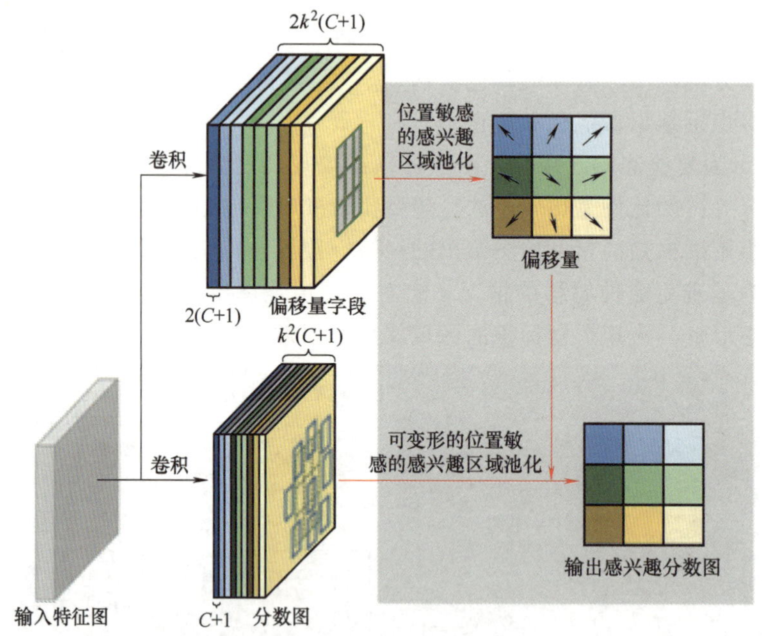

图 5-74　可变形的、位置敏感的感兴趣区域池化的结构

图 5-74 上面部分的支路是偏移量的生成，下面是常规的位置敏感的感兴趣区域池化，上下支路合起来就是可变形的位置敏感的感兴趣区域池化。先看下面的位置敏感的感兴趣区域池化，对于输入特征图，进行卷积操作，生成同空间分辨率的通道数为 k^2（C+1）的分数图（其中，C 是要分类的类别数（+1 代表背景），k^2 是输出特征图的大小）。若无偏移量，

要取的块的空间位置在分数图中的虚线部分，加入偏移量后，要取的块的空间位置偏移到了蓝色的 9 个块。需要注意的是，取这 9 个块时，取的是在不同的通道维度上的块［每个块的通道数为（C+1），即对应一种颜色的厚度］，由图 5-74 可以看出，分数图中在通道维度上有 k^2（k=3 时，即 9）种颜色，与输出感兴趣分数图中的颜色一一对应。偏移量字段部分是通过卷积层生成的，通道数为 $2k^2$（C+1），这是因为总共有 k^2 个块，每个块的通道数为（C+1），一个偏移量需要用两个数表示（二维空间）。

一般来讲，网络越深，感兴趣区域池化具有的平移旋转不变性会越强。这个性质在做分类时，可以有效地提高对分类的鲁棒性，因为在分类时，并不关心物体是否翻转、旋转等。但在检测时，由于需要对物体定位，通过模型需要得到物体具体的位置信息，所以需要模型对位置有比较好的感知能力。如果模型过深，平移旋转不变性太强，会削弱模型的感知能力。太深的图像特征检测框架存在一个明显的缺陷：检测器对物体的位置信息敏感度下降，检测的准确度就会降低，所以提出了这种位置敏感的感兴趣区域池化。

检测完成后，需要对红绿灯的颜色做识别。训练了三个轻量级的卷积神经网络做分类，这三个网络分别对应检测结果的三个类别，竖着的、横着的和方形的。左图是检测模型输出的三个结果。对它做不同的缩放，输入不同的分类网络中，得到四维向量，对应四种类别出现的概率。

最后会有一个矫正器，因为红绿灯可能会出现闪烁或者阴影的情况，这种分类算法并不能保证识别结果完全正确，也就是说，当前检测的状态可能不能代表真实的状态，所以需要一个矫正系统对它做矫正。假如检测出来的是黑色或者置信度不高，不能确定到底是什么颜色，这时矫正器就会查找前几帧的检测状态，假如说前面的状态是一直保持稳定的，如一直是绿色，那么当前的黑色或者不确定的状态，就可以置为绿色。另外，由于时间顺序的关系，如黄色只能在绿色之后或红色之前，为了保证行车安全，把红色之后的黄色都视为红色，直到检测出绿色。

这就是整个交通信号灯检测的流程，从预处理到检测网络再到分类网络以及最后的矫正，输出的就是当前视觉下，检测出来的红绿灯以及红绿灯的具体颜色。

图 5-75 所示为交通信号灯的检测。

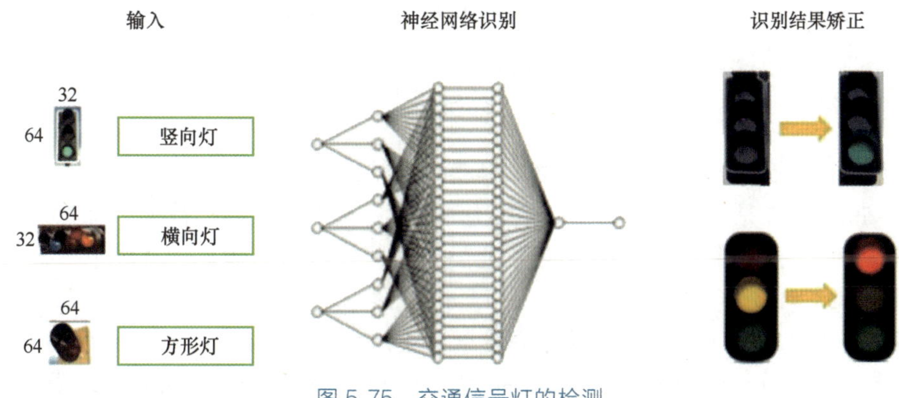

图 5-75 交通信号灯的检测

未来智能网联汽车交通信号灯的信号可以通过车辆与路侧基础设施技术，如图 5-76 所示。

交通信号灯识别

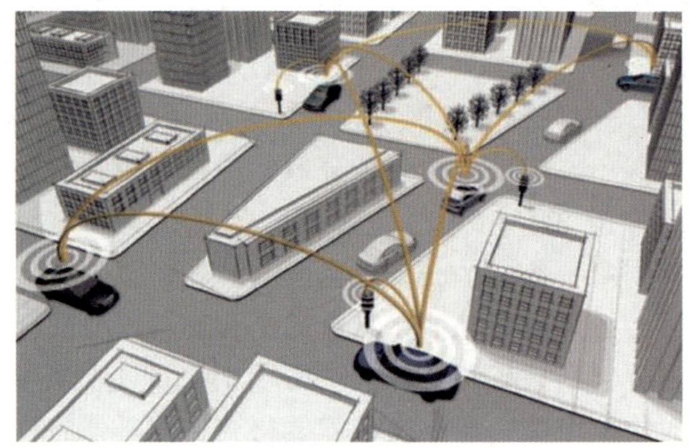

图 5-76　基于车辆与路侧基础设施技术的交通信号灯识别

四、交通信号灯分类实例

利用深度学习分类交通灯的颜色。

环境配置：tensorflow = 2.8。

第一步：按照图 5-77 所示的代码导入 tensorflow 库。

```
In [1]: import tensorflow as tf
```

图 5-77　导入包和模块

第二步：按照图 5-78 所示的代码进行数据清洗。首先把交通灯的图片都放到一个文件夹里。设置训练图片文件夹的地址为“/traffic_light_images/training”。这个文件夹有三个子文件夹，不同颜色的交通灯放在不同的文件夹。为什么一个文件夹里有那么多不同的交通灯图片呢？由于交通灯类型不同，以及天气、拍摄角度、摄像头像素的不同，拍出来的交通灯图片也会有很大不同。接着通过 tensorflow 自带的图片生成器把图片每个像素点的值除以 255，把它们缩小到 0~1 的范围内。最后在导入图片时把图片统一成同一个尺寸，这里把所有图片都变成长度方向 100 个像素点、宽度方向 50 个像素点的大小一致的图片。

```
In [2]: TRAINING_DIR = './traffic_light_images/training'
        train_datagen = tf.keras.preprocessing.image.ImageDataGenerator(rescale=1./255)
        train_generator = train_datagen.flow_from_directory(TRAINING_DIR, target_size=(100, 50))

        Found 1187 images belonging to 3 classes.
```

图 5-78　数据清洗

第三步：按照图 5-79 所示的代码建立模型。用神经卷积层作为模型的第一层，输入维度为 100，50，3（3 是因为输入的图片是彩色图片）。接着将多维的数据一维化，最后设置输出层，输出层需要设置 units。units 是单元的意思，指类别的数目，有红色、黄色、蓝色三个类别，因此，units 等于 3。

第四步：按照图 5-80 所示的代码编译模型，选择准确度 accuracy 作为模型的评估方式。

第五步：按照图 5-81 所示的代码训练模型，这里的 train_generator 是训练数据，epochs 是训练次数。

至此，已经成功训练了一个可以分类交通灯颜色的模型。接下来，看看模型预测交通灯的结果。

```
In [3]: model = tf.keras.models.Sequential([
            #将神经卷积层作为输入层
            tf.keras.layers.Conv2D(8, (3,3), input_shape=(100, 50, 3)),

            # 将多维的数据一维化
            tf.keras.layers.Flatten(),

            # 输出层，有几个类别就设置几个unitis
            tf.keras.layers.Dense(units = 3, activation='softmax')])
```

图 5-79　建立模型

```
In [4]: model.compile(loss='categorical_crossentropy', metrics=['accuracy'])
```

图 5-80　编译模型

```
In [5]: history = model.fit(train_generator, epochs=5)

        Epoch 1/5
        38/38 [==============================] - 1s 10ms/step - loss: 0.8175 - accuracy: 0.8787
        Epoch 2/5
        38/38 [==============================] - 0s 8ms/step - loss: 0.0759 - accuracy: 0.9764
        Epoch 3/5
        38/38 [==============================] - 0s 8ms/step - loss: 0.0335 - accuracy: 0.9899
        Epoch 4/5
        38/38 [==============================] - 0s 8ms/step - loss: 0.0172 - accuracy: 0.9966
        Epoch 5/5
        38/38 [==============================] - 0s 8ms/step - loss: 0.0086 - accuracy: 0.9975
```

图 5-81　训练模型

按照图 5-82 所示的代码可以测试模型对交通灯的识别。从网上下载一张交通灯的图片，用模型预测一下交通灯的颜色。

```
In [6]: import os
        import numpy as np
        import matplotlib.pyplot as plt
        import matplotlib.image as mpimg
        from keras.preprocessing import image
        path = './image.jpeg'
        dic={0:'绿色', 1:'红色', 2:'黄色'}
        img = tf.keras.utils.load_img(path, target_size=(100,50))
        plt.imshow(img)
        x = tf.keras.utils.img_to_array(img)
        x = np.expand_dims(x, axis=0)
        index = np.argmax(model.predict(x))
        print('模型预测的交通灯颜色是 {}'.format(dic[index]))
        plt.show()

        模型预测的交通灯颜色是 红色
```

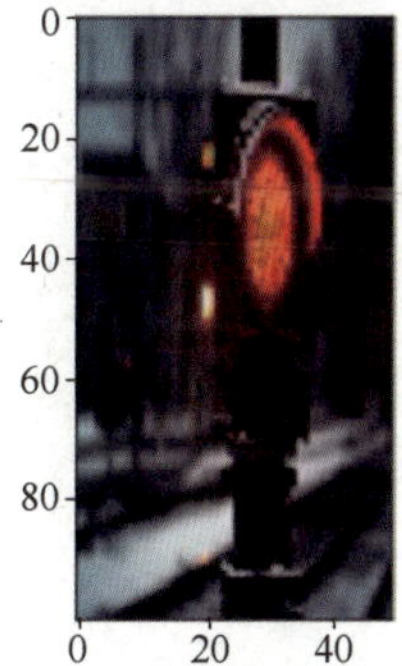

图 5-82　交通灯模型测试

复习思考题

1. 图像处理技术主要有哪些?
2. 机器学习和深度学习有什么特点?
3. 什么是语义分割、实例分割和全景分割?
4. 道路识别有哪些方法?
5. 车辆识别有哪些方法?
6. 行人识别有哪些方法?
7. 交通标志识别有哪些方法?
8. 交通信号灯识别有哪些方法?

模块6

环境感知与识别模型训练及仿真

【教学目标】

通过对本模块的学习，学生能够掌握智能网联汽车自动驾驶仿真系统的构成；了解自动驾驶仿真软件；通过实例熟悉利用 MATLAB 对视觉传感器标定、道路识别、车辆识别、行人识别、交通标志识别、交通信号灯识别的仿真过程；掌握道路交通图像识别模型训练与测试方法，能够开展相关数据采集、数据清洗和标注；能够完成对行人、交通灯和限速标志识别模型训练与测试。

【教学要求】

单元	要求	参考学时
自动驾驶仿真系统构成和仿真软件介绍	掌握自动驾驶仿真的定义和自动驾驶仿真系统的构成；了解模型在环测试仿真、硬件在环测试仿真和车辆在环测试仿真的目的；了解自动驾驶仿真软件的类型和主要功能，特别是 MATLAB 自动驾驶工具箱的功能	2
环境感知与识别仿真举例	掌握视觉传感器标定方法，能够对视觉传感器进行标定；了解道路识别仿真方法，能够对车道线识别进行仿真；了解车辆识别仿真方法，能够对车辆识别进行仿真；了解行人识别仿真方法，能够对行人识别进行仿真；了解交通标志识别仿真方法，能够对交通标志识别进行仿真；了解交通信号灯识别仿真方法，能够对交通信号灯识别进行仿真	6
环境感知模型训练与测试	掌握道路交通图像识别模型训练与测试方法，能够对道路交通图像数据进行采集、数据清洗和标注，能够完成对行人、交通灯和限速标志识别模型训练与测试	4

【导入案例】

在开发智能网联汽车环境感知系统时，一般要利用仿真技术对环境感知系统进行仿真，如图 6-1 所示。

图 6-1　智能网联汽车环境感知系统仿真

自动驾驶仿真系统的构成是怎样的？自动驾驶仿真软件主要有哪些？如何对道路、车辆、行人、交通标志和交通信号灯进行仿真？通过对本模块的学习，读者可以得到答案。

单元 1 自动驾驶仿真系统构成与仿真软件介绍

自动驾驶仿真系统构成与仿真软件介绍

一、自动驾驶仿真的定义及自动驾驶仿真系统的构成

1. 自动驾驶仿真的定义

随着汽车智能化程度的不断提高，汽车研发的复杂程度也在不断增加，对汽车开发成本和开发周期的压力也随之不断加大，许多涉及汽车安全的新技术研发受外界环境影响和试验安全制约，难以有效地开展，传统的研发、测试和验证手段已不能适应。自动驾驶要获得足够的安全验证，需要大规模可扩展的、能进行十亿甚至上百亿千米的模拟测试服务。在实际测试过程中，由于真实道路测试效率较慢，目前很多车企都倾向于选择自动驾驶仿真测试。未来自动驾驶测试主要通过仿真完成。

自动驾驶仿真是指通过传感器仿真、车辆动力学仿真、交通流仿真、数字仿真、驾驶场景构建等技术模拟路测环境，并添加算法，搭建相对真实的驾驶场景，来完成智能网联汽车测试工作的一种形式。

自动驾驶仿真的优点：仿真环境搭建方便，测试场景重复性好，无测试安全性问题，测试效率高，节约成本。

2. 自动驾驶仿真系统的构成

自动驾驶的关键技术是环境感知技术和车辆控制技术，其中，环境感知技术是智能网联汽车行驶的基础，车辆控制技术是智能网联汽车行驶的核心，包括决策规划和控制执行两个环节，这两项技术相辅相成共同构成智能网联汽车的关键技术。智能网联汽车首先是通过毫米波雷达、激光雷达、视觉传感器、V2X 等对外界的环境进行感知识别；然后在融合多方面感知信息的基础上，通过智能算法学习外界场景信息，预测场景中交通参与者的轨迹，规划车辆运行轨迹，实现车辆拟人化控制融入交通流中；跟踪决策规划的轨迹目标，控制车辆的加速、制动和转向等驾驶动作，调节车辆行驶速度、位置和方向等状态，以保证汽车的安全性、操纵性和稳定性。无论是环境感知技术，还是车辆控制技术，自动驾驶都需要大量的算法支持，而算法研发本来就是个不断迭代的过程，在算法不成熟的条件下，为了配合智能网联汽车的功能和性能开发，必须遵循从模型在环测试仿真、硬件在环测试仿真、车辆在环测试仿真，到封闭试验场测试，并最终走向公共道路测试这一开发流程。其中，仿真测试主要包括模型在环测试、硬件在环测试和车辆在环测试。

（1）模型在环测试仿真　模型在环测试仿真是指采用模拟驾驶场景、车辆动力学模型、传感器模型、决策规划算法进行虚拟环境下的自动驾驶测试，其主要应用于系统开发的最初阶段，没有硬件参与系统测试，主要用于验证算法的正确性。

（2）硬件在环测试仿真　硬件在环测试仿真主要包括环境感知系统在环测试、决策规划系统在环测试和控制执行系统在环测试等，其测试要求包括持续测试、组合测试和扩展性。持续测试是根据测试目的进行自动测试；组合测试是指不同标准在同一驾驶场景中进行评价；扩展性是指简单功能的测试结果具有扩展性，如对于车道保持的测试结果可扩展应用于高级自动驾驶功能。

（3）车辆在环测试仿真　车辆在环测试仿真是将整车嵌入虚拟测试环境中进行测试，通过模拟驾驶场景测试整车的性能，主要包括封闭场地车辆在环和转毂平台车辆在环，其关键在于将车辆信息传递给模拟环境以及将模拟环境中产生的传感器信息传递给车辆控制器。

一个完整的自动驾驶仿真平台需要包括驾驶场景仿真、传感器仿真、V2X 仿真、定位仿真、车辆动力学仿真等功能，并能够较为容易地接入自动驾驶感知和决策控制系统，如图 6-2 所示。只有算法与仿真平台紧密结合，才能形成一个闭环，达到持续迭代和优化的状态。

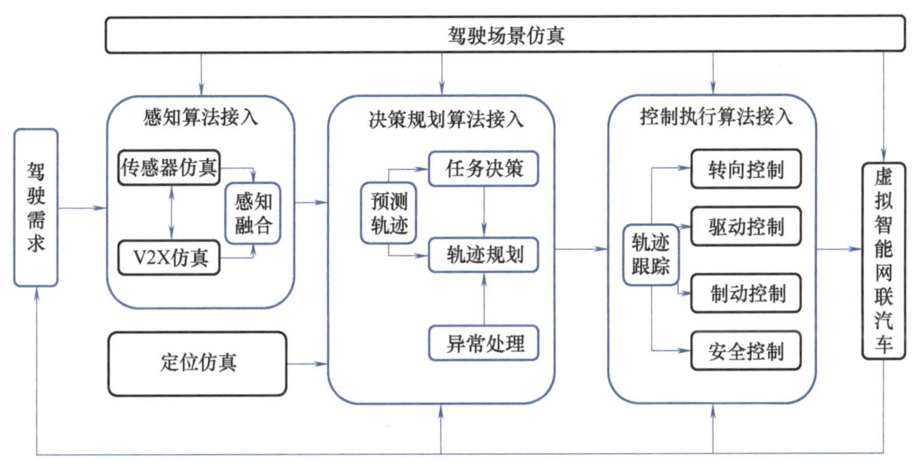

图 6-2　智能网联汽车自动驾驶仿真系统

在智能网联驾驶汽车的研发中，如何在设计阶段进行各种道路交通状况、各种行驶工况、各种天气环境等条件下传感器的开发与匹配、各种静态场景和动态场景的构建与算法训练、控制系统与算法的开发、执行机构的开发、自动制动与转向系统的设计与验证、自动驾驶系统开发等，都离不开仿真技术的应用，因此，仿真技术将成为智能网联汽车开发中的一个核心内容。

二、自动驾驶仿真软件介绍

随着智能网联汽车的快速发展，特别是无人驾驶汽车已经成为汽车的发展方向，有关汽车自动驾驶仿真软件也出现爆发式地增长，这些仿真软件有从传统汽车动力学仿真软件演化而来，也有国内外初创公司推出的仿真新产品。

自动驾驶仿真软件都有各自的特点和优势，搭建一个完整的仿真系统也越来越需要多个软件互相之间的配合。典型的自动驾驶仿真软件或平台应包括以下内容：

1）能够构建各种驾驶场景，而且这种驾驶场景越来越逼真。

2）能够仿真各种传感器，包括摄像头、激光雷达、毫米波雷达、超声波雷达等。

3）具有车辆动力学模型，可以对先进驾驶辅助系统或自动驾驶进行仿真。

4）支持传感器融合、跟踪、路径规划和车辆控制算法等。

5）支持 C/C++代码生成，实现快速原型和硬件在环测试。

下面介绍几种自动驾驶仿真软件。

1. CarSim 软件

美国的 Mechanical Simulation（MS）公司是专业的汽车系统仿真软件开发公司。MS 公司自主开发了多刚体动力学软件 VehicleSim，VehicleSim 由人工智能语言 LISP 编写而成，它可以根据用户输入的简单系统定义，推导出复杂的多刚体机械系统动力学模型并生成相应的计算机程序，因而被广泛地应用在汽车、机器人和卫星等领域。MS 公司利用 VehicleSim 技术开发出 CarSim、TruckSim 和 BikeSim，这些软件被国际上众多的汽车主机厂和零部件供应商所采用，享有很高的声誉。其中，CarSim 软件主要针对四轮汽车和轻型货车，TruckSim 软件主要针对多轴汽车和双轮胎的货车，BikeSim 软件主要针对两轮摩托车。这里的 Sim 指的就是 Simulation，即仿真。

CarSim 软件包括图形化数据库、车辆数学模型及求解器、绘图器、仿真动画显示器等多种模块。

CarSim 软件主要用于仿真及分析车辆在不同 3D 路面上对驾驶控制的反应，适用车型包括轿车、轻型货车及旅行车、SUV 等。CarSim 软件将所有预测车辆动态行为所需的工具整合为一，使其仿真结果具有高度准确性。

CarSim 软件具有以下主要功能：

1）可分析车辆的动力性、燃油经济性、操纵稳定性、制动性及平顺性。

2）可以通过软件（如 MATLAB、Excel 等）进行绘图和分析。

3）可以用图形曲线及三维动画形式观察仿真的结果。

4）软件可以实时高速运行，支持硬件在环，提供与一些硬件实时系统的接口，可联合进行硬件在环仿真。

5）先进的事件处理技术，实现复杂工况的仿真。

6）提供 20 余种车型的建模数据库。

7）可实现与 simulink 的相互调用。

8）新增自动驾驶仿真功能，支持 V2V 和 ADAS 的开发。

CarSim 软件自带丰富的车辆模型库，用户只需修改特定的车辆参数即可建立满足用户需求的车辆模型，大大简化了车辆模型建立的复杂程度，提高仿真分析的效率。CarSim 不仅自带预测模型控制器，可进行智能车辆的相关研究分析，还提供上百个输入变量和输出变量，可以通过与其他软件（如 MATLAB、ADAMS 等）进行联合仿真，完成车辆操纵稳定性、动力性和制动性等性能的分析，验证所设计控制规律的正确性和有效性。具有使用简单、运算迅速、仿真精确、软件扩展性好等特点，因此被广泛用于车辆控制系统的开发。

2. PreScan 软件

PreScan 是西门子公司旗下的汽车驾驶仿真软件，基于 MATLAB 仿真平台，是以物理模型为基础，开发汽车先进驾驶辅助系统和智能汽车系统的仿真平台；支持摄像头、毫米波雷达、激光雷达、GPS 以及 V2V/V2I 等多种应用功能的开发。PreScan 可用于从基于模型的控制器设计到利用软件在环和硬件在环系统进行的实时测试等。PreScan 可在开环、闭环以及离线和在线模式下运行。它是一种开放型软件平台，其灵活的界面可连接至第三方的汽车动力学模型和第三方的硬件在环模拟器/硬件。

PreScan 软件由多个模块组成，仿真主要分为以下四个步骤：

（1）搭建场景　PreScan 软件提供一个强大的图形编辑器，用户可以使用道路分段，包括交通标牌、树木和建筑物的基础组件库，包括机动车、自行车和行人的交通参与者库，修改天气条件（如雨、雪和雾）以及光源（如太阳光、前照灯和路灯），来构建丰富的仿真场景。新版的 PreScan 软件也支持导入 OpenDrive 格式的高精度地图，用来建立更加真实的场景。

（2）添加传感器 PreScan 软件支持种类丰富的传感器，包括超声波雷达、毫米波雷达、激光雷达、单目和双目摄像头、鱼眼摄像头、V2X 等，用户可以根据自己的需要进行添加。

（3）添加控制系统 可以通过 MATLAB/Simulink 建立控制模型，也可以和第三方动力学仿真模型进行闭环控制。

（4）运行仿真 3D 可视化查看器允许用户分析试验的结果，同时，可以提供图片和动画生成功能，也可以实现硬件在环仿真。

利用 MATLAB 和 PreScan 软件，建立智能网联汽车交叉口通行联合仿真模型，对交叉口交通进行仿真。PreScan 中建立的自动驾驶环境可以通过软件内部接口与 MATLAB/Simulink 建立的控制算法进行联合仿真，实现对行驶车辆、交叉口信号灯等交通参与者的控制。

3. CarMaker 软件

CarMaker 软件是德国 IPG 公司推出的动力学、ADAS 和自动驾驶仿真软件。

CarMaker 软件包括以下模块：

1）完整的车辆动力学模型，包括车身、悬架、转向系统、ABS/ESP 液压模型、动力系统、3D 空气动力学模型等，做 ADAS 测试不需要再配备其他车辆动力学模型；有精准的制动系统和转向系统模型，助力 ADAS 性能测试和自动驾驶算法开发。

2）具有新能源汽车动力系统模型，可以对新能源汽车进行仿真。

3）具有驾驶人模型，可以对车辆、驾驶人、道路、交通环境的闭环系统仿真。

4）复杂的交通和道路模型，可以满足 ADAS 测试所需的复杂逼真的交通场景的搭建；搭建场景采用拖拽方式，非常方便。

5）传感器模型，包括 ADAS 应用中几乎所有传感器模型，并且包含高级的物理传感器模型。

6）自动测试软件。

CarMaker 作为平台软件，可以与很多第三方软件进行集成，如 ADAMS、AVLCruise、rFpro 等，可利用各软件的优势进行联合仿真。同时，CarMaker 配套的硬件提供了大量的板卡接口，可以方便地与 ECU 或者传感器进行硬件在环测试和车辆在环测试。

CarMaker 软件具有以下功能：

1）车辆动力学相关控制系统的开发及测试。应用于整车动力学性能测试仿真，提供国际标准的测试用例，支持客户自定义测试用例的开发；可以用于研究垂向动力学、纵向动力学、横向动力学；可以用于 ABS、ASR、ESP、EPS 等电控单元的开发和硬件在环测试。

2）先进驾驶辅助系统的开发及测试。应用于车道偏离预警系统、夜视辅助系统、自适应巡航控制系统、自动泊车辅助系统、自适应灯光系统等各种 ADAS 和自动驾驶系统的开发和测试。

4. VTD 软件

VTD（Virtual Test Drive）软件是德国 VIRES 公司开发的一套用于 ADAS、主动安全和自动驾驶的完整模块化仿真工具链。VTD 软件运行于 Linux 平台，它的功能覆盖了道路环境建模、交通场景建模、天气和环境模拟、物理真实的传感器仿真、场景仿真管理以及高精度的实时画面渲染等。可以支持从软件在环到硬件在环和实车在环的全周期开发流程，开放式的模块式框架可以方便与第三方工具和插件联合仿真。

VTD 软件的仿真流程主要由路网搭建、动态场景配置和仿真运行三个步骤组成。

1）VTD 软件提供了图形化的交互式路网编辑器，在使用各种交通元素构建包含多类型车道复杂道路仿真环境的同时，可以同步生成 OpenDrive 格式的高精度地图。

2）在动态场景的建立上，VTD 提供了图形化的交互式场景编辑器，提供了在 OpenDrive 基础上添加用户自定义行为控制的交通体，或者是某区域连续运行的交通流。

3）无论是软件在环还是硬件在环，无论是实时还是非实时的仿真，无论是单机还是高性能计算的环境，VTD 都提供了相应的解决方案。VTD 运行时可模拟实时高质量的光影效果及路面反光、车身渲染、雨雪雾天气渲染、传感器成像渲染、前照灯光视觉效果等。

5. 51Sim-One 软件

51Sim-One 软件是 51VR 公司自主研发的一款集多传感器仿真、交通流与智能体仿真、感知与决策仿真、自动驾驶行为训练等一体化的自动驾驶仿真与测试平台。该仿真平台基于物理特性的机理建模，具有高精度和实时仿真的特点，用于自动驾驶产品的研发、测试和验证，可为用户快速积累自动驾驶经验，保证产品性能安全性与可靠性，提高产品研发速度，并降低开发成本。

在场景构建方面，可以通过世界编辑器（World Editor）快速地从无到有创建基于 OpenDrive 的路网，或者通过点云数据和地图影像等真实数据还原路网信息。支持导入已有的 OpenDrive 格式的文件进行二次编辑，最终由 51Sim-One 自动生成所需要的静态场景。支持在场景中自由地配置全局交通流、独立的交通智能体、车辆、行人等元素，来构建动态场景，结合光照和天气等环境的模拟，来呈现丰富多变的虚拟世界。同时，51Sim-One 已经内置了一系列场景库和测试案例库，无论是开放区域的真实场景、大规模的城市道路还是乡村道路、高速公路、停车场等环境都可以轻松再现，再加上大量的危险工况测试案例，能够快速达成测试目标。

在传感器仿真方面，51Sim-One 支持通用类型或者定制需求传感器的多路仿真，满足对于感知系统算法的测试与训练，同时也支持各种硬件在环的测试需求。对于摄像头仿真，51Sim-One 提供了语义分割图、深度图、2D/3D 包围盒等带注释的图像数据集，单目、广角、鱼眼等摄像头的仿真。对于雷达仿真，可以提供激光雷达点云原始数据，带标注点云数据，识别物的包围盒等数据；同时，也提供目标级毫米波雷达检测物数据。

在动力学仿真与开放接入方面，51Sim-One 提供了一套内置的动力学系统，可以自定义车辆动力学的各种参数，包括车辆的外观尺寸，以及动力总成、轮胎、转向系统与悬架特性等。同时，51Sim-One 也支持接入第三方软件，如 CarSim、CarMaker 等动力学模块来完成更为复杂的动力学仿真。

在控制系统解耦对接方面，51Sim-One 提供丰富的接口来对接控制系统，包括但不限于 Matlab，基于 ROS、Protobuf 的接口，转向盘、模拟器等人工驾驶接入。51Sim-One 支持多种对接方式，可以选择只接入感知系统进行目标识别和预测的测试，也可以选择直接跳过感知系统从决策系统输入接入，或者将两者同时接入，进行整体测试与训练。

在测试框架上，51Sim-One 提供工具管理大批量的案例，支持批量测试任务的运行以及连续自动测试。能以可视化的方式实时监控正在运行中的测试案例，也可以通过回放系统来逐帧分析已经完成的测试案例。

在加速架构上，51Sim-One 基于分布式计算集群的构架，提供高达 10 倍速的仿真加速。未来更可以通过增加计算集群的方式进一步提高加速能力。

在数据分析方面，51Sim-One 提供可自定义的数据、图标以及报告的输出能力，帮助快速地分析数据，输出最终的测试报告。

在行业软件的整合方面，51Sim-One 提供灵活的集成方案，方便接入各种行业软件。可以接入 Matlab、基于 ROS 的规划控制系统作为车辆的控制系统驾驶，也可以使用 CarSim、CarMaker 的动力学模块，来解算车辆动力学。

51Sim-One 仿真平台案例库支持来自真实采集的危险工况和人工编辑的标准案例。目前提供的场景包括以下内容：

1）不同的路型，包括直道、十字路口、弯道、调头、环岛、人行横道等。

2）不同的障碍物类型，包括行人、机动车、非机动车、静态物体等。

3）不同的道路规划，包括直行、突然插入、变道、转弯、并道、超车、靠边停车等。

4）不同的红绿灯信号、限速牌、停车牌等。

51Sim-One 同时支持动态智能体交通流场景案例，支持多种地图、车辆类型、车辆密度、驾驶人开车风格配置，进行连续交通流场景仿真。

6. Vissim 软件

Vissim 是德国 PTV 公司提供的一款世界领先的微观交通流仿真软件。Vissim 可以方便地构建各种复杂的交通环境，包括高速公路、大型环岛、停车场等，也可以在一个仿真场景中模拟包括机动车、货车、有轨交通和行人的交互行为。它是专业的规划和评价城市和郊区交通设施的有效工具，也可以用来仿真局部紧急情况交通的影响、大量行人的疏散等。Vissim 的仿真可以达到很高的精度，包括微观的个体跟驰行为和变道行为，以及群体的合作和冲突。Vissim 内置了多种分析手段，既能获得不同情况下的多种具体数据结果，也可以从高质量的三维可视化引擎获得直观的理解。无人驾驶算法也可以通过接入 Vissim 的方式使用模拟的高动态交通环境进行仿真测试。

7. Pro-SiVIC

法国 ESI 集团的传感器仿真分析解决方案 Pro-SiVIC 可以帮助交通运输行业的制造商们对车载的多种感知系统的运行性能进行虚拟测试，并且能够准确地再现出诸如照明条件、天气以及其他道路使用者等影响因素。

Pro-SiVIC 可以用来建立高逼真、与实际场景相当的 3D 场景，并实现场景中的实时交互进行仿真分析，削减物理样机的需求。客户可以快速并且精确地对各个嵌入系统在典型及极端操作环境下的性能进行仿真分析，它可以提供基于多种技术的传感器模型，如视觉传感器、毫米波雷达、激光雷达、超声波雷达、GPS、里程表及通信设备等。以汽车行业为例，Pro-SiVIC 提供了多个环境目录，提供了具有代表性的不同道路（城市道路、高速公路以及乡村公路）、交通标识及车道线标记。

Pro-SiVIC 具有以下应用：

（1）道路和汽车行业　Pro-SiVIC 具有提供完整虚拟样机的能力，为先进驾驶辅助系统在设计、测试、集成和验证阶段节约成本和时间。

（2）自适应巡航控制　典型的涉及不同车速和车道变更的自适应巡航控制（ACC）场

景可用于测试和提升自适应巡航控制逻辑的鲁棒性。在闭环模拟中，独立环境中运行的先进驾驶辅助系统可以向模拟器发出加速/减速指令。

(3) 自动紧急制动　可以搭建包含多车和不同障碍物的自定义场景，使用 Pro-SiVIC 在闭环模拟中评价 ADAS 定义的制动指令对车辆模型的影响。该动力模型可以再现不同倾斜和转动时的变化，真实再现不同传感器实现的感知。

(4) 车道偏离预警　利用包含多种道路曲率等环境特性和可变更的标记的环境模型，可以实现不同清晰程度的道路标记对不同情景影响的研究。

(5) 盲区监测　可定义适用于超车或泊车控制策略制定的场景，并可研究运动物体初始位置和速度的影响。

(6) 照明系统的虚拟测试　Pro-SiVIC 提供了功能强大的照明模型，可以模拟多个独立光源及其阴影。

(7) 车灯切换　Pro-SiVIC 的照明引擎可以支持夜间应用和自动车灯切换的研究，可以非常准确地再现车前灯。

(8) 交通标志识别　Pro-SiVIC 提供了超过 200 种交通标志。每个标志的尺寸和位置都可以详细调整到其他物体的相对位置上，以研究极端条件下交通标志的检测和识别。

8. PanoSim 软件

PanoSim 软件是一款集复杂车辆动力学模型、汽车三维行驶环境模型、汽车行驶交通模型、车载环境传感模型、无线通信模型、GPS 和数字地图模型、Matlab/Simulink 仿真环境自动生成、图形与动画后处理工具等于一体的模拟仿真软件平台。它基于物理建模和精确与高效兼顾的数值仿真原则，逼真地模拟汽车驾驶的各种环境和工况，基于几何模型与物理建模相结合理念建立高精度的摄像头、雷达和无线通信模型，以支持数字仿真环境下汽车动力学与性能、汽车电子控制系统、智能辅助驾驶与主动安全系统、环境传感与感知、自动驾驶等技术和产品的研发、测试和验证。

PanoSim 不仅包括复杂的车辆动力学模型、底盘（制动、转向和悬架）、轮胎、驾驶人、动力总成（发动机和变速器）等模型，还支持各种典型驱动形式和悬架形式的大、中、小型轿车的建模以及仿真分析。它提供了三维数字虚拟试验场景建模与编辑功能，支持对道路及道路纹理、车道线、交通标识与设施、天气、夜景等汽车行驶环境的建模与编辑。

PanoSim 仿真操作流程简单易懂，制作一个仿真需要以下三个步骤：

(1) 创建仿真　新建仿真工程，选择合适的道路场景，设置环境天气和光照。

(2) 设置仿真参数　在道路上添加车辆，设置车辆横向或纵向驾驶参数，设置交通流和行人干扰，安装车载传感器（摄像头、雷达或 V2X），配置交通元素（交通标志、信号灯、障碍物）。

(3) 分析仿真结果　使用后处理工具对仿真后的数据进行报表分析，或回放仿真动画。

9. 百度 Apollo 仿真平台

百度 Apollo 仿真平台作为百度 Apollo 平台的一个重要组成部分，一方面用来支撑内部 Apollo 系统的开发和迭代，另一方面为 Apollo 生态的开发者提供基于云端的决策系统仿真服务。Apollo 仿真平台是一个搭建在百度云和 Azure 的云服务，可以使用用户指定的 Apollo 版本在云端进行仿真测试。

Apollo 也与 Unity 建立了合作关系，开发了基于 Unity 的真实感虚拟环境仿真，可以提供

3D 的虚拟环境、道路和天气的变化。

Apollo 仿真场景可分为 Worldsim 和 Logsim。Worldsim 是由人为预设的道路和障碍物构成的场景，可以简单高效地测试自动驾驶车辆，而 Logsim 是由路测数据提取的场景，真实反映了实际交通环境中复杂多变的障碍物和交通状况。Apollo 仿真平台也提供了较为完善的场景通过判别系统，可以从交通规则、动力学行为和舒适度等方面对自动驾驶算法做出评价。

目前，百度 Apollo 仿真平台提供约 200 个场景，包括以下内容：

1）不同的路型，包括十字路口、调头、直行、三岔路口、弯道。

2）不同的障碍物类型，包括行人、机动车、非机动车及其他。

3）不同的道路规划，包括直行、调头、变道、左转、右转、并道。

4）不同的红绿灯信号，包括红灯、黄灯、绿灯。

10. MATLAB 自动驾驶工具箱

MATLAB 自动驾驶工具箱提供了用于设计、仿真和测试 ADAS 以及自动驾驶系统的算法和工具。

自动驾驶工具箱主要包括以下功能：

（1）支持可视化　支持以下典型可视化任务：

1）能够显示摄像头视频。

2）显示雷达和视觉鸟瞰图。

3）显示车道线标记。

4）显示激光雷达点云。

5）显示道路地图数据。

6）多个坐标系之间的变换。

7）到 ROS 的实时连接和记录数据的回放。

8）到 CAN 的实时连接和记录数据的回放。

9）到激光雷达的实时连接和记录数据的回放。

（2）构建自动驾驶场景并模拟传感器　使用构建的场景和来自雷达和视觉传感器模型的综合检测，测试自动驾驶算法。支持以下典型驾驶构建任务：

1）以编程方式构建驾驶场景。

2）通过图形化界面构建驾驶场景。

3）从场景库中构建驾驶场景。

4）模拟雷达、视觉传感器的检测。

5）将场景集成到车辆控制的闭环仿真。

6）结合 Unreal 游戏引擎的测试。

（3）开发自动驾驶控制系统　支持以下典型自动驾驶控制开发任务：

1）设计纵向与横向模型预测控制器。

2）设计基于强化学习的控制器。

3）车辆动力学建模。

4）实时硬件快速原型。

5）生成产品级 C/C++代码。

6）生成 AUTOSAR 代码。

7）功能安全 ISO 26262 认证。

（4）开发自动驾驶感知系统　支持以下典型自动驾驶感知开发任务：

1）传感器数据标注。

2）训练深度学习网络。

3）设计雷达算法。

4）设计视觉传感器算法。

5）设计激光雷达算法。

6）设计传感器融合与跟踪算法。

7）生成 C/C++代码。

8）生成 GPU 代码。

（5）开发自动驾驶规划系统　支持以下典型自动驾驶规划开发任务：

1）地图的可视化。

2）访问高精度地图。

3）处理占据栅格地图。

4）设计定位和 SLAM 算法。

5）设计运动规划算法。

6）生成 C/C++代码。

（6）设计和仿真完整的自动驾驶系统　支持以下典型集成仿真任务：

1）调用 C/C++代码。

2）调用 Python 代码。

3）通过 FMI/FMU 协同仿真。

4）通过 CAN 协同仿真。

5）通过 ROS 协同仿真。

6）通过 Unreal 引擎协同仿真。

7）与第三方工具协同仿真，可以连接 150 余种到第三方建模与仿真的接口。

自动驾驶工具箱提供常见先进驾驶辅助系统的参考应用示例和自动驾驶功能，包括 FCW、AEB、ACC、LKA 和代客泊车。该工具箱支持 C/C++代码生成，实现快速原型和硬件在环测试，同时，还支持传感器融合、跟踪、路径规划和车辆控制器算法。

图 6-3 所示为 MATLAB 自动驾驶工具箱仿真场景。

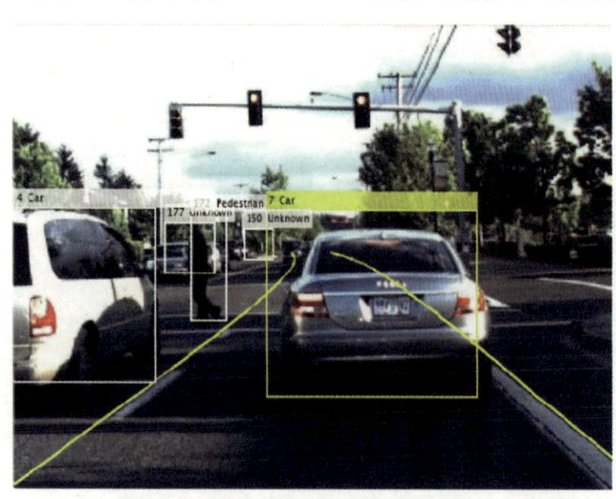

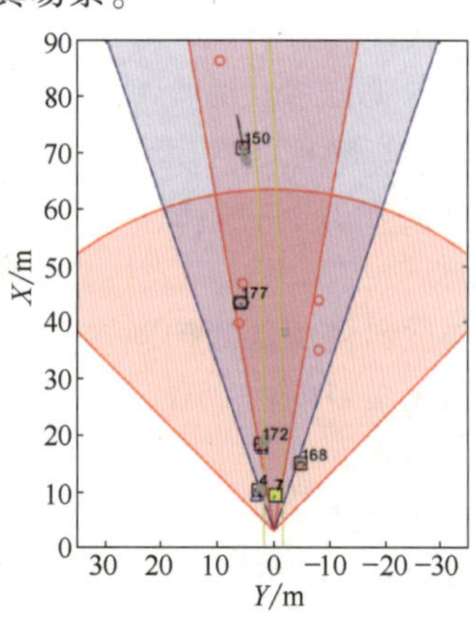

图 6-3　MATLAB 自动驾驶工具箱仿真场景

值得注意的是，目前，自动驾驶仿真软件有些是免费开源的，有些软件的部分功能是免费开源的，但绝大部分软件需要授权才能使用。

单元 2 环境感知与识别仿真举例

环境感知与识别仿真举例

一、传感器标定仿真实例

【例 6-1】 使用棋盘格标定单目摄像机，求外部参数，并利用鸟瞰图验证配置单目摄像头的正确性。

解：在 MATLAB 命令行窗口输入以下程序。

```
mappingCoeffs=[8.751e+2,-3.038e-4,-4.815e-8,1.709e-11];    % 映射系数
imageSize=[1500,2000];                                      % 图像大小
distortionCenter=[1000,750];                                % 光学中心
stretchMatrix=[1,0;0,1];                                    % 转换矩阵
intrinsics=fisheyeIntrinsics(mappingCoeffs,imageSize, ...   % 内部参数
  distortionCenter, stretchMatrix);
I=imread('checkerboard.png');                               % 读取棋盘图像
imshow(I)                                                   % 显示棋盘图像
[imagePoints,boardSize]=detectCheckerboardPoints(I);        % 检测棋盘图像
squareSize=0.029;                                           % 棋盘方格边长
worldPoints=generateCheckerboardPoints(boardSize,squareSize); % 棋盘角点世界坐标
patternOriginHeight=0;                                      % 棋盘原点高度
[pitch,yaw,roll,height]=estimateMonoCameraParameters(intrinsics, ...  % 估计外部参数
            imagePoints,worldPoints,patternOriginHeight);
[undistortedI,camIntrinsics]=undistortFisheyeImage(I, ...   % 修正鱼眼图像失真
            intrinsics,'Output','full');
figure                                                      % 设置图形窗口
imshow(undistortedI)                                        % 显示无失真图像
monoCam=monoCamera(camIntrinsics,height, ...                % 配置鱼眼相机
            'Pitch',pitch,'Yaw',yaw,'Roll',roll)
distAheadOfSensor=6;                                        % 传感器前方距离
spaceToOneSide=2.5;                                         % 左右各 2.5m
bottomOffset=0.2;                                           % 在传感器前 0.2m 看
outView=[bottomOffset,distAheadOfSensor, ...                % 观测区域
    -spaceToOneSide,spaceToOneSide];
outImageSize=[NaN,1000];                                    % 输出图像尺寸
birdsEyeConfig=birdsEyeView(monoCam,outView,outImageSize);  % 创建鸟瞰图
B=transformImage(birdsEyeConfig,undistortedI);              % 图像转换为鸟瞰图
imagePoint0=vehicleToImage(birdsEyeConfig,[1.5,0]);         % 车辆转换成图像
annotatedB=insertMarker(B,imagePoint0);                     % 添加标记
annotatedB=insertText(annotatedB,imagePoint0,'1.5m');       % 添加标志
figure                                                      % 设置图形窗口
imshow(annotatedB)                                          % 显示鸟瞰图像
```

单目摄像机配置为

```
monoCam =
  monoCamera - 属性:
        Intrinsics: [1×1 cameraIntrinsics]
        WorldUnits: 'meters'
          Height: 0.4437
          Pitch: 22.2689
            Yaw: -3.2898
          Roll: -3.0256
  SensorLocation: [0 0]
```

即单目摄像头的外部参数，离地高度为 0.4437m，俯仰角为 22.2689°，偏航角为 -3.2898°，横滚角为-3.0256°。

输出结果如图 6-4 所示。

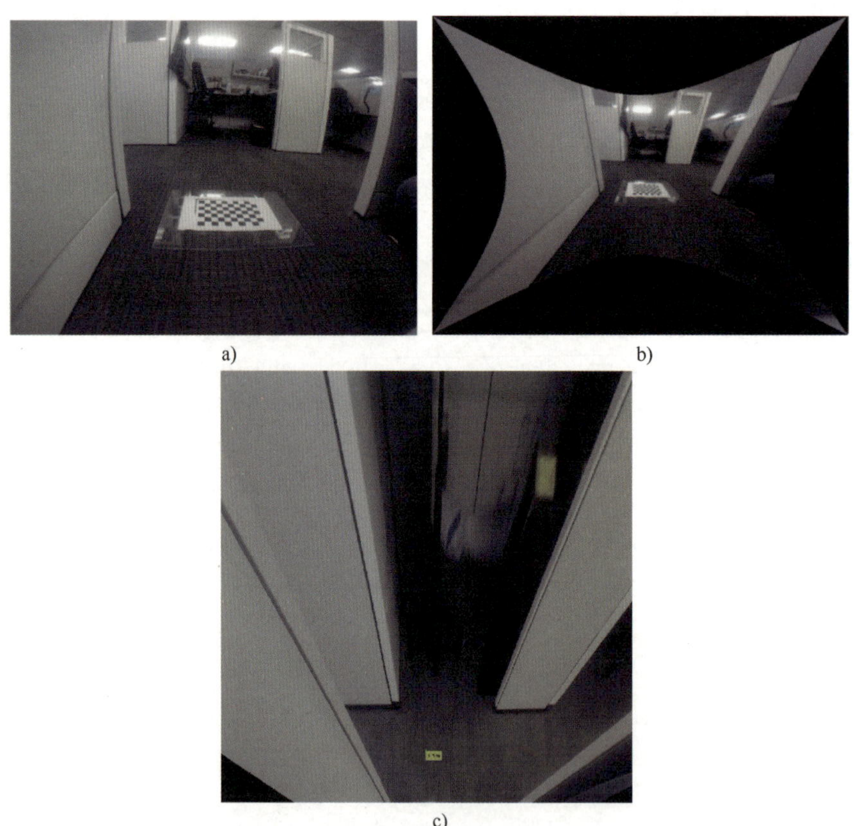

图 6-4 单目摄像机标定

a）原始图像 b）无失真图像 c）鸟瞰图像

二、道路识别仿真实例

【例 6-2】 利用 MATLAB 检测图 6-5 所示的车道线。

图 6-5 车道线原始图

解： 在 MATLAB 命令行窗口输入以下程序。

```
load birdsEyeConfig                                           % 加载鸟瞰图配置
I=imread ('road.png') ;                                       % 读取道路图像
birdsEyeImage=transformImage (birdsEyeConfig, I) ;            % 道路图像转换鸟瞰图像
imshow (birdsEyeImage)                                        % 显示鸟瞰图像
birdsEyeImage=rgb2gray (birdsEyeImage) ;                      % 鸟瞰图像转换灰度图像
figure                                                        % 设置图形窗口
imshow (birdsEyeImage)                                        % 显示灰度图像
aMarkerWidth=0.25;                                            % 车道近似宽度
birdsEyeBW=segmentLaneMarkerRidge (birdsEyeImage,...          % 检测灰度图像中车道
birdsEyeConfig, aMarkerWidth) ;
figure                                                        % 设置图形窗口
imshow (birdsEyeBW)                                           % 显示检测结果
```

输出结果如图 6-6 所示。

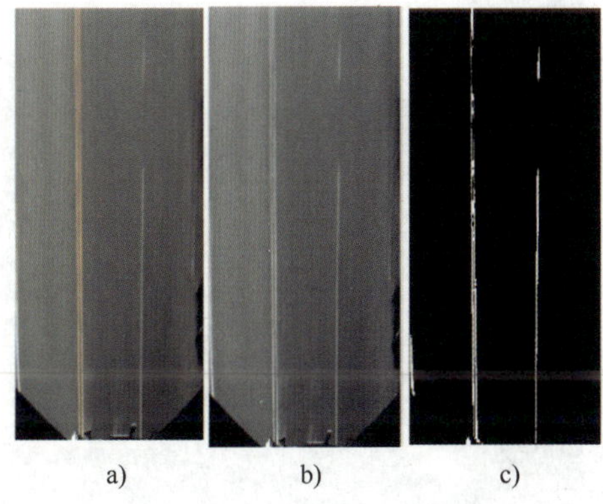

图 6-6 检测图像中的车道

a）鸟瞰图 b）灰度图 b）车道检测

【例 6-3】 使用抛物线车道边界模型查找图 6-5 中的车道，将检测出的车道标在鸟瞰图和原始图上。

解：在 MATLAB 命令行窗口输入以下程序。

```
I=imread('road.png');                                              % 读取道路图像
bevSensor=load('birdsEyeConfig');                                  % 加载鸟瞰图配置
birdsEyeImage=transformImage(bevSensor.birdsEyeConfig, I);        % 道路图像转换鸟瞰图像
approxBoundaryWidth=0.25;                                          % 车道近似宽度
birdsEyeBW=segmentLaneMarkerRidge(rgb2gray(birdsEyeImage),...     % 检测灰度图像中车道
     bevSensor.birdsEyeConfig, approxBoundaryWidth);
[imageX, imageY]=find(birdsEyeBW);                                 % 查找图像边界点
xyBoundaryPoints=imageToVehicle(bevSensor.birdsEyeConfig,...       % 图像坐标转换为车辆坐标
[imageY, imageX]);
boundaries=findParabolicLaneBoundaries(xyBoundaryPoints,...        % 查找边界
approxBoundaryWidth);
XPoints=3:30;                                                      % 设置 X 点范围
BEconfig=bevSensor.birdsEyeConfig;                                 % 定义传感器
lanesBEI=insertLaneBoundary(birdsEyeImage, boundaries(1),...       % 插入左车道
BEconfig, XPoints);
lanesBEI=insertLaneBoundary(lanesBEI, boundaries(2), BEconfig,...  % 插入右车道
XPoints,'Color','green');
imshow(lanesBEI)                                                   % 显示检测结果
figure                                                             % 设置图形窗口
sensor=bevSensor.birdsEyeConfig.Sensor;                            % 定义传感器
lanesI=insertLaneBoundary(I, boundaries(1), sensor, XPoints);      % 插入左车道
lanesI=insertLaneBoundary(lanesI, boundaries(2),...
sensor, XPoints,'Color','green');                                  % 插入右车道
imshow(lanesI)                                                     % 显示检测结果
```

输出结果如图 6-7 所示。

a) b)

图 6-7 使用抛物线车道边界模型寻找车道边界线

a）鸟瞰图 b）原始图

三、车辆识别仿真实例

【例 6-4】 利用 ACF 车辆检测器检测图 6-8 所示的车辆。

a)

b)

图 6-8 ACF 车辆检测原始图像

a）图像 1 b）图像 2

解： 在 MATLAB 命令行窗口输入以下程序。

```
detector=vehicleDetectorACF ('front-rear-view') ;                 % ACF 车辆检测器
I=imread ('cl1.png') ;                                            % 读取原始图像
[bboxes, scores] =detect (detector, I) ;                          % 检测图像中车辆
I=insertObjectAnnotation (I, ' rectangle', bboxes, scores...      % 将检测结果标注在图像上
     'FontSize', 30) ;
imshow (I)                                                        % 显示检测结果
```

分别读取图 6-8 中的图像，得到车辆检测结果如图 6-9 所示。图框中数字代表检测置信度。

a)

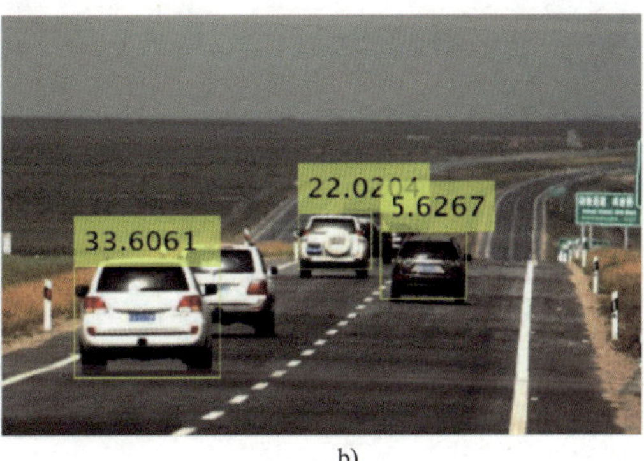

b)

图 6-9 ACF 车辆检测结果

a）图像 1 检测结果 b）图像 2 检测结果

【例 6-5】 利用 RCNN 车辆检测器检测图 6-10 所示的车辆。

a)

b)

图 6-10　RCNN 车辆检测原始图像

a）原始图像 1　b）原始图像 2

解： 在 MATLAB 命令行窗口输入以下程序。

```
fasterRCNN=vehicleDetectorFasterRCNN ('full-view') ;          % RCNN 车辆检测器
I=imread ('c1.jpg') ;                                          % 读取原始图像
[bboxes, scores] =detect (fasterRCNN, I) ;                     % 检测图像中车辆
I=insertObjectAnnotation (I,' rectangle', bboxes, scores...    % 将检测结果标注在图像上
     'FontSize', 40) ;
imshow (I)                                                     % 显示检测结果
```

分别读取图 6-10 中的图像，得到车辆检测结果如图 6-11 所示。

a)

b)

图 6-11　RCNN 车辆检测结果

a）图像 1 检测结果　b）图像 2 检测结果

【例 6-6】 使用视觉传感器检测视频中的车辆。

解： 在 MATLAB 命令行窗口输入以下程序。

```
focalLength= [310, 350];                                                 % 焦距
principalPoint= [320, 250];                                              % 光学中心
imageSize= [480, 640];                                                   % 图像尺寸
height=2.2;                                                              % 安装高度
pitch=14;                                                                % 俯仰角
intrinsics=cameraIntrinsics (focalLength, principalPoint, imageSize) ;   % 内部参数
```

```
monCam=monoCamera (intrinsics, height,' Pitch', pitch) ;               % 配置单目摄像机
vehicleWidth= [1.5, 2.5];                                              % 车辆宽度
detector=vehicleDetectorACF;                                           % ACF 车辆检测器
detectorMonoCam=configureDetectorMonoCamera (detector, monCam,...      % 目标检测器
    vehicleWidth) ;
videoFile=' cl3.avi';                                                  % 视频文件
reader=vision.VideoFileReader (videoFile,' VideoOutputDataType',' uint8') ;  % 视频阅读器
videoPlayer=vision.VideoPlayer (' Position', [100, 400, 250, 200] ) ;  % 视频播放器
cont=~isDone (reader) ;                                                % 判断是否阅读
while cont                                                             % 循环开始
I=reader () ;                                                          % 阅读视频
[bboxes, scores] =detect (detectorMonoCam, I) ;                        % 运行目标检测器
if ~isempty (bboxes)                                                   % 判断是否有边框
I=insertObjectAnnotation (I,' rectangle', bboxes, scores,' FontSize', 30) ;  % 将检测结果插入视频
end                                                                    % 结束
videoPlayer (I)                                                        % 播放视频
cont=~isDone (reader) && isOpen (videoPlayer) ;                        % 退出循环条件
end                                                                    % 循环结束
```

单击“运行”，可以看到视频中车辆的检测，如图 6-12 所示。

改变视觉传感器的安装角度，可以得到不一样的检测结果。例如，设俯仰角为-5°，则检测不到车辆，如图 6-13 所示。

图 6-12 视频中车辆的检测

图 6-13 视觉传感器安装角度对车辆检测的影响

四、行人识别仿真实例

【例 6-7】 利用 ACF 行人检测器检测图 6-14 所示的行人。

a)

b)

图 6-14 ACF 行人检测原始图像

a）图像 1 b）图像 2

解： 在 MATLAB 命令行窗口输入以下程序。

```
I=imread ('xr1.jpg') ;                                          % 读取原始图像
[bboxes, scores] =detectPeopleACF (I) ;                         % 检测图像中的行人
I=insertObjectAnnotation (I,' rectangle', bboxes, scores) ;     % 将检测结果标注在图像上
imshow (I)                                                      % 显示检测结果
```

分别读取图 6-14 中的图像，得到行人检测结果如图 6-15 所示。图框中数字代表检测置信度。

a)

b)

图 6-15　ACF 行人检测结果

a）图像 1 检测结果　b）图像 2 检测结果

【例 6-8】 基于 HOG 特征检测图 6-16 所示的行人。

a)

b)

图 6-16　HOG 行人检测原始图像

a）图像 1　b）图像 2

解： 在 MATLAB 命令行窗口输入以下程序。

```
peopleDetector=vision.PeopleDetector;                           % HOG 行人检测器
I=imread ('xr2.jpg') ;                                          % 读取原始图片
[bboxes, scores] =peopleDetector (I) ;                          % 检测图像中的行人
I=insertObjectAnnotation (I,' rectangle', bboxes, scores) ;     % 将检测结果标注在图像上
imshow (I)                                                      % 显示检测结果
```

分别读取图 6-16 中的图像，得到行人检测结果如图 6-17 所示。图框中数字代表检测置信度。

a)

b)

图 6-17　HOG 行人检测结果

a）图像 1 检测结果　b）图像 2 检测结果

五、交通标志识别仿真实例

【例 6-9】　训练 ACF 目标检测器检测图 6-18 所示的停车标志。

图 6-18　停车标志 1

解： 在 MATLAB 命令行窗口输入以下程序。

```
imageDir = fullfile (matlabroot,' toolbox',' vision', ...
'visiondata',' stopSignImages') ;                                    % 定义文件路径
addpath (imageDir) ;                                                 % 添加路径
load ('stopSignsAndCars.mat') ;                                      % 加载停车标志训练数据
stopSigns=stopSignsAndCars (: , [1, 2] ) ;                           % 提取图像文件名和停车标志
stopSigns.imageFilename=fullfile (toolboxdir ('vision') , ...
'visiondata', stopSigns.imageFilename) ;                             % 把图像文件添加到完整路径上
acfObjectDetector=trainACFObjectDetector (stopSigns, ...
'NegativeSamplesFactor', 2) ;                                        % 训练 ACF 停车标志检测器
I=imread ('tc1.jpg') ;                                               % 读取图像
[bboxes, scores] =detect (acfObjectDetector, I) ;                    % 检测停车标志
I=insertObjectAnnotation (I,' rectangle', bboxes, scores) ;          % 标志检测结果
imshow (I)                                                           % 显示检测结果
```

输出结果如图 6-19 所示。

【例 6-10】 训练快速 RCNN 目标检测器检测图 6-20 所示的停车标志。

图 6-19　使用 ACF 目标检测器检测停车标志

图 6-20　停车标志 2

解： 在 MATLAB 命令行窗口输入以下程序。

```
data=load ('rcnnStopSigns.mat','stopSigns','fastRCNNLayers');    % 加载训练数据
stopSigns=data.stopSigns;                                         % 提取停车图像数据
fastRCNNLayers=data.fastRCNNLayers;                               % 提取 RCNN 数据
stopSigns.imageFilename=fullfile (toolboxdir ('vision'),...       % 添加到完整路径
'visiondata', stopSigns.imageFilename);
rng (0);                                                          % 设种子为 0
shuffledIdx=randperm (height (stopSigns));                        % 随机打乱训练数据
stopSigns=stopSigns (shuffledIdx, :);                             % 整理训练数据
imds=imageDatastore (stopSigns.imageFilename);                    % 创建图像数据集
blds=boxLabelDatastore (stopSigns (:, 2: end));                   % 创建盒式标签数据集
ds=combine (imds, blds);                                          % 合并数据集
ds=transform (ds, @ (data) preprocessData (data, [920, 968, 3])); % 对图像预处理
options=trainingOptions ('sgdm','MiniBatchSize', 10,...           % 设置网络训练选项
'InitialLearnRate', 1e-
                3,'MaxEpochs', 10,'CheckpointPath', tempdir);
frcnn=trainFastRCNNObjectDetector (ds, fastRCNNLayers, options,... % 训练 R-CNN 检测器
'NegativeOverlapRange', [0, 0.1],'PositiveOverlapRange', [0.7, 1]);
img=imread ('tc2.jpg');                                           % 读取测试图像
[bbox, score, label] =detect (frcnn, img);                        % 运行图像检测
detectedImg=insertObjectAnnotation (img,'rectangle', bbox, score); % 插入标注
imshow (detectedImg)                                              % 显示检测结果
function data=preprocessData (data, targetSize)                   % 预处理数据函数开始
scale=targetSize (1: 2) ./size (data {1}, [1, 2]);                % 调整目标大小
data {1} =imresize (data {1}, targetSize (1: 2));                 % 图像数据
bboxes=round (data {2});                                          % 调整边框大小
data {2} =bboxresize (bboxes, scale);                             % 边框数据
end                                                               % 结束
```

输出结果如图 6-21 所示。这种训练可能需要几十分钟。

图 6-21　RCNN 目标检测器检测停车标志

六、交通信号灯识别仿真实例

【例 6-11】 利用 MATLAB 图像处理对图 6-22 中的红灯、黄灯和绿灯进行检测。

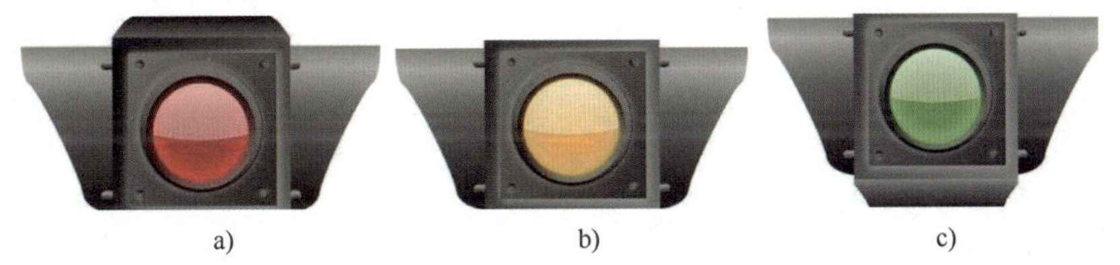

a)　　　b)　　　c)

图 6-22　交通信号灯

a）红灯　b）黄灯　c）绿灯

解： 本例交通信号灯检测步骤如下：

1）读取原始图像。

2）颜色空间转换。

3）绘制直方图。

4）统计直方图中的红、绿、黄像素点。

5）输出红、黄、绿像素点的个数。

6）输出检测结果。

在 MATLAB 命令行窗口输入以下程序。

```
[filename, filepath] =uigetfile ('jpg', '输入要检测的信号灯') ;   % 输入信号灯
file=strcat (filepath, filename) ;                             % 定义信号灯文件
Image_f=imread (file) ;                                        % 读取信号灯文件
subplot (2, 2, 1)                                              % 设置图像位置
imshow (Image_f)                                               % 显示原始图像
title ('原始图像')                                              % 原始图像标注
hsv_f=rgb2hsv (Image_f) ;                                      % 将 RGB 转换成 HSV
H=hsv_f (: , : , 1) * 255;                                     % 提取 H
S=hsv_f (: , : , 2) * 255;                                     % 提取 S
V=hsv_f (: , : , 3) * 255;                                     % 提取 V
subplot (2, 2, 2)                                              % 设置图像位置
imshow (hsv_f)                                                 % 显示 HSV 图像
```

```
title ('HSV图像')                                   % HSV图像标注
subplot (2, 2, 4)                                   % 设置图像位置
imhist (uint8 (H) ) ;                               % 提取H直方图
title ('直方图')                                     % 直方图标注
[y, x, z] =size (Image_f) ;                         % 原始图像尺寸
Red_y=zeros (y, 1) ;                                % 红色赋初值0矩阵
Green_y=zeros (y, 1) ;                              % 绿色赋初值0矩阵
Yellow_y=zeros (y, 1) ;                             % 黄色赋初值0矩阵
for i=1: y                                          % 循环开始
  for j=1: x                                        % 循环开始
  if (((H (i, j) >=0) && (H (i, j) <15) ) && (V (i, j) >50) && (S (i, j) >30) )     % 判断红色条件
      Red_y (i, 1) =Red_y (i, 1) +1;                % 计算红色像素
  elseif (((H (i, j) >=66) && (H (i, j) <130) ) && (V (i, j) >50) && (S (i, j) >30) )     % 判断绿色条件
      Green_y (i, 1) =Green_y (i, 1) +1;            % 计算绿色像素
  elseif (((H (i, j) >=20) && (H (i, j, 1) <65) ) && (V (i, j) >50) && (S (i, j) >30) )     % 判断黄色条件
      Yellow_y (i, 1) =Yellow_y (i, 1) +1;          % 计算黄色像素
  end                                               % 判断结束
end                                                 % 循环结束
end                                                 % 循环结束
Max_Red_y=max (Red_y)                               % 最大红色像素
Max_Green_y=max (Green_y)                           % 最大绿色像素
Max_Yellow_y=max (Yellow_y)                         % 最大黄色像素
if ( (Max_Red_y>Max_Green_y) && (Max_Red_y>Max_Yellow_y) )        % 判断红色
    Result=1;                                       % 结果为1
elseif ( (Max_Green_y>Max_Red_y) && (Max_Green_y>Max_Yellow_y) )  % 判断绿色
    Result=2;                                       % 结果为2
elseif ( (Max_Yellow_y>Max_Green_y) && (Max_Yellow_y>Max_Red_y) ) % 判断黄色
    Result=3;                                       % 结果为3
else                                                % 否则
    Result=4;                                       % 其他为4
end                                                 % 结束
if (Result==1)                                      % 如果结果为1
    disp ('检测结果为红灯') ;                        % 检测结果为红灯
elseif (Result==2) ;                                % 如果结果为2
    disp ('检测结果为绿灯') ;                        % 检测结果为绿灯
elseif (Result==3)                                  % 如果结果为3
    disp ('检测结果为黄灯') ;                        % 检测结果为黄灯
else                                                % 否则
    disp ('检测失败') ;                              % 检测失败
end                                                 % 结束
```

当输入为红灯时，输出图像如图 6-23 所示。

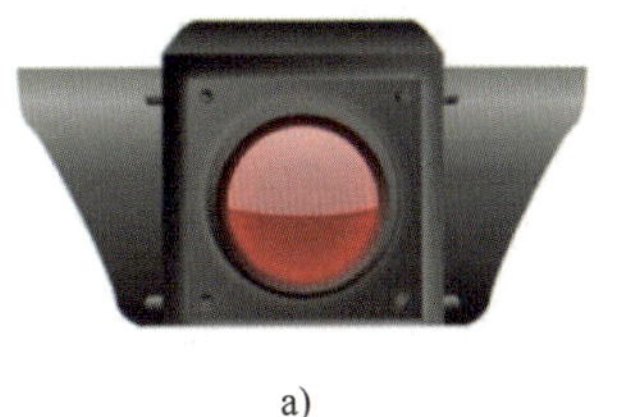

a)

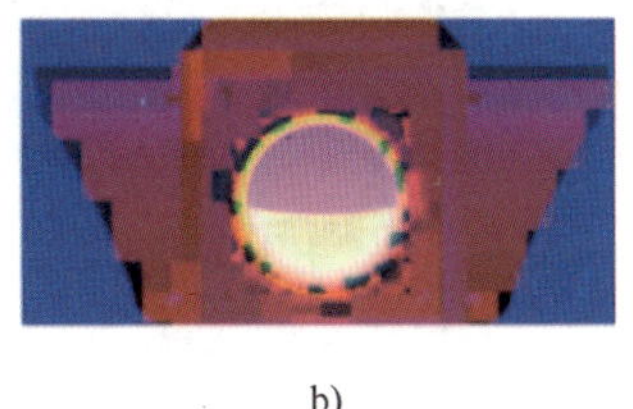

b)

4000 3000 2000 1000 0

0 50 100 150 200 250

c)

图 6-23 红灯检测

a）原始图像 b）HSV 图像 c）直方图

输出结果为：

Max_Red_y = 15

Max_Green_y = 2

Max_Yellow_y = 1

检测结果为红灯。

当输入为黄灯时，输出图像如图 6-24 所示。

a)

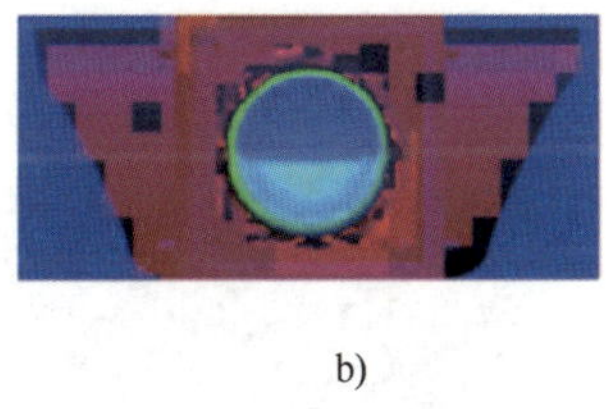

b)

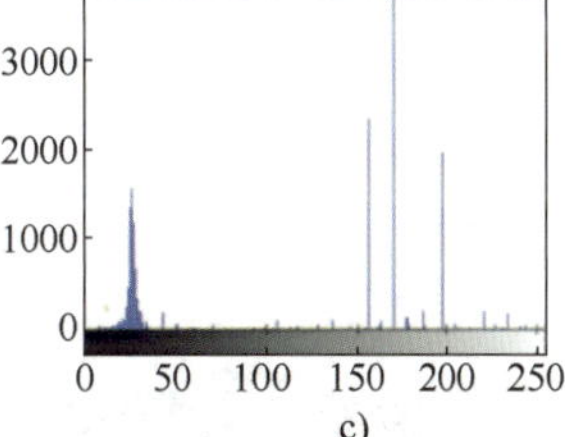

c)

图 6-24 黄灯检测

a）原始图像 b）HSV 图像 c）直方图

输出结果为：

Max_Red_y = 13

Max_Green_y = 1

Max_Yellow_y = 95

检测结果为黄灯。

当输入为绿灯时，输出图像如图 6-25 所示。

输出结果为：

Max_Red_y = 0

Max_Green_y = 93

Max_Yellow_y = 78

检测结果为绿灯。

【例 6-12】 利用例 6-11 的程序，检测图 6-26 所示的绿灯。

解： 当图 6-26 作为输入图像时，输出图像如图 6-27 所示。

a)

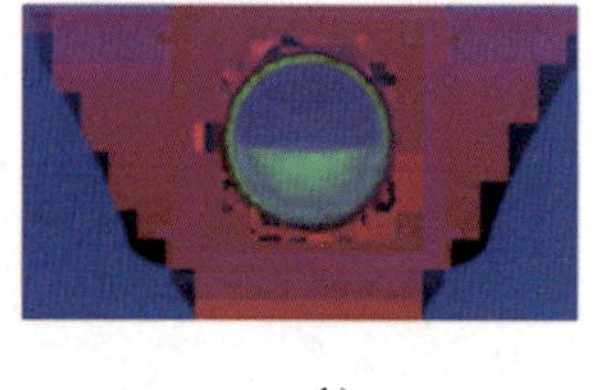

b)

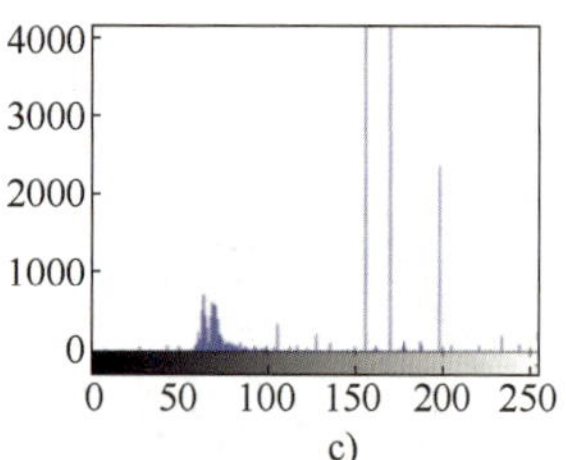

c)

图 6-25 绿灯检测

a）原始图像 b）HSV 图像 c）直方图

图 6-26 绿色信号灯

a)

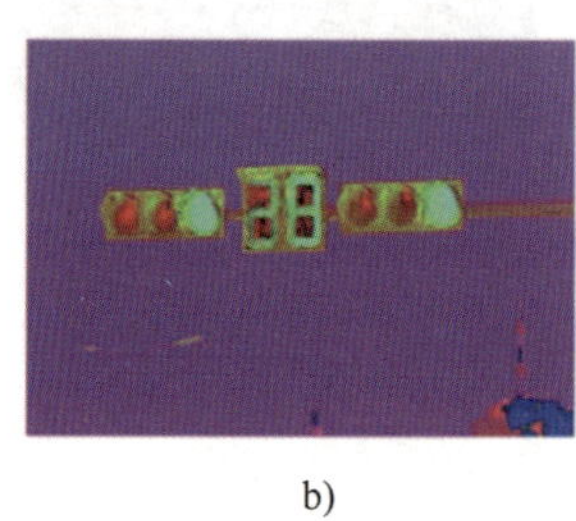

b)

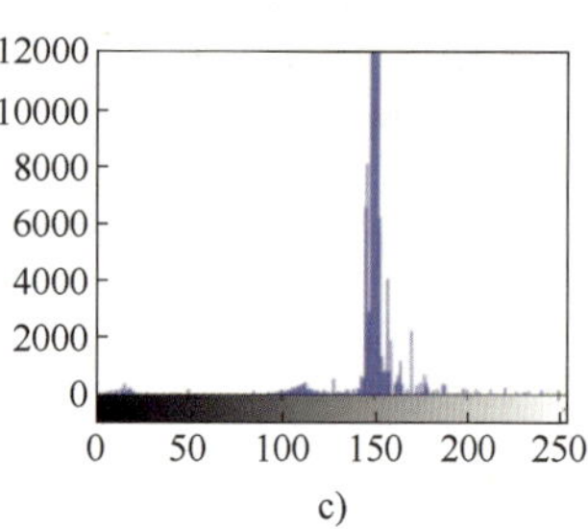

c)

图 6-27 绿色信号灯检测

a）原始图像 b）HSV 图像 c）直方图

输出结果为：

Max_Red_y = 53

Max_Green_y = 126

Max_Yellow_y = 23

检测结果为绿灯。

单元 3 环境感知模型训练与测试

一、道路交通图像数据采集实例

调用智能网联汽车前端的 USB 摄像头，然后利用 Python 脚本从视频流中提取图像，通过空格键控制录制时长，程序将自动录制的视频和图像保存到本地文件夹中，代码如下：

环境感知模型训练与测试

```
import cv2↓
import numpy as np↓
import datetime↓
import os↓
i = 1↓
flag = 0↓
capture = cv2.VideoCapture (0) # 读入视频↓
fourcc = cv2.VideoWriter_fourcc (*'DIVX') # 指定一个 FourceCC 编码↓
while (capture.isOpened () ) : # 是否摄像头被打开↓
  ok, frame = capture.read () ↓
  # #获取系统当前时间↓
  now_time = datetime.datetime.now () ↓
  date = now_time.strftime ('% Y-% m-% d') ↓
  time = now_time.strftime ('% H-% M-% S') ↓
  cv2.imshow (" Video", frame) #显示输出↓
  k = cv2.waitKey (1) & 0xFF # 键盘绑定按键↓
  if k == 32:   # 判断是否按下空格键↓
    flag = not flag↓
    if flag == 1:   # 如果按下空格键，即 flag 为 1，开始记录↓
      # 拼接文件夹路径↓
      folder_name = " C: \Users \" + date +'-' + time↓
      # 创建文件夹↓
      os.makedirs (folder_name, exist_ok=True) ↓
      # 创建一个 VideoWrite 的对象↓
      output = cv2.VideoWriter (folder_name + " \" +'output.avi', fourcc,
24.0, (1920, 1080) ) ↓
    if flag == 0:   # 如果再次按下空格键，即 flag 为 0，停止记录↓
      output.release () # 释放 VideoWriter 类对象↓
if ok == True and flag == 1:   # 如果是开始记录状态↓
    output.write (frame)   # 在 VideoWriter 类对象中写入读取到的帧↓
    if i % 10 == 0: # 每 10 帧图像保存一帧图像↓
      cv2.imwrite (folder_name + " \" + str (i) + " .png", frame) ↓
    i = i+1↓
if k == 27:   # 如果按下 Esc 键，则退出录制↓
    break↓
```

```
output.release ()   # 释放 VideoWriter 类对象↓
capture.release ()   # 关闭摄像头 释放内存↓
cv2.destroyAllWindows ()   # 销毁显示摄像头视频的窗口
```

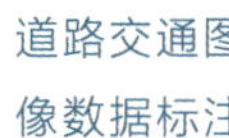

道路交通图像数据标注

二、道路交通图像数据清洗和标注实例

1. 数据清洗注意事项

排除数据存在缺失、噪声数据（出现模糊及人眼不能分清的图片，如图 6-28 所示）、重复数据等质量问题的图片（图 6-29）。

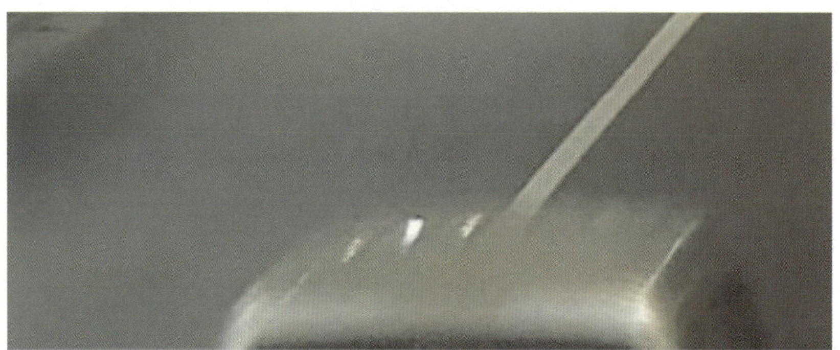

图 6-28　噪声数据（出现模糊及人眼分不清的图片）

图 6-29　重复数据（训练数据中，出现多张相似的图片）

此外，清洗时尽量保留目标多的图片，数据集中不同目标的数量要均衡。标注过程中尽量按照从左往右、从近到远的原则开始标注。标注方框大小合适，不要切割到待标注物，也不要偏离待标注物（图 6-30），标注方框应为待标注物的最小外接矩形。若待标注物被遮

图 6-30　标注方框位置不合格

挡，需对其整体进行预估，当遮挡超过 85%的目标不需要标注（图 6-31），如果遮挡小于 85%的目标需要将遮挡的位置也标注出来，小目标也需要标注（图 6-32）。如果待标注物出现在图片边缘导致待标注物被截断，则标注所看见内容。遇到框与框之间会出现重合包含的图片则筛掉，边缘微切到的可保留。

图 6-31　遮挡超过 85%的目标不需要标注

图 6-32　标注被遮挡小于 85%的目标需要将遮挡的位置也标注出来，小目标也需要标注

2. 标注工具 labelImg 介绍

环境感知模型训练和测试资源介绍

图像标注工具 labelImg-master 无须安装，将 labelImg-master 软件复制或下载到本地（图 6-33），在 Windows 下可直接运行 labelImg. exe，即可打开。

此外，若个人计算机上已安装有 anaconda，并配置了环境，使用 pip install labelImg 指令下载 labelImg，使用命令 labelImg 也可以打开标注软件。

labelImg 是目标检测数据标注工具（图 6-34），可以标注以下两种格式：

PascalVOC 标签格式，标注的标签存储在 . xml 文件中。

YOLO 标签格式，标注的标签存储在 . txt 文件中。

labelImg 的标注软件界面介绍如下。

Open Dir：待标注图片数据的路径文件夹，如本单元提供数据集资源中的 JPEGImage 文件夹。

Change Save Dir：保存类别标签的路径文件夹，如本单元提供数据集资源中的 Annotation 文件夹。

PascalVOC：标注的标签保存成 VOC 格式，若用鼠标单击此处，就会把标注的标签变成 YOLO 格式。

图 6-33　文件运行 labelImg

图 6-34　labelImg 界面

View 菜单中的便捷设置（图 6-35）介绍如下。

Auto Save Mode：当切换到下一张图片时，会自动把上一张标注的图片标签自动保存下来。

Display Labels：标注好图片之后，会把标注框和标签都显示出来。

Advanced Mode：可使标注的十字架一直显示在窗口中，不用每次标完一个目标，再按一次<W>快捷键，调出标注的十字架。

标注常用的快捷键如下。

W：调出标注的十字架，开始标注。

A：切换到上一张图片。

D：切换到下一张图片。

Ctrl+S：保存标注好的标签。

del：删除标注的矩形框。

Ctrl+鼠标滚轮：按住<Ctrl>，然后滚动鼠标滚轮，可以调整标注图片的显示大小。

↑→↓←：移动标注的矩形框的位置。

图 6-35 View 菜单中的便捷设置

3. 道路图像数据清洗和标注

（1）所需资源

1）原始数据图片：dataset125. zip。

2）数据标注软件：labelLing-master。

（2）步骤

第 1 步：打开并设置 labelLing 标注软件。

主界面 View 下，Auto Save Mode、Displace label 打√。

Open Dir 选择原始数据图片所在目录。

Change Save Dir 在原始数据同级目录中新建 Annotations，并选择。

Change Save Format 选择 PascalVOC 格式（保存为 . xml），如果选 YOLO 将保存为 . txt 格式。

第 2 步：图像标注。

单击“Creat\nRectBox”进行图像标注：标注对象为限速标志（Deceleration_sign）、行人（Pedestrian）、交通灯（TrafficLight）；标注原则为肉眼能辨别的均需要标注；方框正好能够框住标注物体，过大过小均影响识别；两个标识物重叠 80%以上不再标注，否则均需要标注。

三、行人、交通灯和限速标志识别模型训练实例

行人、交通灯和限速标志识别模型训练

（1）所需资源

1）原始数据图片：dataset125. zip。

2）数据标注软件：labelLing-master。

3）深度学习训练→预测→评估模型 Python 脚本：YOLOV3_mobilenetv3、预测单张图片 . py、模型评估 . py。

（2）步骤

第一步：BML 开发平台配置。

1）登录百度智能云平台：https：//cloud. baidu. com/product/bml，然后单击“立即使用”，手机注册百度智能云平台账号，打开并使用百度智能云平台（图 6-36）。

图 6-36　百度智能云平台

2）Notebook 建模（界面如图 6-37 所示）→创建任务（界面如图 6-38 所示）→完善个人信息→提交项目信息。

图 6-37　打开 Notebook 建模界面

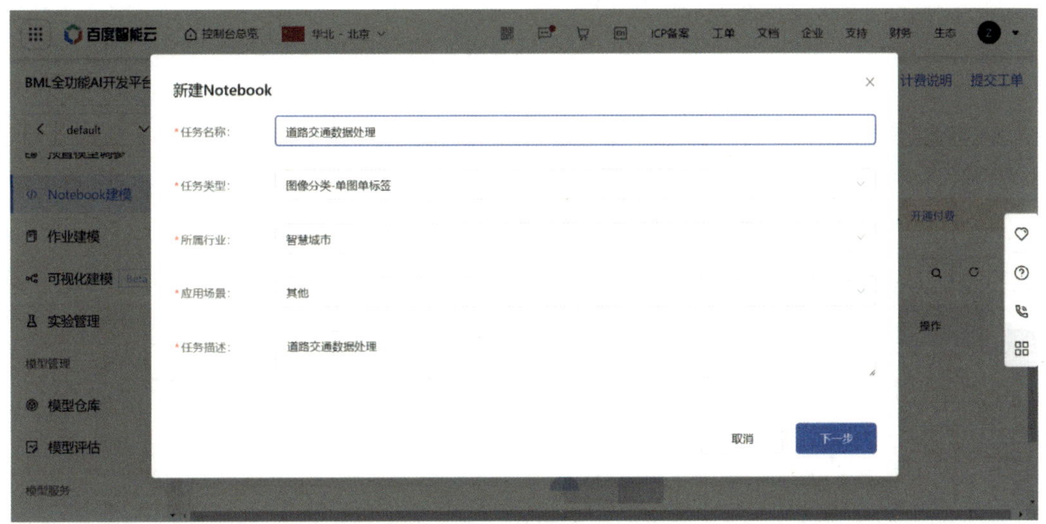

图 6-38　创建任务

3）配置→Python 3.7→PaddlePaddle 2.3.0→GPU V100→打开。

4）应用→终端。

BML CodeLab 应用界面功能标识如图 6-39 所示。

图 6-39　BML CodeLab 应用界面功能标识

① 文件夹，对应 Notebook 运行环境的目录，各预置的文件夹作用如下：

data：用户导入的数据集保存在该文件夹下。

PretrainedModel：用于存储用户训练好的模型文件，可以将文件夹下的模型文件保存为不同的模型版本。

② git 仓库。

③ 代码版本：可生成并保存代码版本，进行版本管理。

④ 模型版本：可生成并保存模型版本，进行版本管理。

⑤ 运行中：正在运行终端和内核。

⑥ 导入数据集：用于从本地文件、BOS 目录或平台数据集导入数据。

⑦ 目录。

⑧ 新建启动页。

⑨ 新建文件夹。

⑩ 上传文件。

⑪ 刷新文件目录。

⑫ Git Clone。

⑬ 工作区。

进入初始化界面后，有四种模式可选，这里选择终端，启动后如图 6-40 所示。

图 6-40　终端界面

5）基本指令学习：pwd——当前路径；ls——列出当前路径下的文件夹；cd ..——返回上一级路径；cd /home/work/data——指定绝对路径。

6）使用指令安装 Paddlex，完成环境配置：

pip install paddlex==2.1.0 -i https://pypi.mirrors.ustc.edu.cn/simple

pip install filelock -i https://pypi.mirrors.ustc.edu.cn/simple

7）上传数据集：如果数据集大小不大于 100M，单击上传文件图标上传数据集，将标注好的文件压缩成 zip 格式上传到 data 目录下（图 6-41）；如果数据集大小超过 100M，通过单击导入数据图标将数据导入到平台中，要求单次导入数据不超过 5GB，大文件支持分批多次导入。

8）解压数据集（图 6-42）：

进入终端，输入指令：cd data。

输入 unzip 要解压的文件+后缀格式 或者 jar -xvf 要解压的文件+后缀格式。

unzip 只能解压不超过 2G 的数据，解压不了用 jar -xvf。

第二步：数据拆分。

在完成数据解压后，为了训练模型，需要对数据进行进一步的划分，将其分为训练集、

图 6-41　上传数据集

图 6-42　解压数据集

验证集和测试集。以下命令可以实现数据的划分，使训练集占 70%，验证集占 20%，测试集占 10%。请在终端执行以下指令：

paddlex—split_dataset—format VOC—dataset_dir dataset125—val_value 0. 2—test_value 0. 1

命令说明：

PaddleX：启动 PaddleX 工具。

—split_dataset：指示进行数据集划分的操作；

—format VOC：指定数据集的格式为 VOC；

—dataset_dir dataset125：指定要划分的数据集目录为 dataset125；

—val_value 0. 2：设置验证集的比例为 20%；

—test_value 0. 1：设置测试集的比例为 10%；

剩余的部分（70%）将自动作为训练集，确保训练集、验证集和测试集三者之和为

100%。其中，dataset_dir 后面输入要划分的路径，本任务中设置为 dataset125。划分成功后终端会出现每个类被按比例分成的数量，并且目录下会自动生成四个训练所需要的 txt 文件（终端界面如图 6-43 所示），其中，test_list. txt、train_list. txt、val_list. txt 分别为测试集、训练集、验证集，它们存储了被划分的图片及标签路径。

图 6-43　划分数据集后终端的显示界面

第 3 步：模型训练。

1）在/home/work 目录下上传 YOLOV3_mobilenetv3. py 文件（图 6-44）、预测单张图片 . py 文件、模型评估 . py 文件。

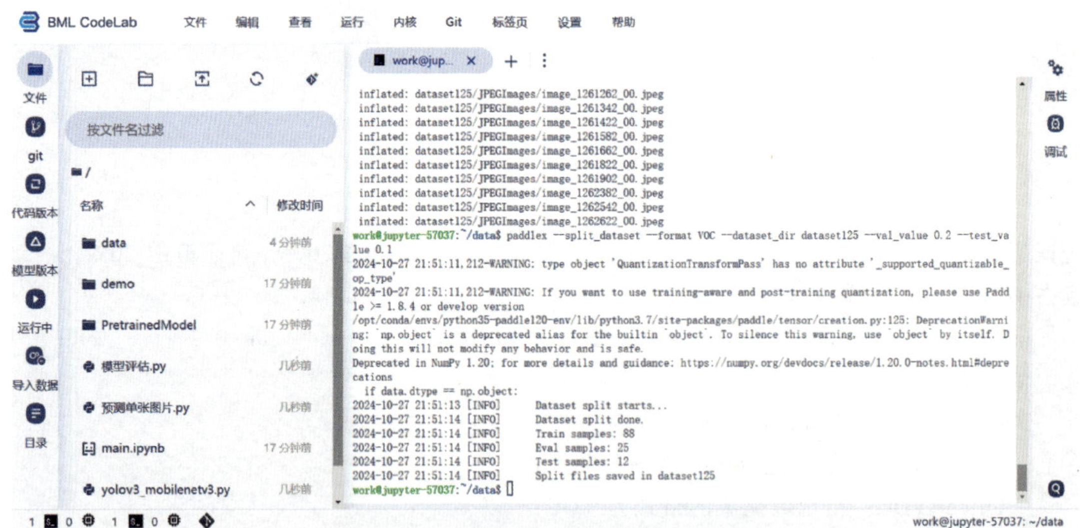

图 6-44　上传训练及预测脚本

其中，YOLOV3_mobilenetv3. py 文件的代码及注释如下：

```
import os  # 导入操作系统模块，用于与操作系统进行交互
```

```
os.environ ['CUDA_VISIBLE_DEVICES'] ='0'  # 设置环境变量，指定使用第 0 号 GPU
import paddlex as pdx  # 导入 Paddlex 库，Paddlex 是一个深度学习开发工具
from paddlex import transforms as T  # 从 Paddlex 库中导入数据预处理模块 transforms
# 定义训练时的数据预处理流程
train_transforms = T.Compose ( [
  T.MixupImage (mixup_epoch=250) ,  # 使用 Mixup 增强，持续 250 个 epoch
  T.RandomDistort () ,  # 随机扰动图像
  T.RandomExpand (im_padding_value= [123.675, 116.28, 103.53] ) ,  # 随机扩展图像并填充指定颜色
  T.RandomCrop () ,  # 随机裁剪图像
  T.RandomHorizontalFlip () ,  # 随机水平翻转图像
  T.BatchRandomResize (target_sizes = [320, 352, 384, 416, 448, 480, 512, 544, 576, 608], interp='RANDOM') ,  # 随机调整图像大小到指定尺寸
  T.Normalize (mean= [0.485, 0.456, 0.406], std= [0.229, 0.224, 0.225] )  # 标准化图像，使用 ImageNet 均值和标准差
] )
# 定义评估时的数据预处理流程
eval_transforms = T.Compose ( [
  T.Resize (608, interp='CUBIC') ,  # 调整图像大小到 608x608，使用双三次插值
  T.Normalize (mean= [0.485, 0.456, 0.406], std= [0.229, 0.224, 0.225] )  # 标准化图像，使用 ImageNet 均值和标准差
] )
# 创建训练数据集
train_dataset = pdx.datasets.VOCDetection (
  data_dir='data/dataset125',  # 数据集目录
  file_list='data/dataset125/train_list.txt',  # 训练数据文件列表
  label_list='data/dataset125/labels.txt',  # 标签列表
  transforms=train_transforms,  # 训练数据预处理
  shuffle=True  # 打乱数据
)
# 创建评估数据集
eval_dataset = pdx.datasets.VOCDetection (
  data_dir='data/dataset125',  # 数据集目录
  file_list='data/dataset125/train_list.txt',  # 评估数据文件列表（注意这里应该是 val_list.txt)
  label_list='data/dataset125/labels.txt',  # 标签列表
  transforms=eval_transforms,  # 评估数据预处理
shuffle=False  # 不打乱数据
```

```
)
num_classes = len (train_dataset. labels)    # 获取数据集中的类别数量
# 创建 YOLOV3 模型
model = pdx. det. YOLOV3 (num_classes = num_classes, backbone =' Mobile-
NetV3_ssld')  # 使用 MobileNetV3_ssld 作为骨干网络
# 训练模型
model. train (
  num_epochs=450,   # 训练轮数
  train_dataset=train_dataset,   # 训练数据集
  train_batch_size=8,   # 训练批次大小
  eval_dataset=eval_dataset,   # 评估数据集
  learning_rate=0. 000512,   # 学习率
  warmup_steps=1000,   # 学习率预热步数
  warmup_start_lr=0. 0,   # 学习率预热起始值
  save_interval_epochs=20,   # 模型保存间隔轮数
  lr_decay_epochs= [350, 450],   # 学习率衰减轮数
  save_dir='. /output/YOLOV3_MobileNetV3')    # 模型保存目录
```

预测单张图片 . py 文件的代码及注释如下：

```
import paddlex as pdx  # 导入 Paddlex 库，用于深度学习开发
# 加载训练好的模型，模型位于'output/YOLOV3_MobileNetV3/best_model'目录
model = pdx. load_model ('output/YOLOV3_MobileNetV3/best_model')
# 设置待预测的图片路径
image_name ='data/dataset125//JPEGImages/image_1206720_00. jpeg'
# 使用加载的模型进行预测，得到预测结果
result = model. predict (image_name)
# 可视化预测结果，将预测框绘制在原图上
# 参数 threshold 设置预测框的置信度阈值，只有高于此阈值的预测框才会被绘制
# 参数 save_dir 指定结果图片的保存目录
pdx. det. visualize (image_name, result, threshold=0. 8, save_dir='. /
output/results')
```

模型评估 . py 文件的代码及注释如下：

```
import paddlex as pdx  # 导入 Paddlex 库，用于深度学习开发
from paddlex import transforms  # 从 Paddlex 库中导入数据预处理模块 transforms
# 定义评估时的数据预处理流程
eval_transforms = transforms. Compose ( [
  transforms. Resize (608, interp =' CUBIC ') ,   # 将图像大小调整为
608x608，使用双三次插值
```

```
    transforms.Normalize ()    # 对图像进行标准化处理
])
# 创建评估数据集，使用 VOC 格式的数据集
eval_dataset = pdx.datasets.VOCDetection (
    data_dir='data/dataset125',    # 数据集目录
    file_list='data/dataset125/val_list.txt', #包含图像路径和标签的文件列表
    label_list='data/dataset125/labels.txt', # 标签列表文件
    transforms=eval_transforms,    # 评估时使用的数据预处理流程
    shuffle=False   # 在评估时不打乱数据顺序
)
# 加载训练好的模型，模型位于'output/YOLOV3_MobileNetV3/best_model'目录
model = pdx.load_model ('output/YOLOV3_MobileNetV3/best_model')
# 使用模型对评估数据集进行评估，并返回评估结果和详细信息
metrics, evaluate_details = model.evaluate (
    eval_dataset=eval_dataset,    # 评估数据集
    batch_size=1,    # 批次大小为 1
    metric='VOC',    # 使用 VOC 评估指标
    return_details=True   # 返回评估的详细信息
)
# 从评估详细信息中提取真实目标框和预测目标框
gt = evaluate_details ['gt']    # 真实目标框
bbox = evaluate_details ['bbox']    # 预测目标框
# 绘制精度-召回率曲线，并将结果保存到指定目录
pdx.det.draw_pr_curve (gt=gt, pred_bbox=bbox, save_dir='./output/ROC')
```

2）训练程序 YOLOV3_mobilenetv3.py 的训练数据路径设置和训练参数设置分别如图 6-45 和图 6-46 所示。

```
# API说明：https://paddlex.readthedocs.io/zh_CN/develop/apis/datasets.html#paddlex-datasets-vocdetection
train_dataset = pdx.datasets.VOCDetection(
    data_dir='data/dataset125', #可以用相对路径，也可以用绝对路径
    file_list='data/dataset125/train_list.txt',
    label_list='data/dataset125/labels.txt',
    transforms=train_transforms,
    shuffle=True)
eval_dataset = pdx.datasets.VOCDetection(
    data_dir='data/dataset125',
    file_list='data/dataset125/val_list.txt',
    label_list='data/dataset125/labels.txt',
    transforms=eval_transforms)
```

图 6-45　训练数据路径设置

为了对数据进行增强，使用 transforms 函数对图像做进一步扩展（即将一张图片变成多张：水平翻转、垂直反转、旋转、随机变形、随机扩张、随机剪切、随机尺度变换），函数

```
# API说明：https://github.com/PaddlePaddle/PaddleX/blob/develop//docs/apis/models/detection.md
# 各参数介绍与调整说明：https://github.com/PaddlePaddle/PaddleX/blob/develop//docs/parameters.md
model.train(
    num_epochs=450,#训练迭代轮数
    train_dataset=train_dataset,#训练数据集
    train_batch_size=8,#每次迭代多少张图片
    eval_dataset=eval_dataset,#验证数据集
    learning_rate=0.000512,#学习率
    warmup_steps=1000,#学习率步长
    warmup_start_lr=0.0,#起始学习率开始
    save_interval_epochs=20,#每多少轮保存一次模型
    lr_decay_epochs=[350, 450],#衰减范围
    save_dir='./output/yolov3_MobileNetV3')
```

图 6-46　训练参数设置

含义如下：

Transforms. MixupImage（）：对图像进行 mixup 操作，模型训练时的数据增强操作。

Transforms. RandomDistort（）：以一定的概率对图像进行随机像素内容变换，模型训练时的数据增强操作。

Transforms. RandomExpand（）：随机扩张图像，模型训练时的数据增强操作。

Transforms. RamdomCrop（）随机裁剪图像，模型训练时的数据增强操作。

Transforms. Resize（）：调整图像大小（resize）。

Transforms. Normalize（）：对图像进行标准化，归一化图像到区间［0.0，1.0］。

PaddleX 所有训练接口中，内置的参数均为根据单 GPU 卡相应 batch_size 下的较优参数，用户在自己的数据上训练模型，涉及参数调整时，如无太多参数调优经验，则可参考以下方式：

① num_epochs 的调整。

num_epochs 是模型训练迭代的总轮数（模型对训练集全部样本过一遍即为一个 epoch），用户可以设置较大的数值，根据模型迭代过程在验证集上的指标表现，来判断模型是否收敛，进而提前终止训练。

② batch_size 和 learning_rate。

batch_size 指模型在训练过程中，前向计算一次（即为一个 step）所用到的样本数量。若使用多卡训练，batch_size 会均分到各张卡上（因此，需要让 batch_size 整除卡数）。batch_size 跟机器的显存/内存高度相关，batch_size 越高，所消耗的显存/内存就越高。PaddleX 在各 train 接口中均配置了默认的 batch_size（默认针对单 GPU 卡），若训练时提示 GPU 显存不足，则相应调低 batchsize，若 GPU 显存高或使用多张 GPU 卡时，可相应调高 batchsize。

若用户调整 batch_size，则也注意需要对应调整其他参数，特别是 train 接口中默认的 learning_ rate 值。如在 YOLOV3 模型中，默认 train _ batch _ size 为 8，learning _ rate 为 0.000125，当用户将模型在双卡机器上训练时，可以将 train_batch_size 调整为 16，那么同时 learning_rate 也可以对应调整为 0.000125×2=0.00025。

③ warmup_steps 和 warmup_start_lr。

在训练模型时，一般都会使用预训练模型，例如，检测模型在训练时使用 backbone 在 ImageNet 数据集上的预训练权重。但由于在自行训练时，自己的数据与 ImageNet 数据集存在较大的差异，可能会一开始由于梯度过大使训练出现问题，这种情况下可以在刚开始训练时，让学习率以一个较小的值，慢慢增长到设定的学习率。warmup_steps 和 warmup_start_lr

就是起到这个作用，模型开始训练时，学习率会从 warmup_start_lr 开始，在 warmup_steps 个 batch 数据迭代后线性增长到设定的学习率。例如，YOLOV3 的 train 接口，默认 train_batch_size 为 8，learning_rate 为 0.000125，warmup_steps 为 1000，warmup_start_lr 为 0.0；在此参数配置下表示，模型在启动训练后，在前 1000 个 step（每个 step 使用一个 batch 的数据，即 8 个样本）内，学习率会从 0.0 开始线性增长到设定的 0.000125。

④ lr_decay_epochs 和 lr_decay_gamma。

lr_decay_epochs 用于让学习率在模型训练后期逐步衰减，它一般是一个 list，如［6，8，10］，表示学习率在第 6 个 epoch 时衰减一次，第 8 个 epoch 时再衰减一次，第 10 个 epoch 时再衰减一次。每次学习率衰减为之前的学习率 * lr_decay_gamma。例如 YOLOV3 的 train 接口，默认 num_epochs 为 270，learning_rate 为 0.000125，lr_decay_epochs 为［213，240］，lr_decay_gamma 为 0.1；在此参数配置下表示，模型在启动训练后，在前 213 个 epoch 中，训练时使用的学习率为 0.000125，在第 213~240 个 epoch 之间，训练时使用的学习率为 0.000125×0.1=0.0000125，在 240 个 epoch 之后，使用的学习率为 0.000125×0.1×0.1=0.00000125。

⑤ 参数设定时的约束。

根据上述几个参数，可以了解到学习率的变化分为 Warmup 热身阶段和 Decay 衰减阶段。Warmup 热身阶段：随着训练迭代，学习率从较低的值逐渐线性增长至设定的值，以 step 为单位。Decay 衰减阶段：随着训练迭代，学习率逐步衰减，如每次衰减为之前的 0.1，以 epoch 为单位。step 与 epoch 的关系：1 个 epoch 由多个 step 组成，例如，训练样本有 800 张图像，train_batch_size 为 8，那么每个 epoch 都要完整用这 800 张图片训练一次模型，而每个 epoch 总共包含 800/8，即 100 个 step。在 Paddlex 中，约束 warmup 必须在 Decay 之前结束，因此，各参数设置需要满足下面条件：

warmup_steps <= lr_decay_epochs［0］ * num_steps_each_epoch

其中，num_steps_each_epoch 计算方式如下：

num_steps_each_epoch = num_samples_in_train_dataset /train_batch_size

因此，若在启动训练时，被提示 warmup_steps should be less than... 时，即表示需要根据上述公式调整参数，可以调整 lr_decay_epochs 或者是 warmup_steps。

3）按<Ctrl+S>键保存修改好的 YOLOV3_mobilenetv3.py，先用 cd .. 指令切换到脚本所在目录（图 6-47），到根目录下运行 python 训练脚本，输入运行指令 python YOLOV3_mobilenetv3.py。

模型在训练过程中，输出的日志信息都包含了六个通用的统计信息，用于辅助进行模型训练，每一轮训练结束后会显示整个训练集的平均损失函数 loss，如图 6-48 所示。

模型训练所用时间大约为 38min，对最后一轮 loss 进行观测（图 6-49），loss 值由第一轮的 5884.824707 下降到最后一轮的 7.522184，可见模型已经收敛。

四、行人、交通灯和限速标志识别模型测试实例

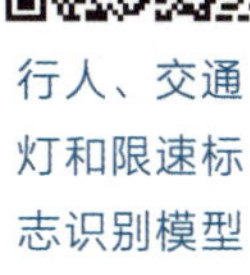

行人、交通灯和限速标志识别模型测试

第一步：模型测试单张图片。

1）在 home/work 目录下上传→预测单张图片 .py 文件。

2）测试文件设置：训练好的最优模型的保存路径、测试图片的路径及名称、目标显示阈值（threshold 为目标显示的 iou 阈值），如图 6-50 所示。

3）按<Ctrl+S>键保存，然后输入 python 脚本指令：python 预测单张图片 .py，识别结果如图 6-51 所示。

图 6-47　执行模型训练指令

```
[TRAIN] Epoch=1/270, Step=204/211, loss=65.632935, lr=2.5e-05, time_each_step=0.41s, eta=7:24:50
[TRAIN] Epoch=1/270, Step=206/211, loss=49.226215, lr=2.6e-05, time_each_step=0.41s, eta=7:22:34
[TRAIN] Epoch=1/270, Step=208/211, loss=66.177971, lr=2.6e-05, time_each_step=0.41s, eta=7:30:9
[TRAIN] Epoch=1/270, Step=210/211, loss=61.262436, lr=2.6e-05, time_each_step=0.42s, eta=7:35:28
[TRAIN] Epoch 1 finished, loss=597.357239, lr=1.3e-05 .
```

字段	字段值示例	含义
Epoch	Epoch=4/20	[迭代轮数]所有训练数据会被训练20轮，当前处于第4轮
Step	Step=62/66	[迭代步数]所有训练数据被训练一轮所需要的迭代步数为66，当前处于第62步
loss	loss=0.007226	[损失函数值]参与当前迭代步数的训练样本的平均损失函数值loss，loss值越低，表明模型在训练集上拟
lr	lr=0.008215	[学习率]当前模型迭代过程中的学习率
time_each_step	time_each_step=0.41s	[每步迭代时间]训练过程计算得到的每步迭代平均用时
eta	eta=0:9:44	[剩余时间]模型训练完成所需剩余时间预估为0小时9分钟44秒

图 6-48　训练日志及其参数含义

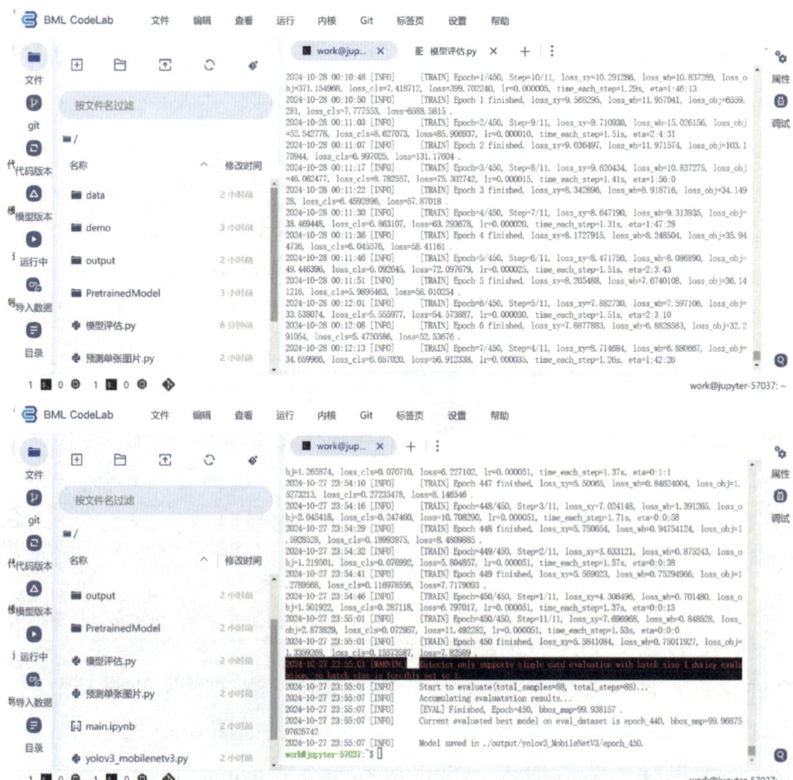

图 6-49　第 1 轮（上图）和第 450 轮（下图）的 loss 值变化

```
import paddlex as pdx
model = pdx.load_model('output/yolov3_mobilenetv3/best_model') #训练好的模型路径
image_name = 'data/dataset125/JPEGImages/image_1206720_00.jpeg' #选择的测试图片
result = model.predict(image_name)
pdx.det.visualize(image_name, result, threshold=0.8, save_dir='./output/y')
#threshold=0.01表示可能性为1%以上的都显示，可以调节为threshold=0.8，表示目标概率在80%才显示
```

图 6-50　模型测试文件设置

图 6-51　单张图片的识别效果图

第二步：模型评估。

1）在 home/work 目录下上传→模型评估 . py 文件。

2）评估文件设置（图 6-52）：测试集路径、最优训练模型路径。

```
#测试集
eval_dataset = pdx.datasets.VOCDetection(
    data_dir='data/dataset125',
    file_list='data/dataset125/test_list.txt',
    label_list='data/dataset125/labels.txt',
    transforms=eval_transforms)

#模型评估
model = pdx.load_model('output/yolov3_mobilenetv3/best_model')
model.evaluate(
        eval_dataset=eval_dataset,
        batch_size=1,
        epoch_id=1,
        metric='VOC',
        return_details=True)
```

图 6-52　单张图片的识别效果图

3）按<Ctrl+S>键保存，然后输入 python 脚本指令：python 模型评估 . py，输出结果在/home/work/output/y 目录下的 ROC 曲线图中（图 6-53），该 ROC 曲线用于评估曲线精度，

曲线与 X 轴和 Y 轴围成面积越大精度越高。此外，每个类别的 AP 值（准确率）也显示在 ROC 曲线图中。

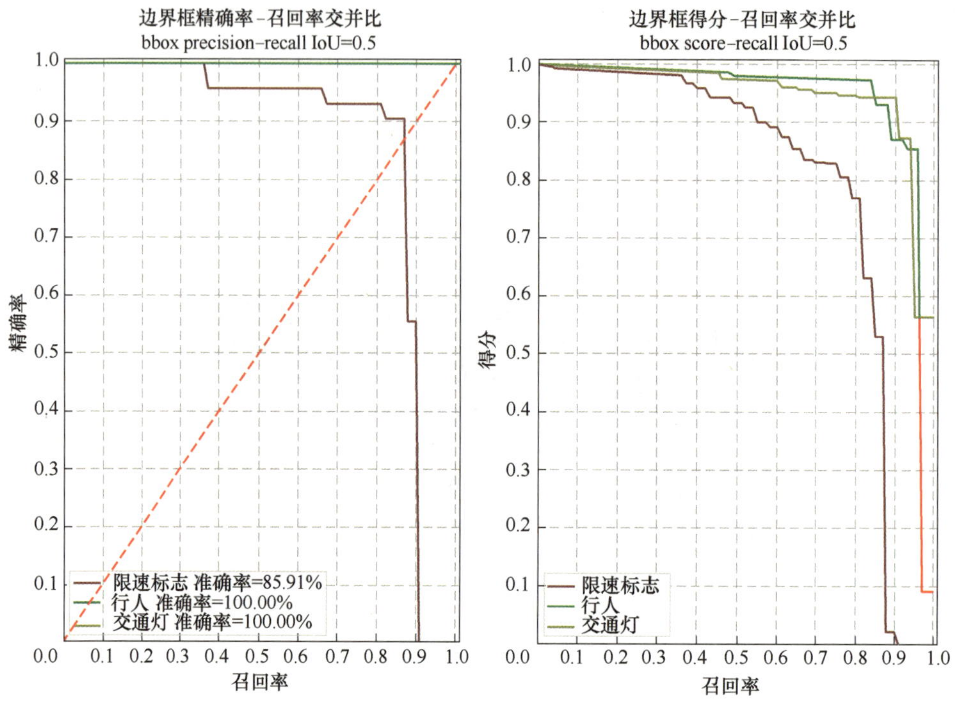

图 6-53 模型性能测试图

复习思考题

1. 什么是模型在环测试仿真、硬件在环测试仿真和车辆在环测试仿真？
2. 一个完整的自动驾驶仿真平台需要包括哪些？
3. 自动驾驶仿真软件主要有哪些？
4. MATLAB 自动驾驶工具箱主要有哪些功能？
5. 如何利用棋盘格对手机摄像头进行标定？
6. 如何利用手机摄像头拍摄车道线并进行识别？
7. 如何利用手机摄像头拍摄车辆并进行识别？
8. 如何利用手机摄像头拍摄行人并进行识别？
9. 如何利用手机摄像头拍摄停车标志并进行识别？
10. 如何利用手机摄像头拍摄红绿灯并进行识别？
11. 一个完整的深度学习模型建模过程包括哪些环节？
12. 怎样利用深度学习模型（YOLOV3）识别红绿灯信号？

参 考 文 献

[1] 崔胜民. 智能网联汽车技术 [M]. 北京：机械工业出版社，2021.

[2] 崔胜民. 智能网联汽车环境感知技术 [M]. 北京：人民邮电出版社，2020.

[3] 崔胜民. 智能网联汽车自动驾驶仿真技术 [M]. 北京：化学工业出版社，2020.

[4] 崔胜民. 智能网联汽车技术及仿真实例 [M]. 北京：人民邮电出版社，2020.

[5] 甄先通，黄坚，王亮，等. 自动驾驶汽车环境感知 [M]. 北京：清华大学出版社，2020.

[6] 邓立国，李剑锋，林庆发，等. Python 深度学习原理、算法与案例 [M]. 北京：清华大学出版社，2023.